于建福

国家教育行政学院教授，国际儒学联合会副会长，中国孔子基金会学术委员，中国教育学会传统文化教育分会副理事长，尼山圣源书院副院长。主要研究领域为儒家教育哲学及经典教化。著有《孔子的中庸教育哲学》《中庸之道与文化自觉》《大学中庸初级读本》；合著《中国传统教育哲学》；主编《教育：民族复兴的基业》《四书解读》《中华传统文化经典教师读本》《大同：中华文化的社会理想》；发表《儒家文化教育对欧洲近代文明的影响与启示》等学术论文。

于　超

北京师范大学马克思主义学院讲师，教育学博士，中国地方教育史志研究会学校史志分会理事，北京高校教书育人"最美课堂"获得者。主要从事中国传统哲学与马克思主义中国化研究。著有《何以为人——儒家人生哲学思辨》《世代相传的中华优秀儿童故事》；合编《黄济教育思想论要》。在《教育研究》《教育学报》《中国高等教育》等刊物发表学术论文多篇。

王荣霞

北京石油化工学院人文社科学院党委书记、副研究员，教育学博士。主要从事中国传统教育哲学及院校人文教育研究。曾参与国家社会科学基金项目"儒学核心价值与当代价值教育研究"和北京市教育科学规划项目"儒学经典价值与中小学经典教育可行性研究"；在《高教探索》等刊物发表学术论文多篇。

尼山儒学文库

第一辑

总主编：杨朝明

经典教化 道济天下

于建福 于超 王荣霞 著

山东友谊出版社

·济南·

图书在版编目（CIP）数据

经典教化 道济天下 / 于建福，于超，王荣霞
著 . -- 济南：山东友谊出版社，2022.1
（尼山儒学文库 / 杨朝明总主编 . 第一辑）
ISBN 978-7-5516-2388-9

Ⅰ . ①经… Ⅱ . ①于… ②于… ③王… Ⅲ . ①儒学—
文集 Ⅳ . ① B222.05-53

中国版本图书馆 CIP 数据核字 (2021) 第 201794 号

经典教化 道济天下

JINGDIAN JIAOHUA DIAOJI TIANXIA

责任编辑：王 晶
装帧设计：刘一凡

主管单位：山东出版传媒股份有限公司
出版发行：山东友谊出版社
　　　　　地址：济南市英雄山路 189 号　邮政编码：250002
　　　　　电话：出版管理部（0531）82098756
　　　　　　　　发行综合部（0531）82705187
　　　　　网址：www.sdyouyi.com.cn
印　　刷：济南乾丰云印刷科技有限公司

开本：710 mm×1000 mm　1/16
印张：20　　　　　　　　字数：337 千字
版次：2022 年 1 月第 1 版　印次：2022 年 1 月第 1 次印刷
定价：76.00 元

编 委 会

总 序

2013年11月26日，习近平总书记在考察孔子研究院时指出：世界儒学传播，中国要保持充分话语权；要"大力弘扬中国传统文化"，搞好"四个讲清楚"，要引导人们更加全面客观地认识历史的中国、当代的中国，使我国在东亚文化圈中居于主动。

多年来，孔子研究院牢记总书记嘱托，依托山东省泰山学者工程、济宁市尼山学者工程，全面开展儒学人才高地建设，重点引进了一批国内外著名儒学研究高端人才。他们齐聚孔子故里，围绕儒家思想的研究与阐发，深入思考"两创"时代课题，回应时代的重大关切；他们举办"春秋讲坛"、高端儒学会讲等学术活动，与新时代儒学研究发展同步；他们参加亚洲文明对话大会、尼山世界文明论坛、世界儒学大会等国内外重要学术会议，或登台演讲，或提交论文，在不同的舞台上发出了中华文化的时代强音，握牢了儒学研究领域的话语权；他们立足"原点"，开展儒学研究，提出了许多富有创新意义的学术观点，取得了一批具有时代高度的标志性成果，展现了当代儒学研究的前沿风貌。

尼山是儒学的发源地，也是中国传统文化的重要发祥地。就像孔子"元功济古，至道纳来"那样，尼山作为孔子出生地，同样具有极其重要的象征意义。她虽然"奇不过三山，高不过五岳"，但令人仰止。可以说，尼山是"一座震古烁今的文明之山"，是"一座弥高弥新的思想之山"，是

"一座栖息心灵的精神之山",是"一座弦歌不辍的教化之山",是"一座光耀四海的智慧之山"。2019 年 8 月,山东省整合力量,正式成立尼山世界儒学中心,确立了打造世界儒学研究高地、儒学人才集聚和培养高地、儒学普及推广高地、儒学国际交流传播高地的发展目标,新时代世界儒学的发展将从尼山再出发。

为认真解答"四个讲清楚"的重大历史与现实课题,深入做好"两个结合"文章,全面加强儒学思想文化研究,及时有效地回顾、总结、前瞻,我们将孔子研究院部分特聘专家近年来具有代表性的学术论文、研究报告、访谈演讲文稿、著作摘录等予以汇总,结集为《尼山儒学文库》(第一辑)。这些专家中,有山东省特聘儒学大家、泰山学者特聘专家、泰山学者青年专家,也有济宁市尼山学者,整体上以中国学者为主,旁涉美国、韩国学者,可以说具有很强的代表性。

《尼山儒学文库》注重思想性、学术性、时代性、普及性的统一,强调学者的学术观点和学术贡献,既有宏观的儒学元典研究,也有微观的专题思考,有助于读者了解当代儒学研究领域代表性学者之所思所想,把握新时代儒学研究的发展方向,进而反躬自省,浸润于中华优秀传统文化。我们希望读者在品读本套书的过程中,能够体悟经典、了解儒家文明,感触中华文化的独特魅力。

是为序。

杨朝明

2021 年 8 月 16 日

自 序

　　十年前，本人应中国教育学会中青年教育理论专业委员会之约，出版了"中国中青年教育学者自选集"——《中庸之道与文化自觉》。如今，孔子研究院要求形成一部文集纳入《尼山儒学文库》，作为特聘人员、尼山学者自知"未达"，很是没底。近十年，本人一边研读经书，一边尝试经典教育，多为应时之论，罕有精深之作，且主题多集中于并非为学界特别看好的经典教化领域。幸赖孔子研究院贤达襄助，尼山学者团队卢巧玲、从春侠、王荣霞、杨雪翠、于超五位博士合力，或可完成"任务"。书名权作"经典教化　道济天下"，乃期兴经典教化、文以化人之举，合"知周乎万物而道济天下"之旨。

　　中华民族的伟大复兴，必将伴随着中华文化的繁荣兴盛。中华文化的核心在经典，挖掘和阐发中华经典章句中蕴涵的丰厚义理和思想价值，让经典中的文字真正活起来，成为中华文化复兴的题中应有之义。党的十八大以来，以习近平同志为核心的党中央高度重视弘扬中华优秀传统文化，强调中华优秀传统文化是中华民族的"根"和"魂"。2013 年 11 月 26 日，习近平总书记考察孔子研究院并发表重要讲话，其间特别推崇《论语诠解》和《孔子家语通解》，这无疑传递了如此信息：我们这个时代，应该到了重视弘扬诸如孔子这样的圣贤、《论语》和《孔子家语》这样的经典的时代了！不久，国务院办公厅转发了教育部制定的《完善中华优秀传统文化教育指导纲要》，其中要求强化以"正心笃志、崇德弘毅"为重点的人格修养教育。本人应《中国德育》杂志社之约，结合《大学》等典籍完成《正心——乃立德之本》一文。后应《半月谈·文化大观》之约，结合《孟子·尽心上》撰有《居仁由义——人生之正路》并发表，还结合《孟子·公孙丑上》等形成《配义与道　养浩然之气》一文。2015年，《光明日报》开设了"光明论坛·温故"专栏，选取党的十八大以来习近平重要讲话中所引用的诗文典故，邀约专家学者阐释经典的出处和义理，以古鉴今，深度解读习近平治国理政思想背后的历史与文化支撑。本人应约发表于《光明日报》的《举直错诸枉，则民服》（语出《论语·为政》）、《己欲立而立人　己欲达而达人》（语出《论语·雍也》）、《无偏无党　王道荡荡》（语出《尚书·洪范》），都是结合习近平用典而形成的文论。2020年新冠肺炎疫情来袭，国际儒学联合会迅速组织学者探讨以儒学为核心的中华优秀传统文化之于抗疫的启迪，本人应约结合《论语·雍也》撰写的《依于仁义　守望相助——由"伯牛有疾"说起》一文，亦发表于《光明日报》理论版。正如习近平总书记在全国抗击新冠肺炎疫情表彰大会上所指出："抗疫斗争伟大实践再次证明，社会主义核心价值观、中华优秀传统文化所具有的强大精神动力，是凝聚人心、汇聚民力的强大力量。"同年春夏之际，应北京师范大学教育学部"传统文化经典名著导读"课程建设之需，本人撰写《中庸》导读——《率性修道　中和位育》。在持续数年的马克思主义理论研究和建设工程重点教材《教育哲学》的编写过程中，我与于超博士承担了"中国传统教育哲学的历史演变"部分，在此基础上，结合儒道经典文化完成《合"自然"与"当然"为一的中国传统教育哲学》并发表于《教育研究》。上述阐释的儒家经典义理之论，构成本文集之第一部分——"经文义理篇"。

经文义理和价值的阐释与传承，离不开集"经师"与"人师"于一身的"儒士"。2014年9月9日，习近平总书记考察北京师范大学时强调："一个优秀的老师，应该是'经师'和'人师'的统一，既要精于'授业''解惑'，更要以'传道'为责任和使命"；大力倡导做"有理想信念""有道德情操""有扎实学识""有仁爱之心"的"四有好老师"。2015年9月9日，为纪念习近平《同北京师范大学师生代表座谈时的讲话》发表一周年，国学教育研究中心联合相关机构在国家教育行政学院国学馆举行座谈会，本人在座谈会上以《兼求经师人师 传承经典价值》为题发言，该文后发表于人民日报社《民生周刊》。教师节设立的时间和文化内涵，一直受到关注。本人先后于2005年和2013年面向地市县区教育局局长开展问卷调研，并向教育部提交咨询报告，该报告以《尊先师崇圣道：立孔子诞辰日为中华教师节值得期待》为题发表于《半月谈·文化大观》。2020年底，应央视《典籍里的中国》节目组约请，参与《论语》剧本和影片的审读，并以《激活典籍文字 传扬圣贤义理》为题发表观感。当代教育学界堪称经师人师者，首推新中国教育哲学奠基人黄济先生。2015年1月8日，先生仙逝，我作为弟子，哀思中撰写《中华传统文化教育的守望者——深切缅怀吾师黄济先生》，该文收入《中国教师》纪念黄济先生专刊；2015年，国际儒学联合会相约撰写先生小传，作为弟子，责无旁贷，与于超博士合著《儒者人生 师者使命——纪念黄济先生百年诞辰》，相关内容收入中华书局出版的《国际儒学联合会顾问学术小传》一书中；2019年4月6日，保留黄济先生遗存的黄济学馆落成于尼山圣源书院，黄济先生弟子和再传弟子及相关人士聚集于圣地并座谈，本人据此整理形成的《续君子遗风 存师者典范——黄济学馆在圣地尼山落成并座谈》发表于《半月谈·文化大观》；儒士黄济注重全人教育并身体力行，在劳动教育方面莫不如此，本人与于超博士合作完成了《五育并举 知行合一——黄济劳动教育思想的精神特质》发表于《教育研究》。上述"经师"与"人师"合一之论，构成本文集之"经师人师篇"。

经典教化是延续中华文化血脉的必由之路，也是当代教育学人义不容辞的神圣使命。2014年9月24日，习近平主席在北京人民大会堂出席纪念孔子诞辰2565年国际学术研讨会暨国际儒学联合会第五届会员大会开幕会并发表重要讲话（以下简称"9·24讲话"），强调"文以载道，文以化人"，提出"延续民族文化血脉"的重要命题。为此，国学教育研究中心与国际儒学联合会宣传出版委员会邀请著名专家学者举行学习"9·24讲话"座谈会，本人整合了座谈会综述《用传统文化滋养当代教育——习近平主席"9·24讲话"引发教育界高度关注》一文发表于《中国教育报》。民族文化血脉的延续，根本在于通过经典教化传承中华圣贤之道，经典课程的设置早成为当今中国教育面临的困境。本人发表于《教育学报》的《清末中小学堂"读经讲经"课设置与启示》，或可为分学段有序推进经典教育提供借鉴，故纳入其中列为首篇。20世纪30年代初期，学者们围绕"读经有什么用"的问题有过激烈论辩，王荣霞的博士论文《经明行修　正心救世——基于唐文治〈读经意见〉的文本分析》，或可有助于破解当代经典教育相关难题。2012年9月27日，国家教育行政学院就与国际儒学联合会合作举办面向教育行政管理干部的"清源国学讲堂"，至今已举办22讲，《国际儒学研究》第24辑曾以《滋养学人　培根铸魂——"清源国学讲堂"二十二讲回望》为题作了回顾总结。自2014年，为落实《完善中华优秀传统文化教育指导纲要》精神，本人相继为国家教育行政学院举办的全国地市县区教育局局长研修班讲授"新时代中华经典文化自信与经典教育一体化推进"等课程。2019年10月12日，本人应邀出席由国际儒学联合会参与主办的以重温习近平主席"9·24讲话"为主旨的"儒学论坛"，并以《经以载道文以化人　为新时代青少年培根铸魂——兼论最低限度的国学教育》为题做主题发言。高等院校具有经典教化的独特优势，但在整体推进上还不尽如人意，为此本人撰文《植根经典文化沃土　挖掘校训育人价值》发表于《光明日报》。为推动高校校级领导干部开展国学研修，圣地尼山开办了以"国学经典价值与高校通识教育"为主题的尼山论坛，相关成果发表于《国家教育行政学院学报》。2019年8月，中共中央办公厅、国务院办公厅印发了《关于深化新时代学校思想政治理论课改革创新的若干意见》，本人与于超博士共同撰写了《中华优秀传统文化融入高校思政课的价值与路径》，发表于《中国高等教育》。为探索工科院校人文素养教育之路，协助北京石油化工学院持续开展"文化素质教育活动"及"儒家文化寻根之旅"，与王荣霞博士合作完成并于《高校教育管理》发表《开启中华文化本根教育的游学之旅——以北京石油化工学院"文化素质教育活动"为例》。上述所倡实施经典教育之论，构成本文集之"经典教化篇"。

经典教化的核心价值追求乃尚和合、求大同。"大同"是世世代代中国人梦寐以求的社会理想，"求大同"贯穿于中国历代对于理想社会追求的全过程。"大同"社会理想有着古老的经典文化渊源，有着博大精深的思想内涵，有着切实可行的实现路径。习近平总书记在 2014 年 2 月 24 日主持第十八届中央政治局第十三次集体学习时指出："深入挖掘和阐发中华优秀传统文化讲仁爱、重民本、守诚信、崇正义、尚和合、求大同的时代价值，使中华优秀传统文化成为涵养社会主义核心价值观的重要源泉。"2016 年 10 月，本人参加翟博博士主持的中宣部文化名家暨"四个一批"人才自主选题资助项目"中华优秀传统文化教育研究"课题，与于超博士共同撰写的《大同：中华文化的社会理想》已由大百科全书出版社出版，在此基础上形成的《"大同"社会理想的思想渊源、精神内涵与实现路径》参与纪念孔子诞辰 2570 年国际学术研讨会交流。中华民族伟大复兴的"中国梦"与世代传承的中华"大同"梦一脉相承，中华"大同"理念成为构建"人类命运共同体"取之不尽的思想源泉。为此，与宫旭博士合作完成《中华大同之路与民族复兴"中国梦"及人类命运共同体》并于《齐鲁学刊》发表。2019 年 11 月 16 日，国学教育研究中心组织百余位教育界同仁参加在北京人民大会堂举行的纪念孔子诞辰 2570 年国际学术研讨会暨国际儒学联合会第六届会员大会开幕式，听取国家副主席王岐山代表习近平主席发表的重要讲话和多国前政要及著名学者的主旨演讲，随即展开交流，形成《儒学之于人类命运共同体及新时代教育者的使命》

之学术研讨综述；主持纪念孔子诞辰2570年国际学术研讨会第四小组讨论并进行大会发言，形成学术活动综述《儒学之教化与海外儒学——基于人类命运共同体理念的探讨》。为积极配合联合国于2016年元旦正式启动推进的《2030年可持续发展议程》，阐释儒学文化在促进世界和平与正义、实现人类可持续发展方面的重要价值，国际儒学联合会征集中外22位儒学学者论文并由中译出版社出版《儒学和人类可持续发展》（英文版）一书，本人多年前撰写的《传统"中和"教育理念与21世纪人类和谐》纳入其中。上述相关论文构成本文集之第四部分——"道洽大同篇"。

　　本文集是本人近年来研究儒家经典、探索国学经典教育过程中所发表的相关文论的汇集，所分"经文义理""经师人师""经典教化""道洽大同"四部分自成一体。解经明经，把握以"四书"为核心的儒家经典义理，是经典教化的必要功夫；培育"经师""人师"兼备的师资，则是经典教化取得成效的根本因素；经典教化，是深谙圣贤之道、涵育君子人格的必由之路；富有成效的儒家经典教育，必能为一代代青少年培根铸魂，为其肩负民族复兴、平治天下之重任奠定基石。相较于十年前"自选集"，本文集少了些书斋气及纯学术味，多了些对现实的关切与省思，也留下了点滴经世及习行的印记。之前为"自选集"作序，命名曰"未登堂焉得入于室"；今要为本文集序命名，不妨曰"未入门焉得登堂"。圣贤之道，仰之弥高，儒家经典，钻之弥坚，加我数年，得其门而入则足矣。礼敬圣贤，尊崇经典，乃平生所愿。吾等当深自砥砺，耕耘不息！

辛丑仲夏

于建福

目 录

经典教化篇

道洽大同篇

经文义理篇

《尚书·洪范》：无偏无党　王道荡荡①

　　2017年1月18日，习近平主席在联合国总部日内瓦发表题为《共同构建人类命运共同体》的演讲中强调："法律的生命也在于公平正义，各国和国际司法机构应该确保国际法平等统一适用，不能搞双重标准，不能'合则用、不合则弃'，真正做到'无偏无党，王道荡荡'。"

　　"无偏无党，王道荡荡"语出儒家经典《尚书·洪范》："无偏无陂，遵王之义。无有作好，遵王之道。无有作恶，遵王之路。无偏无党，王道荡荡。无党无偏，王道平平。无反无侧，王道正直。会其有极，归其有极。"这是殷代仁者箕子从纣王囚室里放出来后，在回答周武王如何循天理以治天下的询问时所发表的卓见：为政者应处事公正，没有偏私和陂曲，遵循先王正义而行；没有乱为私好或谬赏恶人，遵循先王正道而行；没有乱为私恶或滥罚善人，遵循先王之正路而行。没有徇私枉法或结党营私，先王所行之道就会宽

_____

① 本文发表于《光明日报》2017年2月13日。略有改动。

广顺畅；没有阿党与偏私，王者所立之道就会井然有序；没有处事反复无常，先王所立之道就会正直而通畅。君王聚合民众有其准则，民众归顺君王也有其准则。概言之，"王道"乃圣王所立所行的大中至正、无所偏私、天下归仁的至德要道。

成就"王道"，宜"法先王"。孔子鉴于"政由五伯，诸侯恣行，淫侈不轨，贼臣篡子滋起"而作《春秋》，以"明王道"（《史记·十二诸侯年表》）；"祖述尧舜，宪章文武"（《礼记·中庸》），以效法传承古圣王之道为己任，首倡"中庸"至德，"矜而不争，群而不党"（《论语·卫灵公》），构建王道仁学，谋求"天下为公""天下归仁"的大同盛世。面对"争地以战，杀人盈野；争城以战，杀人盈城"（《孟子·离娄上》），"彼夺其民时，使不得耕耨以养其父母；父母冻饿，兄弟妻子离散"（《孟子·梁惠王上》）的残酷现实，有感于"王者之不作""民之憔悴于虐政"（《孟子·公孙丑上》），孟子"言必称尧舜"，呼吁统一天下、消除暴政的贤君尽早出现；主张为君为臣者必守"规矩"且"法尧舜"，为君者应效法尧而尽君道，切不可残害民众；为臣者应事君以敬，效法舜而尽臣道。

成就"王道"，必"以德行仁"，让民众心悦而诚服。儒家"法先王"所推行的"无偏无党"之"王道"，有别于假借仁义而偏离正义的"霸道"。在孟子看来，"以德行仁者王"（《孟子·公孙丑上》），依靠道德，施行仁义而统一天下的叫作"王"，商汤、文王便是如此，以德使人服从，人是真正发自内心的"心悦而诚服"，就像孔子的弟子们信服孔子；"以力假仁者霸"（《孟子·公孙丑上》），依靠武力假借仁义之名而统一天下的叫作"霸"。靠武力使人服从，并不会令人真心服从，只是其力量不足以抗衡。

成就"王道"，必"行仁政"，"兴教化"。孟子主张效法先王而"以不忍人之心行不忍人之政"，确信"行仁政而王，莫之能御也"，如果施行仁政来统一天下，没有谁能够阻挡得了。行"仁政"的起点就是解决民生问题，即"养生丧死无憾，王道之始也"，让生有所养，死得安葬，不留任何遗憾；行"王道"的根本之策在于兴办教育，明于孝悌，百姓温饱无忧，即"谨庠序之教，申之以孝悌之义，颁白者不负戴于道路矣。老者衣帛食肉，黎民不饥不寒，然而不王者，未之有也"（《孟子·梁惠王上》）。

成就"王道"，必基于人心人情，合乎礼义与道义。刘向《新序·善谋》称："王道如砥，本乎人情，出乎礼义。"基于人心，顾及人情，而不放纵人情，必以礼义节制；以礼义节制人情也不可超过限度，否则会使人产生隔膜，进而偏离王道政治。将人情和礼义有机结合，乃行王道之坦途。成就"王道"，须协调礼、乐、政、刑四者关系而不偏废。此即《礼记·乐记》所谓："礼节民心，乐和民声，政以行之，刑以防之，礼乐刑政，四达而不悖，则王道备矣。"若能用"礼"来节制人们的性情，用"乐"来调和人们的言论，用"政令"推行政事，用"刑法"防祸于未然，礼、乐、政、刑四者相互作用而不相冲突，那么，"王道"政治就得以完备。

成就"王道"，必"公"必"正"必"诚"。《吕氏春秋·贵公》提出："王之治天下也，必先公，公则天下平矣。"宋儒程颢曾劝告宋神宗："得天理之正，极人伦之至者，尧、舜之道也；用其私心，依仁义之偏者，霸者之事也……故诚心而王则王矣，假之而霸则霸矣。"（《二程文集》卷一）王霸之别在王者"心正"，奉天理之公正，怀以诚正之心；霸者用其私心，而偏离仁义，必失公道。

21世纪，人类正致力于建立公正合理的国际新秩序，构建人类命运共同体。中华传统文化智慧宝库中"以德服人""尚中贵和""无偏无党"的"王道"政治，"天下为公""天下归仁""协和万邦"的价值理念，"修己以安人"的君子之道，"博施于民而能济众""修其身而天下平"的圣贤之道，"民胞物与"的共同体意识，必将为破解人类面临的功利偏私、贪婪无度、道德失范、公正危机、秩序混乱之难题，抑制谀上欺下、畏强凌弱、颐指气使、巧取豪夺、恣意妄为的"霸权"行径而提供理论借鉴，为携手构建"美美与共"的人类命运共同体而提供道义支持。

经文义理篇

《论语·为政》：举直错诸枉，则民服 ①

习近平总书记在党的十八届四中全会第二次全体会议上的讲话，以《论语》中"举直错诸枉，则民服"表达了对干部任用的态度，同时对领导干部自身的素养提出了相应要求。作为党和国家的领导人，在谈治国理政时较常引用的一句古语，"举直错诸枉"这句话颇耐人寻味。

"举直错诸枉"在《论语》中有两处论及。《论语·为政》篇载：

哀公问曰："何为则民服？"孔子对曰："举直错诸枉，则民服；举枉错诸直，则民不服。"

另据《论语·颜渊》篇载：

樊迟问仁。子曰："爱人"。问知。子曰："知人。"樊迟未达。子曰："举直错诸枉，能使枉者直。"樊迟退，见子夏曰："乡也，吾见于夫子而问知，子曰'举直错诸枉，能使枉者直。'何谓也？"子夏曰："富哉言乎！舜有天下，选于众，举皋陶，不仁者远矣。汤有天下，选于众，举

_____
① 本文发表于《光明日报》2015 年 8 月 7 日。

伊尹，不仁者远矣。"

这里涉及孔子用人之道中相互关联的三个重要问题：举用什么样的人、如何用人和用人所要达到的效果。

好直而恶枉，是天下人之常情。为"民服"必"举直"。直者，诚也，内不自欺，外不欺人，不为非道之事，求于仁义之理，合乎君子人格特质，是为政者的重要品质。"正直"是古之王者中"道"精神的体现，此所谓"无反无侧，王道正直"（《尚书·洪范》）。"正直"是人的生存之道，是立身处世之本。"人之生也直，罔之生也幸而免。"（《论语·雍也》）在孔子看来，人在世上生存要靠正直诚实，与"直"相对的枉曲、虚妄、奸诈之人，尽管也可生存于世，甚或谋得官职，作威作福，但那只是侥幸免于祸害罢了。天下无道之时，枉曲之人，如春秋末期"日杀不辜，肝人之肉，暴戾恣睢"的盗跖，作恶多端，尽管"竟以寿终"（《史记·伯夷叔齐列传》），但最终为人所不齿；而正直之人也会遭受横逆，伯夷、叔齐正直善良却饿死于首阳山上，尽管如此，仰不愧于天，俯不怍于地，乃累世称颂的贤人、善人、真君子、大丈夫。

"举直错诸枉，则民服"。举措得当，则服人心，故应举用正直正派之人为政。鲁君哀公之时，世卿持禄，多不称职，贤者隐处，贤者有仕者却在下位。哀公苦于群邪秉政，民心厌弃，乃问及晚年孔子。孔子对之以举措之道：将正直者提拔起来，置于枉曲者之上，使贤者得以尽其才，而不肖者有所受治，民众就会心悦诚服；反之民众则会抵触排斥。况且，好直而恶枉，是人之常情。所举之人正直与否，关乎民心向背，直接影响民众的心态和对政令的认同度，进而制约为政之效。"举直错诸枉"，正直者为政，政令得其正，则顺应天下之人情常道，合乎民心民意，必然赢得民众的信奉而使从善者如流。相反，若德不配位，"举枉错诸直"，则有悖于天下之人情常道，或图谋私利，或残虐民众，难以使民众心悦诚服。所以只有正直者居上位，统摄枉曲者，其位方正，其政方行，其民方服。

"举直错诸枉，能使枉者直"，且"不仁者远矣"。子夏高度赞赏孔子"举直错诸枉，能使枉者直"之论，并认为"举直错诸枉"，能使"不仁者远矣"，即人人皆化而为仁，不见有不仁者。子夏列举历史上选举政治的成功案例：舜选举皋陶，商汤选举伊尹，均在众人中选用贤能者担当治国理政重任，其效果都使枉者直，人皆化为求仁者。"举直错枉"之效可见一斑。适如孔子所言："政者，正也。子帅以正，孰敢不正？"（《论语·颜渊》）为政之道在一"正"字，为政者率先垂范，民众自然会归于正道。相反，"枉己者，未有能直人者也"（《孟子·滕文公下》）。自己偏离正道，就不能使他人正直起来，也难以成就仁德。古往今来，概莫能外。

"仁者莫大于爱人，知者莫大于知贤。"（孔子语，见《大戴礼记·王言》）在朱子看来，"举直错枉者，知也。使枉者直，则仁矣"（朱熹《论语集注》）。"举直错枉"，需要有辨识贤才和佞人的大智慧，是智者之能事；"使枉者直"，符合修己安人的仁道精神，是仁者之善举；"举直"则直人、服民、远不仁，是天下治平之要务。如今，孔子"举直错枉"的用人之道，仍具有超越时空的时代价值。"正直"依然是为政者必备的德行品质；为政以德，正人先正己，则是为政者当务之急。为政者唯有持君子之守，养浩然正气，知人善任，选贤与能，任人唯贤，方能举直而直人，举直而服民，举直而远不仁，弊绝而风清，不断汇聚向上向善的正能量。果如此，则民之福祉，国之幸事。

《论语·雍也》：
己欲立而立人　己欲达而达人^①

2015年4月21日，习近平主席在巴基斯坦议会的演讲中指出，中巴要弘义融利，实现共同发展。中华文化倡导"己欲立而立人，己欲达而达人"。中国坚持正确的义利观，帮助巴基斯坦就是帮助我们自己。习近平主席以中华文化倡导的"己欲立而立人，己欲达而达人"理念，来弘义融利，构建中巴命运共同体，开辟中巴合作共赢新征程，是将儒家"忠恕"之道在当今国际关系中的恰当运用。

曾子曰："夫子之道，忠恕而已矣。"（《论语·里仁》）"忠"则尽己而无欺，"恕"则推己以及人，曾子用"忠恕"二字对孔子"一以贯之"之道作了精辟概括。孔子在回答子贡何谓"仁"时指出："夫仁者，己欲立而立人，己欲达而达人。能近取譬，可谓仁之方也已。"（《论语·雍也》）"己欲立而立人，己欲达而达人"就是"忠"。作为仁爱之人，必有仁爱之心，自己"欲

---

① 本文发表于《光明日报》2017年1月25日。略有改动。

立""欲达"，必推想到他人也有立身、通达之愿望，进而在己立、己达之余，积极促成他人立身而通达。

"推己之谓恕"，在朱熹看来，"恕"就是推己及人。孔子则将"恕"界定为"己所不欲，勿施于人"。《论语·卫灵公》载："子贡问曰：'有一言而可以终身行之者乎？'子曰：'其恕乎！己所不欲，勿施于人。'"从孔子回答子贡之问不难发现，尽管如曾子所言"夫子之道，忠恕而已矣"，而且忠恕同为尽己推己之"仁术"，但孔子似乎有意突出"恕"字。

"己欲立而立人，己欲达而达人"之"忠道"行之不易，必明"君子"之道，贵在"克己""修己"而"身正"。端正自身，使其合乎道义，合乎人性，还要能善解人意，尊重和善待他人，即孔子所谓"修己以敬"；在此基础上，"修己以安人"（《论语·宪问》），己立立人，己达达人，携手共进，各得其所。"己所不欲，勿施于人"的"恕道"行之亦难，也需尊重他人的独立意志，切勿将自己的意志强加于人，否则难以"安人"。

《中庸》说："忠恕违道不远。"作为"己欲立而立人，己欲达而达人"的"忠道"是从"欲"的角度而言，作为"己所不欲，勿施于人"的"恕道"是从"不欲"的角度而言，二者共同构成了儒家的道德准则。果能行此"忠恕"之道，即是爱人，即为"仁者"。推行"忠恕"之道，要有"人能弘道"（《论语·卫灵公》）的自信，要有"泛爱众而亲仁"（《论语·学而》）的情怀，要有"我欲仁，斯仁至矣"（《论语·述而》）的信念，要有"求诸己"的主观努力，要靠"为仁由己"的自觉能动性，等等。如此则不失为"修己安人"的君子。

"忠恕"之道要求根据自己内心的体验来推及别人的思想感受，把他人与自己放在平等地位上进行思考和对待，尊重人格尊严和自由意志，体现了孔子仁学的民主性精神和推己及人、修己安人的君子之道。《大学》所言"絜矩之道"，不失为"平天下之要道"；《中庸》强化"忠恕"之道，主张"施诸己而不愿，亦勿施于人"；《孟子》认为"强恕而行，求仁莫近焉"，主张"善推其所为"，倡导"老吾老以及人之老，幼吾幼以及人之幼"。毫无疑问，"忠恕"之道是带有普遍性和普适性的准则，不仅适用于古代，也适用于当代和未来，是中华民族奉献给全人类的宝贵精神财富。

《论语·雍也》：依于仁义　守望相助

——由"伯牛有疾"说起①

新冠病毒来袭，祸蔓神州，情关三镇，举国奋起抗疫，创出举世成功范例。宅居闭户的日子里，必闻"窗外事"，且读诸如《论语》之类"圣贤书"。《论语》中不乏直面病疫的鲜活事例，兹由"伯牛有疾"说起。《论语·雍也》载："伯牛有疾，子问之，自牖执其手，曰：'亡之，命矣夫！斯人也而有斯疾也！斯人也而有斯疾也！'"反复品味如此悲戚章句，由字里行间深感孔子的哀痛与无奈，感慨于师徒情深，感动于那份尊重与关爱之心。

一、罹患恶疾：伯牛遭受"隔离"之苦且令孔子不得入室

究竟缘何"疾"而令伯牛遭受隔离之苦，且令孔子不得入室而感叹不已，其中必有难言之隐。《孔子家语》《史记》都称伯牛"有恶疾"。古之所言"恶

---

① 本文发表于《光明日报》2020 年 3 月 30 日。略有改动。

疾"为何？《说文解字·疒部》释："疠，恶疾也。"《淮南子·精神训》断言："冉伯牛为厉。""厉"即"疠"，先儒以为"癞"，类似麻风病，或谓"大风"。《黄帝内经·素问·风论篇》描述"疠者"症状为："其气不清故使其鼻柱坏而色败，皮肤疡溃，风寒客于脉而不去。"遂可知，伯牛所患"疠"即"癞"，极具传染性且为当时难以治愈，须隔离居住。

"疠疫"古已有之。《黄帝内经·素问》记载：疠疫一旦爆发，由于难以治愈而引发众多病亡者。《周礼·天官冢宰》载，孔子所处周代，"四时皆有疠疾"；唐人贾公彦就此疏曰："疠气与人为疫。"《公羊传·昭公二十年》载有卫灵公之兄辄不被立为国君缘由，因辄有"恶疾"，东汉经学家何休注此恶疾"不逮人伦之属也"，即不能生儿育女，难行夫妻之礼。是年，孔子恰是"而立"之年，因创办私学而立足于世，伯牛约23岁，介于"志于学"与"而立"之年，或已从师孔子。《论语·乡党》记载："乡人傩，朝服而立于阼阶。"孔子曾身着朝服，在乡党站在迎送宾客的主位上，参与按传统习俗举行的迎神驱疫活动。就此推断，终身"不怨天，不尤人，下学而上达""爱众亲仁"的孔子，对伯牛之疾即使未必了然于心，也必定万分哀悯。

中华民族尽管命运多舛，但防治疾疫历史悠久。《易经·兑卦》即有"介疾有喜"之辞。王弼注："介，隔也。"隔离患者，以保他人性命，值得庆幸。伯牛自知其疾有传染之虞而苦不堪言，为确保孔子探视安全，也为避免恩师见状过于伤感，故"不欲见人"，只让业师从窗口探视。孔子深谙隔离之理，亦深明弟子倍受隔离之苦。

二、毅然决然：孔子走近探视且"自牖执其手"

细读《论语》便可略知：孔子养生有道，饮食自有戒律，如"割不正不食"，"不得其酱不食"；鲁大夫季康子馈药，孔子因不清楚药性而拒绝服用；"父母唯其疾之忧"，视徒如子的孔子，面对罹患恶疾的伯牛而忧心忡忡。《孝经》中孔子开宗明义："身体发肤，受之父母，不敢毁伤，孝之始也。"孔子爱惜生命如此，然而，当伯牛处境可怜而无助、孤寂而愁苦之心需要慰藉之时，孔子不可能避而远之，何况其病情之重之恶亟待探知。义当所为，毅然为之。一生讲仁爱重情谊的孔子，执意看望伯牛，走近窗户，不忍视其惨容，从窗口伸进手去，慈父般地拉着伯牛那枯瘦乏力的手，其微弱的脉息，让孔子顿觉回天乏术，爱莫能助，唯有心痛而无奈地哀叹："亡之，命矣夫！"

通观《论语》，孔子探视有疾者的记载唯此一处。爱徒颜回死，"子哭之恸"，也未见病重探视的描述。《论语》惜字如金，在"伯牛有疾"处不惜笔墨，耐人寻味。在古代社会，人一旦患了"恶疾"，就视为不洁，就会受到厌弃，人们避之不及。若妇女染上"恶疾"，就成为"七出"理由之一。"恶疾"带来的"身体发肤"毁伤，则成为不可饶恕的"孝道"缺憾。就此而言，孔子的出现，非同小可。孔子曾为鲁国大司寇，辞官周游列国后，被奉为"国老"，自称"从大夫之后"，居然降下身段，拖着年迈的身躯，冒着染病的风险与世俗的偏见，伸出温暖的手，握向身患"恶疾"者之手。孔子之举，看似平常，却是给深受恶疾之苦的伯牛以莫大慰藉。

"爱人者，人恒爱之；敬人者，人恒敬之。"（《孟子·离娄下》）疫情当前，敬畏生命为先，互爱互敬为要。但愿隔离中的人们，不幸染病的患者，自爱自重自强，并得到他人的理解、尊重与关爱，获得充分的尊严感，也莫忘感恩并致敬守护苍生的医者及所有防控疫情的奉献者。

三、情意绵绵：孔子缘何发出"斯人斯疾"之叹

面对因防疫而被隔离的爱徒，背负着"亡之"之痛，孔子与伯牛依依惜别，连连发出悲叹："斯人也而有斯疾也！斯人也而有斯疾也！"其哀伤惋惜之情溢于言表，如今读来宛在眼前。要知孔子缘何发出"斯人斯疾"叹息，将"斯人"伯牛一探便知。

伯牛即冉耕，因字伯牛而世称"冉伯牛"，尊称"先贤冉子"，春秋末鲁国陶（今山东菏泽市定陶区）人，少孔子七岁。《论语》言及伯牛仅两处，并无其本人只言片语，但透过其他典籍可略寻其身世履历。《孔子家语·七十二弟子解》称冉雍乃"伯牛之宗族"。据《冉氏族谱》，相传冉氏是黄帝长子少

昊之后裔，周文王之子武王封叔振铎为曹国君，都城陶丘（亦今定陶），传十四代至冉离，世居"菏泽之阳"，以牧为业，人称"犁牛氏"。"离娶颜氏，生长子耕，次子雍。"伯牛与冉雍兄弟共同从学孔子。《论语·雍也》中孔子称冉雍为"犁牛之子"。孔子自称"吾少也贱"，亦有荣耀的先祖，后家道中落。相似的出身令孔子与伯牛均具同情悯人之心、质朴勤勉之品、谨慎待人处事之道。经孔子循循善诱，伯牛成长为"孔子之通学"，成为精通孔子之道的高足。孔子与伯牛既有师徒之谊，又为仕途同道之人。据马端临《文献通考》载，鲁定公十年（前500年），中都宰孔子因政绩显赫而晋升鲁国司空，同年升任大司寇，约44岁的伯牛便接任中都宰。伯牛师法孔子，以仁惠民，以德化民，讲信修睦，深得民心；后随孔子周游列国，广施教化，深受尊敬。如此接续孔子推行仁政、共担荣辱的爱徒，颇令孔子欣慰。

伯牛出众的德行最为孔子所赞赏。《论语·先进》载，孔子晚年谈到弟子优长时，将伯牛列为"四科十哲"之德行科，"德行：颜渊、闵子骞、冉伯牛、仲弓"。《孟子·公孙丑上》也称伯牛"善言德行"，其德行"具体而微"。《论衡》《白虎通义》《孔子集语》纷纷称赞伯牛"危言正行"，为人端庄正直；"节小物"，善于处理日常事务；"行善于内"，擅长待人接物；不仅堪与颜渊、闵子骞相提并论，而且"圣人可勉成"，已达称"圣"程度，只是未若孔子那样博大精深。伯牛因其德行出众被后世推崇，配享于孔庙大成殿。此可谓"生则命寡，没则道宣"。

眼见志同道合、德行贤能却罹患恶疾的得意弟子不久于人世，孔子发出"斯人斯疾"的连连哀叹，既叹其命运，更惜其贤才，其痛心疾首，不亚于丧子之痛，也不亚于颜渊死时"天丧予！天丧予！"之叹息。善待弟子若此，对朋友哪怕是陌生人或弱势者莫不善待有加。《论语·乡党》载，有朋友去世，得知没有亲戚敛埋，孔子说"于我殡"，主动为其送终；孔子遇见身着丧服者，遇见盲人，即便年少也会起立，走过其身旁时必趋而过之。若食于有丧者之侧，孔子未曾吃饱过，并于当日哭而不歌。其恻隐之心若此！孔子以"悲天悯人"的情怀，"为仁由己"的担当，躬行《礼记·礼运》中自己倡导的"人不独亲其亲，不独子其子。使老有所终，壮有所用，幼有所长，矜寡、孤独、废疾者，皆有所养"之宏愿。

数千年人类文明史，不时有瘟疫肆虐，人类与瘟疫病毒的较量从未停息，或将继续。医学"妙术"固然是战胜病毒之利器，百姓"仁心"尤不可缺席。愿疫情中的普罗大众，依于仁义，凝心聚力，同舟而共济；愿盛世中的芸芸众生，居安思危，守望相助，行善而积德。

《孟子·公孙丑上》: 配义与道　养浩然之气

　　孔子将"义"与"道"结合,主张"行义以达其道"。《孟子·公孙丑上》载,孟子自称"我善养吾浩然之气"。浩然之气是"至大至刚"之气,但是,"至大至刚"之气并非意味着无所节制,必须"配义与道",即符合道义,失去道义,"气"就失去力量,甚至偏离正确的方向。浩然之气是由正义感在内心长期积累而形成的,不是偶然的正义行为就能获取的,以"集义所生"为助益,以"揠苗助长"为"无益"或"害之"。要养成浩然之气,成就君子人格,在义利关系上,要以"见利思义"为荣,以"见利忘义"为耻;在道义上,要以"见义勇为"为荣,以"见义不为"为耻;在民族大义上,则以"舍生取义"为荣,以"卖国求荣"为耻;在穷达之道上,则要"穷不失义","达不离道",反对穷而无义,达不择路。"配义与道""行义以达其道",方为成就君子人格之坦途。

一、见得思义　非道义不取

"义"是人之所以为人的本质特征。《荀子·王制》："水火有气而无生，草木有生而无知，禽兽有知而无义，人有气、有生、有知亦且有义，故最为天下贵也。"荀子将"义"视为人类胜于水火、草木并区别于动物的根本标志。合乎道义，是君子人格的特质。这在"义"和"利"的关系上表现得尤为突出。"见利思义"是中华民族的传统美德，也是君子的为人处事之道。

孔子将对待"义"和"利"的态度，作为区分"君子"与"小人"的基本标准，即所谓"君子喻于义，小人喻于利"（《论语·里仁》）。孔子言及"君子有九思"，其中就有"见得思义"（《论语·季氏》），希望人们能做到"义然后取"（《论语·宪问》）。孔子所谓"不义而富且贵，于我如浮云"（《论语·述而》），"君子谋道不谋食"，"君子忧道不忧贫"（《论语·卫灵公》），则是君子合乎"道义"的价值取向。

《孟子》开篇即展开"义利之辩"，明确反对"后义而先利"，深刻阐明唯利是图之害。由此主张，只有施行仁政，坚守道义，才能获得国家的长远利益。与孔子一样，孟子主张："非其义也，非其道也，一介不以与人，一介不以取诸人"（《孟子·万章上》），反对"非其有而取之"的"非义"之举。《孟子·滕文公下》提到：有个偷鸡贼，天天偷鸡，有人告诉他这不是君子之道，他就打算改为一个月偷一只，这样明年就不偷了。孟子就此质疑："如知其非义，斯速已矣，何待来年？"这本来就是不义之财，应该马上停下来，也就是孔子所说的"不贰过"（《论语·雍也》）。

二、见义勇为　舍生取义

"见义勇为"。《论语·为政》末章提到孔子之言："见义不为，无勇也。"就正面而言，应"见义勇为"，遇到合乎道义的，应该做的，就要去做。这是修身最基本的要求。遇到该做的事情，患得患失，不去做，就是"无勇"，也就失去道义。"见义勇为"不限于在危难之时舍己救人的善举，做好日常该做能做的事务，勇于担当，也包含其中。与此同时，孔子强调："君子义以为上,君子有勇而无义为乱,小人有勇而无义为盗。"(《论语·阳货》)君子视"义"为最可贵者,但不可只有勇而没有义,否则就会添乱;小人也不可只有勇而没有义,否则就可能成为强盗。孟子所要养成的"浩然之气",就是要养成一种勇敢无畏的凛然正气。孟子曾就三种勇敢做过对比:齐国勇士北宫黝之勇,是唯我独尊、目空一切、悍然而行的匹夫之勇;孟施舍之勇,是锐意求胜、无所畏惧、主要适用于战场而难以体现于日常之勇;曾子运用孔子"大勇"之论:"自反而不缩,虽褐宽博,吾不惴焉;自反而缩,虽千万人,吾往矣。"(《孟子·公孙丑上》)即是说,反省自己若理亏,即使对普通百姓也不去恐吓人家;反省自己觉得正义在手,纵然面对千万人也勇往直前。曾子奉行毫无私念、坚持正义的原则,能把握理之曲直,其勇乃"大",远在前二者之上。

"舍生取义"。"见义勇为"的极致,就是"舍生取义",即为了正义事业勇于献身,这是一种值得赞美的崇高精神。《孟子·告子上》提到:"生,亦我所欲也;义,亦我所欲也。二者不可得兼,舍生而取义者也。""舍生取义"是指舍弃生命获取道义,是对人之"本心"即"羞恶之心"的不断升华。忠于国家,忠于人民,这是大义。忠孝不能两全,保家卫国需要有人到前线去,这是一种符合道义的大勇。"为"和"不为"确实需要一种价值判断。按理说遇到"老人倒地"这样的事应该"为","不为"就是无勇,就是道德缺失。当然,还有个"不能"与"不为"的问题。对没有搀扶能力的老弱幼童而言,宛若"挟泰山以超北海",是"不能";对众多健全的人而言,不扶就是"不为",恰如不愿"为长者折枝"。

三、尊德乐义　达不离道

"义者宜也"。"义"是作为人必须遵循常道而理应担当的责任与义务。提到义的践行,普通人鲜有置身生死存亡、民族大义的机会,那么对于社会大众来说,"义"体现在哪些方面呢?义是四个善端之一,是一种与生俱来的羞恶之心,在人生各个方面都会体现出来,需要不断地扩充。知耻,好勇,知道自己应该做什么，不该做什么，明白自己应该尽到的义务，有担当的精神。作为子女，理应孝敬父母；作为父母，理应慈爱子女；作为夫妻，理应相互恩爱；作为朋友，理应守信友善；作为同事，理应互助诚恳；作为职员，理应敬业乐群；作为公民，理应履行责任。总而言之，人们应各安其位，各尽所能，各得其所，有尊严感、获得感、成就感，充分实现自身的价值。

"行义以达其道"。古人强烈谴责行不义者，"多行不义，必自毙"（《左传·隐公元年》）；赞赏澹台灭明"行不由径"（《论语·雍也》），为人正直，坚守道义。孔子和孟子都深谙穷达之道。子曰："隐居以求其志，行义以达其道。"（《论语·季氏》）在孔子看来，退而隐，以隐居避世，来保全自己的志向；进而行义，依义而行，贯彻自己的主张。"行义以达其道"说起来容易，要做到就太难了，容易打些折扣。孟子主张，无论穷达，都不应该失去或远离道义。"尊德乐义，则可以嚣嚣矣。故士穷不失义，达不离道。穷不失义，故士得己焉；达不离道，故民不失望焉。古之人，得志，泽加于民；不得志，修身见于世。""穷则独善其身，达则兼济天下。"（《孟子·尽心上》）在孟子看来，只要崇尚德，爱好义，就可悠然自得无所求。所以士人穷困时不失掉义，能保持自己的操守；士人得志时不背离道，就不会使百姓失望。古代的志士，得志时，往往施给人民恩泽；穷困不得志时，潜心涵养品德，修养自身见于世，实可"不出家而成教于国"（《大学》）。

经文义理篇

《孟子·离娄上》：居仁由义——人生之正路①

　　说到"义"，不能不提到"仁"，古圣先贤早已将"仁义"并举，倡导"仁义之道"，主张"居仁由义"。提到"仁义"，又联系到"五常"，即"仁义礼智信"。说到"义"，自然会想到义利之关系。"见利忘义"则为有良知的人们所不屑为之。尽管现代人的价值观在不断地遭受着冲击，"见义不为"的事情时有发生，但大多数人在面对利益时还能够冷静地思考，尽可能作出符合道义的选择，不至于为了谋求一己之利而把道德底线踩在脚下。那么，"义"与"仁"有何必然联系？"义"与"五常"的其他部分各有什么关系？在教育中又是以怎样的方式传递出来的呢？

一、"居仁由义"与"五常"之"义"

　　"义"是"五常"的重要方面，与仁、礼、智、信一道，形成五个具有普适性和永恒性的道德范畴，成为人们遵循的道德规范。孟子认为恻隐、羞恶、

---

① 本文发表于《半月谈·文化大观》2016 年第 11 期。

辞让、是非四种情感是仁义礼智的萌芽，即仁义礼智来自这四种情感，因而有"四端"之说。后来形成了仁义礼智信五常。所以义和仁、礼、智、信都是相关的，它是人们必须持守的道德观和价值观。

"居仁由义"。"仁"与"义"是紧密联系在一起的。孟子说："吾身不能居仁由义，谓之自弃也。仁，人之安宅也；义，人之正路也。旷安宅而弗居，舍正路而不由，哀哉！"（《孟子·离娄上》）"居仁由义"这个词内涵丰富，说明了仁义之间的关系。"仁"是人最安泰的住宅，"义"是最正确的道路。把最安泰的住宅空置起来不住，把最正确的道路舍弃在一边不走，则是愚蠢而可悲的。

"礼门义路"。"义"与"礼"密切相关。孟子提出："夫义，路也；礼，门也。惟君子能由是路，出入是门也。"（《孟子·万章下》）"义"好比是大路，正道；"礼"好比是门，只有君子才能从这条大路行走，由这扇门出入。所行之路，必合乎礼，否则，不出不入。君子应保持自己的独立人格，必循行礼义之道。

"智者不惑"。"羞恶之心，义之端也"，"是非之心，智之端也"。涵养羞恶之心，必须先明辨是非。无是非之心，则难有羞恶感。行道义，需要运用理性和智慧，是智者之能事。"义"和"智"结合，对事情是非善恶作准确判断，才有可能指导人做出符合道义的事情来。

"惟义所在"。"义"和"信"的关系，《论语·学而》载孔子弟子有子之言："信近于义，言可复也。"即是说，讲信用而大致合于道义，那么就可以兑现诺言。我们平常说的"言必信，行必果"，其实也不是绝对的。孔子在回答子贡什么样的人可以称得上"士"之再"其次"时说："言必信，行必果，硁硁然小人哉！"在孔子看来，"士"的第一要义是"行己有耻"，有羞恶之心，即有"义"的道德感。言行是否一致，要看是否有悖于道义。此如孟子所言："大人者，言不必信，行不必果，惟义所在。"（《孟子·离娄下》）儒家仁义礼智信"五常"，不唯仁，不唯礼，不唯智，不唯信，偏偏"唯义"，只是因为"义"本身就是底线，人必在正道上，才有诚信，方可成事成才，成就美满人生。

二、"义"的教育之展开

"玉不琢，不成器；人不学，不知道。"(《礼记·学记》)"义"在学校教育中大有可为。古圣先贤之道义论，是潜在的不可多得的重要资源。学校应通过挖掘和阐发古圣先贤之道义论，开展中华传统文化教育。要让师生了解"义"的基本概念、本质属性，准确把握"义"与仁、礼、智、信的必然联系，结合日常生活，通过系列活动，强化道义观、义利观。

首先，要引导师生了解古圣先贤对"义"的阐释和价值判断。通过孔子、孟子等古圣先贤的系列论述，可准确理解和把握"义"的基本概念、本质属性，明确先贤在某些具体事情上的价值取向。就义利观而言，《论语·子罕》开篇就有"子罕言利"，孔子很少谈论"利"，甚至被认为其轻视"利"，但是，"罕言"并非"不言"，孔子对"利"持慎重的态度，相对于"利"而言，"义"是优先的，而且必须把握取舍的标准，必须取之有道；"罕言"也并非意味着不顾民之利益，恰恰相反，孔子主张"因民之所利而利之"(《论语·尧曰》)，曾对郑国贤相子产"其养民也惠，其使民也义"(《论语·公冶长》)的君子之道大加赞赏。

其次，在五常之道中把握"义"道。如前所言，义与仁、礼、智、信均有必然联系，故有"仁义""礼义""信义"。中华传统文化教育应该挖掘和阐发传统的五常之道，包括"仁义"之道、"礼义"之道、"信义"之道，深刻理解"义以为上"深刻内涵。仁、义、礼、智、信之"五常"统一在一个人身上的，很难划分得十分清楚。就"仁"和"义"而言，二者融为一体，相辅相成。仁爱之心就是人应该有的"不忍人之心"，即"恻隐之心"。孟子就曾回应这个问题："今人乍见孺子将入于井，皆有怵惕恻隐之心。"(《孟子·公孙丑上》)一个小孩不小心将跌入井中，路过井边的人见此情景，都会毫不犹豫地救助这个小孩。救助他不是因为跟他父母有交情，不是因为要在乡里得一个好名声，也不是因为厌恶这个小孩的哭喊声，这是人发端于恻隐之心的仁心，也是发端于"羞恶之心"的义举。既然去救助他，那就是一种道义的选择，是仁者之义举善行。就"信"与"义"而言，儒家推崇"信义"，体现了"信"与社会正义的一致性。信义不欺良心，必有敬。《周易·坤》所谓"君子敬以直内，义以方外"，就是要以诚敬态度使内心正直，以正义准则作为外在的行为规范。可见，敬是立身之道，义是处事之道。若无正义，则无诚信。

第三，善于运用案例教学，提升学生的道义感和价值判断力。结合历史的、现实的、身边的、自己经历过的、他人正在经历的一些案例，让学生进行判断、选择，获得启发，这是一条可行的路径。"老人倒地该不该扶"问题的出现，确实是说明现在的某些道德问题还是值得担忧的。"人不独亲其亲，不独子其子"，"老吾老以及人之老，幼吾幼以及人之幼"，是古老的传统价值观，即使是在舆论与风险的压力之下，还是有一些人可以不问缘由去帮助他人。这应是常态，是人的"恻隐之心"善端发散的必然结果。据《齐鲁晚报》载：2011年9月28日，山东师大附小三年级（3）班主题班会上，班主任兼品德与社会课老师曹建军以"老人摔倒后，我该怎么办？扶还是不扶？"为题设问。调查结果显示，全班53名同学，有27人选择"不扶"，有23人选择"扶"，另外3名同学未表态。接着，曹建军又向全班同学讲了发生在南京的"彭宇案"，让同学们再次做选择，结果显示，选择"不扶"的人依旧是27人，选择"扶"的只有13人，减少的10人转向了犹豫和矛盾。随后，曹建军老师又给同学们讲了一名老人因摔倒无人搀扶，最终因鼻血窒息死亡的新闻，之后这道题的答案发生了戏剧性变化：全班选择"扶"的同学骤升到45人，而选择"不扶"的仅剩一人。此时此刻，尽管孩子们内心有挣扎，但善良的本性还是战胜了之前的顾虑，人性的光辉和教育的作为显现了出来。

第四，理解和把握"义"与"修齐治平"的联系。把《论语》等经典里的"义"呈现出来，逐个分析，会发现，"义"与修身、齐家、治国、平天下有密切的关系，通过"义"就可以展开"修齐治平"之道。"义"用于修身，可"见利思义""见得思义"，非其有而不取。正如孟子所言："饱乎仁义也，所以不愿人之膏粱之味也。"（《孟子·告子上》）涵养仁义之德的人，不会羡慕别人的精美食物。"义"用于齐家，则有亲亲之仁、敬长之义，可"宜其家人""宜兄宜弟"。在孟子看来，对于"恻隐之心""羞恶之心"等，"苟能充之，足以保四海；苟不充之，不足以事父母"（《孟子·公孙丑上》），可见饱修仁义之道，有益于齐家乃至治国。"义"用于治国，"国不以利为利，以义为利也"（《大学》），可谋求国家根本利益和长远利益。中国自古忠义之士辈出，忠实履行对国家的神圣义务，重民族大义，不惜舍生取义，杀身成仁，从而经邦济世，保全四海。"人有气、有生、有知，亦且有义，故最为天下贵也……义以分则和，和则一，一则多力，多力则强，强则胜物，故宫室可得而居也。故序四时，裁万物，兼利天下。"（《荀子·王制》）"义"不仅使人高贵，而且使人强大。"义"用于平天下，倡导正义、天下为公，则万邦协和，训致大同。荀子断言："凡为天下之要，义为本而信次之。"（《荀子·强国》）夏禹和商汤"遵义务信"而天下治，夏桀和商纣王"弃义倍信"而天下乱。由此可见道义与忠信对平治天下的重大意义。

　　最后，育人者树立牢固的道义观。育人者必先受教育。对于学校教师和管理层来说，必须率先研修以"四书"为核心的传统经典，从中感悟圣贤之道义观。实践证明，研读儒家经典，感悟古圣先贤之道，是中华文化价值传承的绝佳举措，也是确立育人者道义观的有效途径。通过研修，育人者对传统道义理论、历史经验和智慧形成普遍的认知和认同，逐步将古圣先贤的道义观"著乎心"，融化在血脉中；"布乎四体，行乎动静"，见诸言行举止。"润物细无声"，教育者自身的修为，长期涵养和持守，自然会在教育、教学相应的环节中呈现出来，必然对学生产生潜移默化的积极影响。长此以往，伴随学生道义观的确立和践行，家庭和社会各个方面一起来推动仁义之风的形成，众人共同"铁肩担道义"，则道义必存于天地之间。

《大学》：正心——立德之本 ①

2014 年 3 月 26 日教育部《完善中华优秀传统文化教育指导纲要》的颁布，带来了"国学教育的春天"的气息，成为百年教育植根铸魂的起点与标志。《纲要》强调，加强对青少年的中华优秀传统文化教育要以家国情怀教育、社会关爱教育和人格修养教育为重点，而且将"正心笃志、崇德弘毅"视为人格修养教育的重点，将"正心"居于首要地位。"立德之本，莫尚乎正心。"（《傅子·正心篇》）可见，"正心"乃立德之本。究竟何为"正心"？"正心"与修齐治平关系如何？"正心"何以涵养人格？实有必要略作探析。

一、"正心"乃修齐治平之根基

"正心"较早出自《大学》，是《大学》中提出的格物、致知、诚意、正心、修身、齐家、治国、平天下"八条目"之一，也是其中的关键环节。《大学》经文提出："古之欲明明德于天下者，先治其国；欲治其国者，先齐其家；欲齐

---

① 本文发表于《中国德育》2014 年第 20 期。

其家者，先修其身；欲修其身者，先正其心；欲正其心者，先诚其意；欲诚其意者，先致其知；致知在格物。"也就是说：要彰显自己光明德行于天下的人，必先治理好自己的国家；想要治理好自己国家的人，必先理顺自己的家庭；想要理顺自己的家庭的人，必先修养身心；想要修养身心的人，必先端正内心而无邪念；想端正内心而无邪念的人，必先心意诚实；想要心意诚实，必先穷尽事物所以然之理。可见，《大学》由"平天下"这一终极目标层层反推，一一展开，由平天下而至于治国，由治国而至于齐家，由齐家而至于修身，由修身而至于正心，由正心而至于诚意，由诚意而至于致知，由致知而至于格物，阐明"八条目"是有果有因，有终有始，条条相连，环环紧扣的，"正心"恰是其中重要一环。

不仅如此，《大学》经文中接着提到："物格而后知至，知至而后意诚，意诚而后心正，心正而后身修，身修而后家齐，家齐而后国治，国治而后天下平。"这里，从"物格"至"天下平"顺推上去，穷尽事物所以然之理，在此基础上获得渊博知识，分善恶，知缓急，进而达到心意诚实，进而使内心端正且无邪念，然后才能使自身品德修养得到提高；在修养身心的基础之上，然后家庭才会理顺，进而国家被治理好，最终实现天下太平。这旨在叮嘱人们：只有由格物致知开始，才能诚意、正心而修身，只有从自身做起，推己及人，才能达到治国平天下的政治理想。在"八条目"中，"修身"为本，"正心"则居于枢要地位，是介于"诚意"和"修身"的关键环节，而且是修齐治平的根基。正因如此，儒家将"修心"与"修身"并重，在身心和谐基础上，力求达到"齐家""治国""平天下"的目的。正如孟子所说："人皆有不忍人之心。先王有不忍人之心，斯有不忍人之政矣；以不忍人之心，行不忍人之政，治天下可运之掌上。"（《孟子·公孙丑上》）亦如傅玄所言："心正而后身正，身正而后左右正，左右正而后朝廷正，朝廷正而后国家正，国家正而后天下正。"（《傅子·正心篇》）孟子和傅玄都将"正心"视为"修齐治平"的前提，彰显"正心""修身"对于治理国家的重要作用。只有做到身心内外和谐，才能心情坦荡，免于患得患失，打牢"修齐治平"之根基。

二、意诚而后心正

《大学》明确提出："意诚而后心正"，"欲正其心者，先诚其意。""诚其意"是"正心"需要面对的首要问题。至于何谓"诚其意"，《大学》如此解释："所谓诚其意者，毋自欺也，如恶恶臭，如好好色，此之谓自谦，故君子必慎其独也！小人闲居为不善，无所不至，见君子而后厌然，掩其不善，而著其善。人之视己，如见其肺肝然，则何益矣？此谓诚于中，形于外，故君子必慎其独也。曾子曰：'十目所视，十手所指，其严乎！'富润屋，德润身，心广体胖，故君子必诚其意。"可见，有道德修养的君子，必"诚其意"。所谓"诚其意"，就是使自己的意念真实无妄，就是切忌"自欺"。就像厌恶污秽的气味和喜爱美丽的女子那样，一切出于内心的真情实感。诚意之关键在于"慎其独"。品德高尚的"君子"在独处独知时也一定要言行谨慎。没有道德修养的"小人"往往阳奉阴违，文过饰非，自欺欺人，在独处独知的时候，什么坏事都可能做得出来，见到品德高尚的"君子"，就会遮遮掩掩，掩盖自己所做的坏事，而且故意表现出好的行为。其实，别人看自己，就像看见其肝和肺那样，所以"小人"的做法毫无益处。这就是说，诚意存于内心，在行为上一定会表现出来。《大学》引曾子之言证明"慎独"的必要性："即使在独处时，也有许多双眼睛在注视着，许多只手在指点着，这是多么严厉的监督啊！"进而强调财富可以将房屋修饰得漂漂亮亮，道德则可以美化自身，心胸宽广可以使身体舒适安泰。因此，"君子"一定要做到意念真诚，要把"独处"当作"群处"来对待，把"独知"当作"群知"来看待，进而达到道德层面上的高度自律，做到心无愧怍，心胸坦荡，体常舒泰。

需要特别指出的是，"慎其独"不限于在独处时也能言行谨慎，对自己知道的心中意念也要谨慎对待。"独"不限于独处，也包括独知。正如前人所谓："独非特孤居独处之谓也。虽与人同堂合室，而意藏于中，人所不知，己所独知者，皆君子致慎之时也。能慎其独，则能诚其意矣。"（卫湜《礼记集说》）也如《中庸》所言："君子戒慎乎其所不睹，恐惧乎其所不闻，莫见乎隐，

经文义理篇

莫见乎微，故君子慎其独也。"品德高尚的君子，无论是在有人看见的地方，或是没有人听见的时候，都是谨慎戒惧的；况且，越是隐蔽的地方就越容易显露，越细微的事情，就越容易彰显。历史上，"慎其独"的君子不乏其人，"甄彬还金"就是一例。据《南北朝杂记》记载：南北朝时期，齐国有一个叫甄彬的人，有高尚的品质和出色的才能。有一次，他把一束苎麻拿到荆州长沙的当铺作抵押换钱，后来赎回苎麻时，在苎麻里发现了用一条手巾包着的五两金子。甄彬看到金子后立即送还当铺。管理当铺的人吃惊地说："早先有人用金子抵押换钱。当时仓促未能记录下这件事，你却能在见到金子后归还，恐怕从古到今都没有这样的事。"于是用一半金子酬谢甄彬，甄彬坚决不肯接受。后来甄彬被任命为郫县县令，上任之前去向皇帝辞行，同去辞行的有五人，皇帝告诫大家一定要廉洁谨慎，唯独对甄彬说："你昔日有还金的美名，所以不再以此告诫你了。"

三、修身在正其心

"诚其意"固然必要，然而，仅有诚意还不够。因为诚意可能被喜怒哀乐惧等情感所役使，使人成为感情的奴隶而失去控制，出现种种偏失。所以，在"诚其意"之后，还要"正其心"，也就是要端正心智，心态平和，心无旁骛，有效调节和驾驭情感带来的消极因素，以修养中正品性。

"正其心"是修身的前提。如前所言："欲修其身者，先正其心"，换言之："修身在正其心。"《大学》就此解释道："所谓修身在正其心者，身在所忿懥，则不得其正；有所恐惧，则不得其正；有所好乐，则不得其正；有所忧患，则不得其正。心不在焉，视而不见，听而不闻，食而不知其味。此谓修身在正其心。"这里旨在阐释"修身在正其心"之义，强调修身在于先端正自己的内心。首先阐明"心不得其正"的原因，即常人有忿懥、恐惧、好乐、忧患等情感，这都是由人的内心所产生的，也是每个人所不能没有的，但人心作为一身之主，若不能自察并善加把握，任其左右自己的言行，则必然使思想不能端正，精神不能专一，从而导致出现言行偏离正道的现象。当然，正心并非完全摒弃喜怒哀乐惧等情欲，也绝非禁欲，只是要以理节欲，让理智来克制或驾驭情欲，使心思趋于中正，从而实现情理和谐。"心不正则身不修"。修身关键在正其心，在于克服感情上的偏私，心作为身的主宰，必须不断净化。如果心思不正，那么，眼虽看到东西也像没有看见一样，耳虽听到声音也像没有听见一样，口内虽吃到东西却不晓得食物的滋味。这就是所说的修身必先端正自己的内心。足见，"正心"在人格完善中的基础性地位。若人人净化并端正心灵，社会就会减少邪恶，人间会变得更加美好。

"修身"的关键在于"修心"。因为"身"是"心"的基础，"心"是"身"的主宰。心要成为身的主宰，必"吾心有主"。据《元史·许衡传》记载：元代政治家、教育家许衡曾经路过河南沁阳，当时天气炎热，口渴难忍，路边正好有一棵梨树，路人纷纷摘梨解渴，唯独许衡静坐树下不动。有人大惑不解，问其何故。许衡答道："不是自己的梨，岂能乱摘！"那人笑其迂腐："世道这么乱，梨树哪有主人！"许衡义正词严地说："梨无主，吾心独无主乎？""吾心有主"，意味着一个人能坚持自己的主见，恪守自己的操行，排除外界的干扰和诱惑，不为名利或私欲所困。这是一种涵养，一种精神，一种境界，一种对道义的坚守。

四、"正心"之工夫

综上所述，"正心"是立德之本，是人格养成之必备。"正心"绝非一朝一夕之功，而是人格不断涵养的过程，是坚守道义逐步提升人格境界的过程。

"正心"，首先须将"正心"与"修身"并举。"正心"不外在于"修身"，离开"修身"的"正心"无所归依；不存在离开"正心"的"修身"，心不正则身无修，身无修则事不成。其次，必将"外铄"与"内求"兼顾。"正心"的实现不是不学而能、不虑而得的。人之"正心"需要外部的积极引导，优良环境的有益熏陶，但又不是单纯外部影响作用的结果，还需要内求自省，"见贤思齐焉，见不贤而内自省也"（《论语·里仁》）。贤与不贤皆未见之时，也可像曾子那样"日三省吾身"(《论语·学而》)。不仅是在有人监督的情况下要内省，越是缺少人指导，缺少人监管之时，越是要常内省，"毋自欺"而"慎独"，时时刻刻"以仁存心，以礼存心"(《孟子·离娄下》)。再次，"充实"与"寡欲"并施。人之"正心"需要运用"加法"，不断充实，扩充自身的善性，以合乎"仁、义、礼、智"之正道，并推己及人；同时亦要运用"减法"，消除嗜欲。"心不得其正"的主要原因是"嗜欲"，即受到私欲的蒙蔽，而去其私欲也正是"正心"的真意所在。正如孟子所言"养心莫善于寡欲"(《孟子·尽心下》)；亦如王廷相之言："心为道主，未有不能养心而能合道者，未有不能寡欲而心得养者。"(《王廷相集·慎言》卷五)存养善心之道，最好的办法就是节制私欲，减少外物的诱惑，彰显善良的本心，提升生命的境界。当今时代，仍须怀知足之心，若怀"穿窬之心""嗜欲之心"，贪欲不止，贪欲不得乃妄作，则难免酿祸。

"正心"贯穿于人格修养的全过程和各环节，须将"正心"与"笃志""崇德""弘毅"融为一体。人格养成的各个环节都不能脱离"正心"。人之立志，必要笃而心正，心不正则志不可立，也不可谓笃；自古以来未有不合乎"正心"而可称之为"德"者，心不正则必无德可崇；非弘毅不可"任重而道远"(《论语·泰伯》)。心正与不正者皆可弘毅，其区别是：心正者行的是正道，心不正者反之。所以，正心不外在于修身，不外在于笃志、崇德与弘毅。"心正"则身正，所行之道亦正，正道是不移之道，需有不移之志者。而志在何方？志在"止于至善"。有志者便是要崇尚至善，当有此崇高之志之时，人自然即可任其重而致其远。"非弘不能胜其重，非毅无以致其远。"(朱熹《论语集注》)如果说正心、笃志是求人格之至正、至坚，那么崇德、弘毅则是求人格之至高、至远，四者协调并进，交互作用而同止于人格之"至善"。

《中庸》：率性修道　中和位育

　　《中庸》与《论语》《大学》《孟子》四部儒家经典，蕴涵着儒家先贤圣哲的丰富思想和智慧，是中华文化思想库中的瑰宝，是国人不能不读的传世经典。《中庸》继承了先贤尤其是至圣先师孔子的"中庸"思想，并加以系统化和哲理化。《中庸》以其丰富的教育智慧，确立了其在中国教育史上举足轻重的地位。

一、《中庸》的作者考证及成书过程

　　《中庸》是儒家思孟学派的伦理道德教化专著。《孔丛子·居卫》有子思"困于宋""撰《中庸》之书"之说。《史记·孔子世家》称："尝困于宋，子思作《中庸》。"子思，即战国时期思想家孔伋，孔子嫡孙，字子思，后人尊称子思子，后世奉为"述圣"。就师承关系而言，"曾氏之再传，而复得夫子之孙子思"（《中庸章句序》），可见子思曾学于孔子门人曾参，故有"曾子、子思同道"（《孟子·离娄下》）之说。"孔子没，传孔子之道者，曾子而已。曾子传至子思。"(《二程语录》)《韩非子·显学》记载：孔子去世后，儒分为八，"子思之儒"成了一派。孟子则"受业子思之门人"（《史记·孟子荀卿列传》），对《中庸》思想观点有传承和发挥，可谓"子思唱之，孟子和之"（《荀子·非十二子》），故而形成思孟学派，为后世理学的出现奠定了基础。

继司马迁提出"子思作《中庸》"后，东汉郑玄注《礼记·中庸》时确认：《中庸》乃"孔子之孙子思作之，以昭明圣祖之德也"；唐代经学家孔颖达疏《中庸》时予以认同。程颐认为，"子思恐其久而差也，故笔之于书，以授孟子"（《中庸章句》）。朱熹视《中庸》为"子思子忧道学之失其传而作也"（《中庸章句序》）。王应麟明言"孔子之孙子思伋作《中庸》"（《汉书·艺文志考证》）；其所作《三字经》也有"《中庸》者，子思笔"之说。

较早就"子思作《中庸》"提出疑问者，是北宋欧阳修。他指出"孔子之圣，必学而后至，久而后成"，《中庸》所提倡的"自诚""自明"与孔子提倡的"志于学"不一致，故"疑其传之谬也"（《欧阳修文集·问进士策》）。清代崔述则指出：《中庸》有很多高深晦涩之言，与孔子、孟子的平实切于日用的风格不一致，故认为"《中庸》必非子思所作"（《崔东壁遗书》）。近人冯友兰根据《中庸》书中"今天下车同轨，书同文，行同伦"之语和"华岳"之提法以及对"命""性""诚""明"之类哲学观念的阐述，认为《中庸》实际上是生活在秦代或汉代的孟子学派的儒学著作"（《〈中庸〉洞见》）。由此看来，《中庸》恐非一人一时所作，但没有理由否认主要是子思所作，只是掺入了后世学者的文字而已。无论如何，《中庸》是思孟学派的著作则是确定无疑的。

子思之所以作《中庸》，根据朱熹的观点，"子思子忧道学之失其传而作也"（《中庸章句序》）。"道统之传"始于尧。尧传位于舜时教之以"允执其中"（《论语·尧曰》），舜传位于禹时教之以"允执厥中"（《尚书·大禹谟》）。"中庸"成为尧、舜、禹递相传授的执政"心法"；此后，圣圣相承，成汤、文、武"皆以此而接夫道统之传"；孔子虽不得其位，但继往圣，开来学，奉"中庸"为至德而大力倡导；子思生活的时代，异端兴起，子思惧中庸之道愈久愈失其真而不得其传，便作《中庸》之书而诏后之学者。

二、《中庸》与《四书》

《中庸》原为《小戴礼记》中第三十一篇。《汉书·艺文志》列出《中庸说》两卷，可知早在西汉时期，就有专门解释《中庸》者。董仲舒（约前179—前104年）所著《春秋繁露》多处援引《中庸》。《隋书·经籍志》载：南朝刘宋时期的戴颙撰有《礼记中庸传》二卷。《梁书·武帝本纪》记述，梁武帝萧衍亲作《中庸讲疏》一卷，并令讲习《礼记中庸义》。唐代韩愈和李翱推崇《大学》《中庸》，将其与《论语》《孟子》相提并论，用以揭示道统。李翱所著《复性书》，以《中庸》为理论基础，将佛学心性说与《中庸》性命说融为一体，对宋代理学产生了重要影响。

作为一部以言性命之理为中心的儒家经典，《中庸》在宋代颇受关注。经学家邢昺作为首任翰林侍讲学士，向真宗陈述《中庸》大义。"宋初三先生"之一的胡瑗，撰有《中庸议》一卷，并以之授徒讲学。宋仁宗为激励考试及第者，分赐《中庸》《大学》《儒行》，自此《中庸》地位得以彰显。濂学创始人周敦颐着力阐发了《中庸》的形上学、心性论和功夫论。关学创始人张载二十一岁初见范仲淹时，范仲淹乃"劝读《中庸》"而弃兵事，张载乃"读其书"。司马光是宋代士大夫之中论述《中庸》较早者，撰有《中庸广义》一卷。

《中庸》和《大学》《论语》《孟子》四书并行，最早得益于洛学代表人物程颢和程颐。二程视《中庸》为"孔门传授心法""学者之至也"。《宋史·道学传》序论中提到：二程"表章《大学》《中庸》二篇，与《语》《孟》并行，于是上自帝王传心之奥（庸），下至初学入德之门，融会贯通，无复余蕴"；并称程颐"其学本于诚，以《大学》《语》《孟》《中庸》为标指，而达于《六经》"。

《中庸》列入"四书"，最终成于理学集大成者朱熹。深受二程影响，朱熹竭力推崇《大学》和《中庸》，认为《大学》是"为学纲目"，"修身治人的规模"（《朱子语类》）；同时认为，《中庸》一书是"提挈纲维，开示蕴奥"之作，为"前圣之书"所不及；还用《尚书》中所谓"人心惟危，道心惟微，惟精惟一，允执厥中"十六字来阐发《中庸》，"传授心法"，主张"读《中庸》，以求古人微妙处"。朱熹建立白鹿洞书院教授《中庸》，并制订《白鹿洞书院揭示》，将《中庸》所言"博学之，审问之，慎思之，明辨之，笃行之"列为"为学之序"。南宋光宗绍熙元年（1190年），朱熹在福建漳州将《大学》《中庸》《论语》《孟子》汇集成一套经书首次刊印问世（见《书临漳所刊四子后》），终成《四书章句集注》，简称《四书集注》。

"圣贤之心，尽在《四书》。"（许谦《读四书丛说》）《四书》作为儒家经书，不仅蕴涵着儒家丰富的思想与智慧，而且体现着早期儒学形成的嬗变与传递轨迹，反映着儒家的传承关系。尽管就先秦几乎所有儒家经典而言，要确定究竟是谁在某一特定时间写出某一部书极为困难，但一般看来，孔子传曾子，曾子作《大学》；曾子传子思，子思作《中庸》；子思的弟子传孟子，孟子的弟子万章、公孙丑等记孟子的言行而作《孟子》七篇。此如《三字经》所言："《论语》者，二十篇，群弟子，记善言。《孟子》者，七篇止，讲道德，说仁义。作《中庸》，子思笔，中不偏，庸不易。作《大学》，乃曾子，自修齐，至平治。"正因《论语》《大学》《中庸》《孟子》分别与早期儒家的四位代表性人物孔子、曾子、子思子、孟子有关，故"四书"也称"四子书"或"四子"。

《四书》之义，备于朱子。"（许谦《读四书丛说》）由于朱熹注释的"四书"辞约意广，既融会前人学说，又有其独特见解，并切于世用，加之程朱理学地位的日益上升，所以，朱熹去世后，"朝廷以其《大学》《语》《孟》《中庸》训说立于学官"（《宋史·道学传》），即将朱熹《四书集注》审定为官书，并从此盛行起来，"四书"逐步取得了与"五经"并列甚至优先的地位。元世祖至元年间规定："凡读书必先《孝经》《小学》《论语》《孟子》《大学》《中庸》，次及《诗》、《书》《礼记》《周礼》《春秋》《易》。"（《元史》）元仁宗皇庆二年（1313年）下诏恢复科举考试，首场考试主要从《大学》《论语》《孟子》《中庸》内设问，用朱氏章句集注"（《元史》）。明、清沿袭而衍出"八股文"考试制度，题目主要出自《四书集注》。由于这些因素，《四书》从结集成书到清末近八百年间，成为名副其实的儒学经典，《四书集注》也成为士子们登科及第不可或缺的标准教材。《四书》无论对提高人们的文化素养，人格涵养，伦理道德修养，还是对丰富人生，增进智慧，成就事业，都发挥了重要作用。

三、《中庸》的篇章结构及要义

《中庸》是儒家经典中篇幅较短的一部，郑玄注《礼记》，将《中庸》分为两卷；唐代孔颖达疏《礼记》，将《中庸》大致分为三十三章。宋、元、明、清有关《中庸》研究注释者累世不绝，可详见《宋史·艺文志》《明史·艺文志》《清史稿·艺文志》和《四库全书》。宋代具有代表性的有程颢的《中庸义》、程颐的《中庸解义》、朱熹的《中庸章句》；宋末元初黎立武的《中庸分章》《中庸指归》值得关注；明清之际王夫之的《读四书大全说》对《中庸》的解释在当时有较大影响；清代主要有李塨的《中庸传注问》、戴震的《中庸补注》。

1. 程朱论《中庸》篇章义理

程子认为《中庸》"其书始言一理，中散万事，末复合为一理"，将《中庸》大致分成三部分：首章为"始言一理"，揭示《中庸》全书主旨，是第一部分；介于首末部分之间的部分属于"中散万事"，论述中庸之道诸方面思想要点；末章是第三部分，"复合为一理"，是全书的总结和提升。

朱熹按照《中庸》原文将其划分为三十三章，章数和孔颖达所划相同，但每章起止不尽相同。朱熹将程子介于首章和末章之间的"中散万事"分为三部分，即王夫之所谓"皆始乎道而极乎德"的《中庸》三支，最终将《中庸》划分为脉络层次更为清晰的五部分。综合程朱之意，可就《中庸》篇章结构及要义作如下释读：

首章"始言一理"，为全书第一部分，乃全书之"体要"。子思推本先圣所传之意以立言，相当于全书的总纲，阐明全书主旨，可谓"主旨篇"。其中强调，道之本原于天而不可改变，其实体备于自身而不可须臾离开；主张存养省察贵在慎其独；圣神功化的极致则是中和位育。即将本部分分为明体、功夫、境界三层。

第二章至十一章为"中散万事"之第一部分，子思博引夫子之言而论中庸，以阐明首章之义，可谓"明道篇"。此篇尤以大舜、颜渊、子路为例，旨在阐明：要以智、仁、勇"三达德"为入道之门，三者若缺其一，则无以"造道而成德"。

第十二章至二十章为"中散万事"之第二部分，阐明中道之可行，行之有方，可谓行道篇。此篇大量引用孔子之言，主张继承自大舜、文、武至周公一以贯之的中庸之道，并"举而措之"，突出强调要推行"忠恕"之道。

第二十一章至三十二章为"中散万事"之第三部分，集中强调以"至圣"之德而知晓"至诚"之道，并以"至诚"之道成就"至圣"之德，可谓"成德篇"。本篇子思承夫子天道、人道之意而立言，引经据典，反复推说，互相发明，以尽所传之意，成所传之德。

第三十三章"复合为一理"，举全书之要而约言之，为全书的总结；大量引用《诗经》和孔子之言，反复叮咛所要表达的主旨；进而反求其本，由下学而上达，笃恭而天下平，至于"无声无臭"而后已，进入中庸"至德"化天下之佳境，亦可谓"至境篇"。

2. 黎立武论《中庸》篇章义理

宋末元初兼山学派代表人物黎立武所作《中庸分章》《中庸指归》将《中庸》按义理分为五层十五章：

第一层即第一章。"天命之谓性"以下为首章，《中庸》一篇大旨皆备于此"，"首章以性、命、道、教，明中庸之义；以戒惧谨独，明执中之道；以中和，明体用之一贯；以位育，明仁诚之极功"。首章与朱熹《中庸章句》分法一致，揭示全篇主旨，只是多分出"以中和明体用之一贯"一层。

第二层即第二章。"仲尼曰"以下为二章分六节（朱子第二层二至十一章）。"此章集夫子平日论中庸者，推原作中庸之意"，"通六节而观，则中庸之至德，中庸之难能，与夫圣贤之所以执中用中者，浅深次第，历历可见"。

第三层含第三至八章。"君子之道费而隐"以下为三章（朱子第十二章），"此章明率性之谓道也"，"三章而下明率性谓道、修道谓教之事"。"道不远人"以下为四章（朱子第十三章），"君子素其位而行"以下为五章（朱子第十四章），"君子之道辟如行远"以下为六章（朱子第十五章），"鬼神之为德"以下为七章（朱子第十六至十九章），"哀公问政"以下为八章（朱子第二十章大半），

第四层含第九至十四章。"诚者天之道也"以下为九章（朱子第二十章"不明乎善不诚乎身矣"以下部分和第二十一章）；"惟天下至诚"以下为十章（朱子第二十二至二十四章）；"诚者自成"以下为十一章（朱子第二十五至二十六章）；"大哉圣人之道"以下为十二章（朱子第二十七至二十九章）；"仲尼祖述尧舜"以下为十三章（朱子第三十章）；"惟天下至圣"以下为十四章（朱子第三十一至三十二章）。"九章而下明至诚尽性、至诚能化之事，末乃伤今思古，以道统绝续之会、帝王授受之真寔在夫子，且反复推明仁诚之道，以俟后之圣人"。

第五层即第十五章。"《诗》曰衣锦尚絅"以下为十五章（朱子第三十三章），"末章则穷理尽性至命之学也"。与首章呼应，彰显中庸德化之妙。

总之，"其为书也，大周乎天地，微极乎物理，幽贯乎神明，而卒归之无声无臭焉。广大精微，盖本诸《易》"（《中庸指归》）。黎立武所分所论有条有理，在各章层次和关系把握上，亦有独到之处。

明末清初文学家张岱从每章选取两字或结合大意确定两字用作章名，此种称法尽管过简，但至今尚有沿用。清代李光地专论《中庸章段》，将《中庸》分为十二章。当代台湾学者贾馥茗将《中庸》大致按"天道""人道""修道""政道"四部分重编并作诠释（贾馥茗等编著《中庸释诠》），也可作为研读之参考。

四、"中庸"思想渊源及内涵

"中庸"一词最早见于《论语·雍也》，孔子所谓"中庸之为德也，其至矣乎！民鲜久矣。"中庸之义则源于孔子之前尚中贵和思想。清人刘宝楠断言："中庸之义，自尧发之，其后贤圣论政治学术，咸本此矣。"（《论语正义》）

《论语·尧曰》载："尧曰：咨！尔舜！天之历数在尔躬。允执其中。四海困穷，天禄永终。舜亦以命禹。"这是尧禅让帝位于舜时所授的执政心法，即信守"执中"之道，以富于四海，永享天禄。舜帝"执中"见于《中庸》："子曰：舜其大知也与！舜好问而好察迩言，隐恶而扬善，执其两端，用其中于民。"这是孔子盛赞舜帝能"执两用中"之语。舜帝不负尧帝之厚望，以其高度的智慧，将执政之道运用得恰到好处。舜帝的确曾将执中之心法传于禹："人心惟危，道心惟微，惟精惟一，允执厥中。"（《尚书·大禹谟》）这也就是后人所谓的尧、舜、禹"十六字心法"。根据朱熹的解释，人本来只有一个心，但由于人心是一种知觉之心，如果知觉从耳目口腹的感官需求出发，就是"人心"；如果知觉从义理之公的道理出发，则是"道心"。"人心"经"道心"调节会合乎公理，而发展为善，但若一任己欲，则易流于恶端。"人心"潜藏着危险因素，而"道心"精微难见，不易求得，故须精察分明，择善而从，一以守之，所思所虑与待人处事才会恰到好处。

"执中"原则是夏、商、周三代王道精神的体现。"夏之政忠。"（《史记·高祖本纪》）"考中度忠谓之忠。"（《国语·周语》）夏禹的执中精神可见于《论语·泰伯》："子曰：'禹，吾无间然矣。菲饮食，而致孝乎鬼神；恶衣服，而致美乎黻冕；卑宫室，而尽力乎沟洫。'"若因自己俭约而祭品菲薄、礼服简陋，且田间工事简率，则为不及；反之，若因祭品、礼服及田间工事的完备，而私人生活却崇尚奢侈，则为过。大禹确无此类过与不及，而是允执中道。商汤以贤举人、不拘一格、不墨守成规的"中庸"之德，深受孟子赞许："汤执中，立贤无方。"（《孟子·离娄下》）周人尤善执中。"一张一弛，文武之道也。"（《礼记·杂记下》）"一张一弛"恰是文武二王的中道精神，"张而弗弛"与"弛而弗张"，显然各有所偏。箕子曾告诫武王"无偏无陂""无党无私"，进而将体现王道精神的执中原则与偏颇、党私以及君主个人专断相对立。周公要求康叔"尔克永观省，作稽中德"（《尚书·酒诰》）。即"营为之际，悉稽乎中正之德，而无过不及之差，则德全于身"（蔡沈注《尚书·酒诰》）。《尚书·吕刑》谈到执法时，认为公正地而不是徇私地听取对立双方的申诉，便能求得适当。这样的"中"，显然已不仅限于道德范畴，而且已属认识论领域。

"中"为"五经大义"。王通提出："大哉，中之为义，在《易》为二五，在《春秋》为权衡，在《书》为皇极，在《礼》为中庸。谓乎无形，非中也。谓乎有象，非中也。上不荡于虚无，下不局于器用。惟变所适，惟义所在。此'中'之大略也。"（王通《中说》）清人刁包认为："允执厥中"一言，万世心学之宗，亦万世经学之宗也。如《易》只是要刚柔得中；《书》只是要政事得中；《诗》只是要性情得中；《礼》只是要名分得中，《春秋》只是要赏罚得中。"中"之一字，便该尽五经大义矣。《周易》集中体现了周人尚"中"贵"和"的精神。近人钱基博在其《四书解题及其读法》中则说："《易》六十四卦，三百八十四爻，一言以蔽之，曰：'中'而已矣！"《周易》中还蕴涵着丰富的"时中"精神。清人惠栋指出："时中者，《易》之大要也。"（惠栋《周易述》）惠栋还称：《易》道深矣，一言以蔽之曰：时中。"（惠栋《易汉学·易尚时中说》）《周易》每卦每爻均象征着事物如何在时、位、人、事等主客观因素的相互影响中，因机缘感应而行事，求得恰到好处。

纵观先秦文化史，从尧、舜、禹到文、武、周公以及诸子群经，无不言"中"，而且，其尚"中"精神一脉相承；"中和"观念在孔子之前各地域文化中已普遍存在着，而且各有特色。作为"圣之时者"（《孟子·万章下》）的孔子，"祖述尧舜，宪章文武"（《中庸》），"继往圣，开来学"（朱熹《中庸章句》），"五十以学《易》"（《论语·述而》）而"韦编三绝"（《史记·孔子世家》），自然继承了前人的尚中传统，并在前人"中和"思想的基础上，将"中""庸"二字加以联结，首次提出"中庸"一词，而且赋予新的含义，从而，凝炼成"中庸"政治伦理观、认识论和方法论。孔子"中庸"理论的形成，既是对古代精神生活和自己精神境界反思的结果，又是对前人及同时代学术文化成果广泛吸收、综合加工的产物。孔子首提"中庸"一词，视中庸为"至德"。就《论语》而言，孔子及其弟子对中庸的把握主要涉及如下主张，即"过犹不及"，"叩其两端"，"允执其中"，"和而不同"，"和为贵"，适度，

"权"变而时中。

《中庸》阐释和发挥了孔子的"中庸"思想，主张"执两用中"，明确提出"中和"、"时中"、"诚"、"至诚"等哲学范畴，主张"致中和"，"君子而时中"，"和而不流"，"中立而不倚"，"率性修道"，中庸思想逐渐系统化和哲理化。

首先，"中"为"大本"，"和"为"达道"，必"致中和"。依子思之见："中也者，天下之大本也；和也者，天下之达道也。致中和，天地位焉，万物育焉。"可见，"中"是天下万事万物的根基，"和"是天下普遍遵循的原则，一旦实现"中和"的最高境界，天地便各在其位，有序运行，万物便生长发育，茁壮成长。

第二，中庸是至高无上的道德，知其深奥之处，达其精微境界，并非轻而易举。中庸之道"费而隐"，效用广大而道体精微，普通人虽然愚钝，也可以了解君子之道，但其深奥之处，即便是圣人也会有所不知；普通人尽管不够贤明，也可实行中庸之道，但其精微境界，即便是圣人也有达不到之处。孔子以"天下国家可均""爵禄可辞""白刃可蹈"三件极难做到之事，来佐证中庸看似容易，实难做到。要做到中庸，非逞一时之勇，用一时之智，需要长期修养，在日常待人处事中须时时恰到好处地去做。

第三，中庸之道又是"不可须臾离"之常道，并非高不可攀。"道也者，不可须臾离也；可离，非道也。"中庸之道体现在人们日常生活中，不能片刻离开。"君子之道，辟如行远，必自迩；辟如登高，必自卑。"要行中庸之道，就必须循序渐进，从点滴做起，由近及远。

第四，中庸是对和谐的理性追求，具有明确的原则和标准。儒家以"和为贵"，但讲求"和而不同""和而不流""中立而不倚"，具有鲜明的原则性。毫无原则而八面玲珑的"乡愿"实为"德之贼"，不辨是非而盲目随从是"小人"之所为。子路问"强"，孔子强调，那种"和而不流""中立而不倚"、抱定信念宁死不动摇的精神才合乎中庸之道。

第五，权变"时中"，避免僵化。孔子提出："君子之中庸也，君子而时中。小人之中庸也，小人而无忌惮也。"在孔子看来，君子之所以符合中庸之道，是因为君子时时处处言行适度，无过无不及；"小人"之所以违背中庸之道，是因为"小人"肆无忌惮，专走极端。"中无定体，随时而在"（朱熹语）。在变动不居中，需要随时随地因人因事而求得适度，做得恰到好处，这就是"时中"。只有那些有道德有修养的智者，才能时时处处遵循中庸之道。

《中庸》并未就"中庸"作明晰的概念界定。后世学者所作注解值得关注。郑玄注："名曰中庸者，以其记中和之为用也。庸，用也。"三国时期玄学家何晏认为"庸者，常也"，将中庸看作"中和为常行之德。"程颐解释："不偏之谓中，不易之谓庸。中者，天下之正道，庸者，天下之定理。"（《中庸章句》）北宋理学家吕大临提出："圣人之德，中庸而已。中则过与不及皆非道，庸则父子兄弟夫妇君臣朋友之常道。"（《中庸辑略》）朱熹则说："中者，不偏不倚、无过不及之名。庸，平常也。"（《中庸章句》）随着儒家学者对《中庸》的日益推崇，"中庸"之道不仅仅成为一种道德规范，而且上升为世界观和方法论，成为人们认识天地万物、修养身心、为人处世的准则。

五、《中庸》蕴含的教化理念

作为古代科举考试的必读典籍，《中庸》蕴含着深邃的人生哲理和丰富的教化之道。千百年来，中国读书人不断从《中庸》中吸取智慧，率性修道，提升自身人格境界，修身安人，中和位育。

1. "天命之谓性"——教育的根基和前提

"天命之谓性"，"性"是上天所赐予人的自然禀赋，天性就是人的自然禀性，具体表现为"诚"。"诚者，天之道也。"诚是一种真实无妄的状态。"诚者物之终始，不诚无物。""诚"是世间万事万物的发端和归宿，贯穿于万事万物始终，没有"诚"就没有万物。"至诚无息"，"至诚"永不停息，能够承载万物，覆盖万物，生成万物。"至诚如神"，"至诚"可以见微知著，前知祸福，只有至诚的人才能心无私念，凭着细微的征兆去推断兴亡福祸。《中庸》推崇"诚"，说明人的天性就是美好而真诚的，这就为教育提供了前提和基础。

《中庸》认为，人人都具有"天命之性"，任何人都能成为尧舜，这一命题隐含着一种在先天本性上人人平等的思想，而这也正是人人都需要接受教育的理论依据。"或生而知之，或学而知之，或困而知之，及其知之，一也。或安而行之，或利而行之，或勉强而行之，及其成功，一也。"人人都具有善端，只要努力，就能达到成功的境界。"天命之谓性"这一命题表明，"诚"是人的内在本质，只要通过教育因势利导，就能把天赋的善性发挥出来；"诚"也是每个人内心固有的，教育就应向人内心寻求解决之道，注重人的内在自觉和潜能的充分挖掘。

2."率性之谓道"——教育的准则

"率性之谓道"，"道"就是遵循本性行事。朱熹注释为："道，犹路。人物各循其性之自然，则其日用事物之间，莫不各有当行之路，是则所谓道也。"（《中庸章句》）《中庸》认为"诚之者，人之道也"，追求人内心的"诚"就是做人的原则。具体则为"五达道"和"三达德"。"五达道"是指君臣、父子、夫妻、兄弟、朋友五种基本伦理关系。要厘清"五达道"，需要人们内心的品德和智慧，因而便有了智、仁、勇"三达德"。"好学近乎知，力行近乎仁，知耻近乎勇"，好学、力行和培养羞耻之心，是接近这三种德行的途径。"诚"蕴含在人的本性当中，但由于天赋不同，人便有智愚之分，因此达到"至诚"的过程和难易有所不同。圣人"不勉而中""不思而得"，自然能达到"至诚"；而占绝大多数的常人，要达到"至诚"的境界，只有靠修养自身，认识到自己天性中的善，并坚持不懈地去实践。仅尽己之性是不够的，还需要尽人之性和尽物之性，达到仁和智："诚者，非自成己而已，所以成物。成己，仁；成物，知。"人一旦达到"至诚"的境界，完全发挥出人的善性，善性便能发挥巨大作用。"唯天下至诚为能尽其性，能尽其性则能尽人之性，能尽人之性则能尽物之性，能尽物之性则可以赞天地之化育，可以赞天地之化育则可以与天地参矣。""至诚"的人不仅能充分发挥自己的善良天性，重要的是能实现内心善性外化到他人和一切事物当中，发挥他人的善性，进而发挥万物的善性。

3. "修道之谓教" ——教育的本质

"修道之谓教"，即按照"道"的原则修养自身叫作"教"。教育的本质在于按照"道"的原则修养自身。为此，首先要"尊德性"，即尊崇道德善性，通过发掘自身的善端，达到对外部世界的认识。"自诚明，谓之性"，从内部的"诚"发展到外部的"明"，要求个人重视修身，尤其讲求"慎独"的工夫。"莫见乎隐，莫显乎微，故君子慎其独也"，越隐蔽的地方越明显，越细微的地方越显著，所以哪怕一个人独知独处时，也要自觉用道德规范加以约束，用理智控制情感，从而达到"发而皆中节"之境。其次要"道问学"，即追求知识学问。向外部世界学习知识来发扬自身的善端，是"自明诚"的过程，此可概括为"博学之，审问之，慎思之，明辨之，笃行之"的"道问学"路径。人们只要诚于修身，透过学、问、思、辨、行的"道问学"工夫，便可以把自己修养成君子。第三是"择善而固执之"，就是选择善的目标而执着坚守。人性本善，固守和发扬自身的善性，才能修成完美的人格。面对外界诸多诱惑，坚守天性中的善并不容易，需要人运用理性，明辨是非，认准目标，持之以恒。《中庸》强调"人一能之，己百之；人十能之，己千之"的精神，即学不会决不罢休，没弄懂决不罢休，思考不出结果决不罢休，分辨不明确决不罢休，实行了不见成效决不罢休。别人一次能做到的，自己便做百次；别人十次能做到的，自己便做千次。这种"弗能弗措"、自强不息的精神，为"诚之"提供了强大能量。

4. 修身治人之谓政——教育的旨趣

"中庸"历来为为政者的执政"心法"。尧传位于舜时教之以"允执其中"（《论语·尧曰》），舜传位于禹时教之以"允执厥中"（《尚书·大禹谟》）。对为政者而言，"执中"就是孔子所主张的"修己以安人"，"修己以安百姓"（《论语·宪问》），也就是《中庸》所倡导的"修身以治人"。首先强调"为政在人"，"君子不可以不修身"。治国理政取决于贤人，要得到贤人，君主先要修身，修养自身在于遵循大道，遵循大道要以仁义为本。仁者爱人，亲爱亲人就是最大的仁。义就是做事适宜，尊重贤人是最大的义举。亲爱亲人要分亲疏，尊重贤人要分等级，由此而产生礼。所以，君子不能不修养自身。要修养自身，就不能不侍奉亲人；要侍奉亲人，就不能不了解贤人；要了解贤人，就不能不知道天理。第二，"君子以人治人"，根据自身感受的道理去治理他人，应拿"忠恕之道"修己而治人。"忠恕违道不远，施诸己而不愿，亦勿施于人。"要设身处地，将心比心，多为他人着想，己所不愿绝不强加于人。第三，"知所以修身，则知所以治人"。修身在于"好学""力行""知耻"，喜欢学习就接近了智慧，努力实行就接近了仁爱，知道羞耻就接近了勇敢。知道这三点，就知道怎样修己，知道怎样修己，就知道怎样安顺他人，知道怎样安顺他人，就知道怎样治理天下国家了。第四，"修身"为"九经"之本。治国有九条常行不变之道，即修身、劝贤、亲亲、劝大臣、劝士、劝百姓、劝百工、柔远人、怀诸侯，排列有序，由近及远，由亲及疏。"修身"与"尊贤"联系，是治国安邦的根本所在。"亲亲"在于理顺家族内部各种关系，"敬大臣""体群臣""子庶民""来百工"，则是治国的具体措施和步骤，"柔远人""怀诸侯"，即可使天下太平。实施"九经"，百姓可安居乐业，国家可兴旺昌盛。"九经"归结为"诚"，成为发自内心的活力和强大的精神力量。

5. 致中和安其位遂其生——教育之佳境

"中和位育"是《中庸》的核心理念和理想追求。喜、怒、哀、乐是人之常情，只有修身养性，极尽"中和"之道，才能对这些情感控制自如，以平和的心态和适度的方法，待人处事；天道和人道本为一体，当人们达到最理想的中和境界时，天心与人心便会合而为一；一旦达到中和的境界，天地人及万物，都会各在其位，运行有常，人人各安其位，社会井然有序，生生不息。"中和"哲学在实现人与自然和谐，个体身心和谐，调节人际关系，缓和社会矛盾等方面，都具有重要作用。依据由近及远的原则，"中和"哲学要求人们从身边开始，做到父子有亲、君臣有义、夫妇有别、长幼有序、朋友有信，尤其强调家庭和睦的重要性。《中庸》引《诗经》"妻子好合，如鼓瑟琴。兄弟既翕，和乐且耽。宜尔室家，乐尔妻帑"来赞叹和睦的家庭关系。尽管不同时期赋予文化不尽相同的内涵，但孝顺父母、尊老爱幼、兄弟和睦、与人诚信等中国优良传统从古至今都在倡导和传承。中和位育理念是修己安人之常道,用于修身则身修,用于齐家则家齐,用于治国则国治,用于平治天下则天下平,用于天地万物,则生生不息。

六、《中庸》的研读

孔颖达疏解《中庸》时说:"明中庸之德,必修道而行。"修道之要,首在潜心研读《中庸》文本。中华典籍浩如烟海,但"只有很少的文本值得我们反复细读,从中得到取之不竭的灵感资源。我们越是阅读它们,越是能感受到它们的深刻与丰富。在我看来,《中庸》就是这样一种文本"(杜维明《〈中庸〉洞见·序》)。欲"求古人之微妙处",必精研细读《中庸》。

1. 讲究《中庸》等四书研读次第,将其作为进入五经之阶梯

古人历来讲求读书次第,读"四书"也是如此。就道统次第或谱系次序而言,"四书"排序应是《论语》《大学》《中庸》《孟子》;但就道学次第而言,朱熹特别强调《大学》的纲领性地位,其认为次序应为《大学》《论语》《孟子》《中庸》。朱熹认为:"先通《大学》,立定纲领,其他经皆杂说在里许。通得《大学》了,去看他经,方见得此是格物致知事,此是正心诚意事,此是修身事,此是齐家、治国、平天下事。"(《朱子语类》卷第十四)朱熹主张:"先读《大学》,以定其规模;次读《论语》,以定其根本;次读《孟子》,以观其发越;次读《中庸》,以求古人之微妙处。"值得注意的是,朱熹晚年发现,《大学》之意,学者不易领会,于是提出可先从《论语》《孟子》入手。据此建议:可先读《论语》,感悟孔子之道,以定其根本;次读《孟子》,以观其发越,深悟孔孟之道;再读《大学》,以定其规模,立定纲领;后读《中庸》,以求古人之微妙处。无论如何,《中庸》在《四书》中极为精微,在研读《大学》《论语》《孟子》基础上研读《中庸》,会更感奥妙无穷。

"四书"问世之后,与"五经"相提并论,统称"四书五经"。"五经"是孔子之前"古圣先贤"的"先王之教","四书"作为儒家学派主要代表人物的著作,许多思想源自"五经",是对"五经"相关思想的直接阐发。作为进学程序，可先读"四书"，后读"五经"。"四书"集为学修己、待人处世、治国理政之道于一体，阅读起来相对容易，便成为初级教育阶段的必读教材；"五经"内容宽泛，成书相对久远，阅读起来较难。"四书"在相当长时期内成为人生初级教育的读本，是有客观缘由的。至于"四书"和"五经"研读的次第，朱熹引程子的话说："学者当以《论语》、《孟子》为本。《论语》、《孟子》既治，则六经可不治而明矣。"（《读论语孟子法》）朱熹认为："《四子》，《六经》之阶梯。"（《朱子语类》卷一〇五）"《大学》《中庸》《语》《孟》四书，道理粲然。人只是不去看。若理会得此书，何书不可读，何理不可究，何事不可处！"（《朱子语类》卷第十四）尽管从"四书"和"五经"成书先后来分，是"经"在前，"书"在后，但从宋以后，一般是先读"四书"，后读"五经"，正如《三字经》所言：《孝经》通，四书熟，如六经，始可读。"

2."畏圣人之言"，敬畏《中庸》诸经典

《中庸》之类的"经典"，满是"圣人之言"，是圣人留给后人的能够穿越时空、为一代代学人带来心灵震撼和滋养的不朽之作；是一个民族文化、精神和价值的载体，是一个民族安身立命之所。没有经典的民族往往是没有精神和价值支撑和文化身份的民族。经典若被焚毁、否定或忘却，借以安身立命的共同价值就没有了基础，也就难有文化认同，这样的民族就成了灵魂飘泊、精神恍惚的民族。《中庸》等经典不仅能提供知识，而且能发掘人的潜能，启迪人生智慧。

中华文化经典就是中华文化精神价值的载体，是重新确立中国人文化认同之根，培养中国人文化自信、文化自觉之本。要重新寻回中国的文化自我，重新确立中国的文化认同，就必须从诵读经典做起，尽早恢复经典的教育地位。孔子早已劝勉君子"畏圣人之言"，不可"侮圣人之言"（《论语·季氏》）。现代人对载有"圣人之言"的《论语》《大学》《中庸》《孟子》，对充满人文精神、人本理念和人生智慧的"四书"经典，理应心存敬畏而绝不可轻侮，勉力研读而绝不可懈怠，久而久之，必能终身受益。

3. 于大义微言求其根本，把握"一以贯之"之道

理解和诠释《中庸》原典，当于大义微言求其根本。朱熹强调："读其书者，要当于大义微言求其根本……学者必因先达之言以求圣人之意，因圣人之意以达天地之理。"（《答石子重》）圣人之"意"主要存在于经典之"言"中，学者必须根据"先达之言"领悟"圣人之意"，再根据"圣人之意"求得"天地之理"。"学者之于经，未有不得于辞而能通其意者。"（《朱文公文集》卷八十一）朱熹相信："圣人之言，即圣人之心。"经典的文字是理解"圣人之意"的关键和依托。就《中庸》而言，学者首先应结合历代学者对《中庸》的训诂传注，深刻理解字义文义、句义章旨，在此基础上推究圣人之"本意"，进而探求《中庸》之中蕴涵着的"天地之理"，领悟其中的道理和奥妙。

读《中庸》诸经典，固然见仁见智。然而，悟《中庸》之道，须一以贯之；悟"四书"之道，亦须一以贯之。研读"四书"，须"得于辞而通其意"，可以一章一章地研读，一字一句地感悟；同时要善于将散见于各章中的对同一问题或相关问题的论述联系起来，融会贯通。"四书"集中体现了孔子之道。孔子自称"吾道一以贯之"。这个"一以贯之"之道，曰"忠恕而已"。研读《中庸》，特别需要深度把握蕴涵于全书中的"忠恕"之道。"忠恕"之道，其实质是要把握"己与人""己与群"之间的中道，就《论语》而言，则是"修己以安人"的君子人格；就《大学》而言，则是"修齐治平"的君子格局；就《中庸》而言，则是"笃恭而天下平"的君子之风；就《孟子》而言，则是"修其身而天下平"的"君子之守"。此外，《中庸》十六处引述《诗经》诗句，遍及风、雅、颂，借以阐发中庸之道。故有必要将对《中庸》的研读与《诗经》乃至"五经"贯通起来。

4. 知人论世，无求备于一书一人

司马迁称："余读孔氏书，想见其为人。"（《史记·孔子世家》）《中庸》涉及的尧、舜、文、武、周公都是"执中"思想的倡导者和践行者；"中庸"则是"孔子的一大发现"（毛泽东语），"其功反有贤于尧舜者"（朱熹语）；子思继往开来，将中庸哲理化、体系化。"没有伟大的人物出现的民族，是世界

上最可怜的生物之群；有了伟大的人物，而不知拥护，爱戴，崇仰的国家，是没有希望的奴隶之邦。"（郁达夫《怀鲁迅》）我们中国有很多伟大的人物，我们应该懂得如何善待他们。读《中庸》，会大致了解孔子、子思，可感悟其人生，仰慕其人格，汲取其智慧。而了解孔子、子思，包括其人生阅历、人生态度、人生境界、人生智慧，必将有助于加深理解《中庸》乃至"四书"之要义。

要以世论人，正确判断其历史功绩，在判断其历史功绩时，主要看其比前人超出了什么。孔子、子思等诸圣贤各有超出前人之处，又有供我们学习、吸收的人生智慧和育人智慧，对这样的伟大人物我们更应倍加珍惜和敬重。"四子"身处两千多年前的宗法等级制社会中，其思想难免有其历史局限性，《中庸》的内容也难免带有时代的烙印。今天，研究《中庸》等典籍，必须置身于孔子、子思所生活的时代，不求备于一人，置于《中庸》的成书时代，不求备于一书，重在吸收其精华，赋予其新的时代内涵。

5. 借鉴研读范例：熟读精思，明其宗旨，核其篇章，观其会通

众所周知，《四书章句集注》耗尽朱熹毕生心血。六十岁时其撰写的《中庸章句序》中回忆：早年就受业研读《中庸》，私下多有疑惑，就深入思考、反复琢磨了好多年。终有一天，恍然大悟，好像深得《中庸》要领。在此之后，才敢荟萃众家之说而加以折中，最终完成《中庸章句》。在朱熹看来，读《中庸》"其味无穷，皆实学也。善读者玩索而有得焉，则终身用之，有不能尽者矣"。

朱子读书法强调熟读精思：经典须熟读才能记于心，精思方能有所得。近人钱基博认为，"书先须熟读，使其言皆若出于吾之口；继以精思，使其言皆若出于吾之心，然后可以有得尔"（《孟子约纂》）。钱基博主张采用桐城学派的方法，放声疾读，因声求气；主张"读经须明界说"，认为分类读经才能知其异同；主张"读经须切己体察"，即将所读之书句句体贴到自己身上领会。钱基博五岁受《中庸》，尽管很快就能背诵，但仍"低回庄诵而不能自已"，四十多岁形成的《〈四书〉解题及其读法》谈到其研读《中庸》的心得体会。首先，要明其宗旨。《中庸》是尽性之书，其主旨是基于天命之性，探究

"率性之道"和"修道之教"，求得"中和位育"。其次，要核其篇章。《中庸》篇章，各家不同，要避免"章分太碎，意欠融贯"之弊。第三要观其会通。《中庸》一书"内贯《易》理，外通道佛"，读该书时，应善于多维度融会贯通。当然，对同样一部经典，诵读者会见仁见智，各有取舍。

杜维明在《〈中庸〉洞见》序言中讲述了从初读《中庸》到写成该书的心路历程：高中阶段初读《中庸》时，就为它的表面上的简明及实质的深奥和晦涩而受到了很大的震撼；过了很长一段时间才意识到，过早地把《中庸》中的一些松散的思想串联在一起，对于把握其内在结构来说，实在是一种错误的做法；于是一遍又一遍地阅读文本，不断加深对文本多维特性的意识；通过经常而自觉地阅读，逐渐被文本中"修身""政""诚"三个主要的关怀所吸引；起初觉得它们是相对独立，又处于紧张和冲突状态的三个领域，看不出它们能够整合进一个比较广泛的图景之中；后来感到，"儒家之道的特性，就在于将它们整合为一体"，由此消除疑虑，将所得展开论述，完成《〈中庸〉洞见》一书。

开卷必有益。"诵诗读书，与古人居；读书诵诗，与古人谋。"（孙星衍《孔子集语》）《中庸》作为《礼记》中的一篇，在中国思想史上一直是"创造性心灵的灵感的源泉"（《〈中庸〉洞见·序》）；作为《四书》之一部，则是其中最能淋漓尽致地展现中国人人生智慧和哲学洞见的著作。大千世界，芸芸众生，孝亲、交友、待人、处事，乃至饮食与休闲，莫不需要得心应手，务求恰到好处。循此以求，自卑自迩，或能终致高远；得其门而入，当能登堂，甚或入于室。

经文义理篇

儒道：合"自然"与"当然"为一的中国传统教育哲学①

　　中国传统教育哲学思想中，最具代表的当属儒、道两家。儒、道两家教育哲学的思想特征尽管有多层次、多方面的呈现，但都继承着中华文化尚和合、重情意的基因，将"自然"与"当然"的一体和合奉为其一贯之道。"自当一体"是中国传统教育哲学的根基，贯穿于整个教育哲学体系的逻辑起点、修养功夫与境界追求之中，是我们理解与研究中国传统教育哲学甚至中华传统文化的钥匙。将基于"自当一体"之道的中国传统教育哲学理念真正融入教育哲学的理论建构中，已成为构建"中国特色、中国风格、中国气派"的教育哲学的当然使命。

---

① 本文与于超博士合作并发表于《教育研究》2017 年第 3 期。略有改动。

一、儒家教育哲学的"自当一体"之道

1."天人感通"：天道为人性之本根，人性为人道之本根

儒家的"自当一体"之道可以简单表述为：善（属自然）本于性，性本于天（自然）。善也称作"人道"，天也称作"天道"，人道即"天道在人"，所以天道、人道本不二。天道、人性与人道，其意相通。天道与人性属于自然，人道为当然，三者和合一体。

在先民的认识里，"天"是至高无上的。统治者试图通过祭祀与占卜等活动与天相"感通"。到了孔子，"天"逐渐变成义理之天。人与天的感通也从对神灵天的祭祀和祷告，变为从理智和心理情感上对形上天的体认。孔子赞美"天道"之伟大，同时盛赞尧帝效法天道之功德，即《论语·泰伯》所谓"唯天为大，唯尧则之"。在人性问题上，《论语》提出了"性相近也，习相远也"（《论语·阳货》）的命题，由此实现了人为之道与人性的链接，并以"不怨天，不尤人，下学而上达"（《论语·宪问》）的人道精神，实现了与天道的感通。体现孔子思想的《易传》，其根本宗旨就是推天道以明人事。《礼记·中庸》讲"率性之谓道"。人道乃人们循顺其本性而行、而生活的产物，君臣、父子、夫妇、兄弟、朋友之伦因以凝成。又因人性即天命，故率性即率行宇宙大道。《中庸》"诚者，天之道也。诚之者，人之道也"，提出了"诚"的概念，进行了沟通天道与人道的努力。诚者，自成也。诚乃成就人本身，即自尽其天性、自成其德，亦即实现人之内在价值、绝对价值、本身价值（自然）。

孟子继承了《中庸》中"诚"的思想，把"诚"看作沟通天人的通道，将天与人合一，并进一步提出"思诚"的概念。"思诚"作为人道，体现着人道中的"善性"。孟子提出了人生来就有四种"善端"："恻隐之心，仁之端也；羞恶之心，义之端也；辞让之心，礼之端也；是非之心，智之端也。"（《孟子·公孙丑上》）《孟子·告子上》用"湍水之喻"来言人只要顺其本心，则人性之善就必然会呈现。"自然"若无阻碍，则必然呈现为"当然"。基于此，

孟子提出"尽其心者,知其性也,知其性,则知天矣。存其心,养其性,所以事天也。夭寿不贰,修身以俟之,所以立命也"(《孟子·尽心上》)。由人道之"尽心""存心",到人性之"知性""养性",进而达于人道之"知天""事天",最终实现修身而立命,这无疑是对《周易》《论语》之中天道性命内涵与天人感通关系的继承与发展。

以孔孟为代表的儒家自然之道的核心理念是人性,可以说,人性善便是儒家之"自然"。孟子的人性善论实现了自然人性与当然人道的豁然贯通,但孟子没有对"恶"的来源问题做出系统解释。宋儒张载运用"体用不二"和"对立统一"的原理,提出"气本论",主张"气"是世界的本原或本体,道和理则是其运行的规律和准则。在此基础上,张载创立了"天地之性"与"气质之性"的人性二元论。"天地之性"是天理的体现,是纯善的;"气质之性"是气积聚为形质后具有的属性,由于禀受的阴阳二气有偏有全,所以善恶是混合的。人性二分解释了恶的来源,使得儒家人性论更加系统,但尚存不通之处。颜元对此进行了完善,提出了"理气一元"且皆善的思想。他认为"恶者是外物染乎性,非人之气质"(《颜元集》),并指出"恶,则后起之引蔽习染也"(《颜元集》)。"引蔽"是指人被引诱到不正确的方向,掩蔽其正确的道路;"习染"是指人被引蔽之后而不知自反,就会积习成染,终成为恶。王夫之将天道的客观性与人的主体性相统一,以《周易》为据,认为天道是阴阳二气化生万物和万物流转的普遍客观法则,人不能强自为道,"天理之实然,无人为之伪也"(王夫之《张子正蒙注·诚明篇》)。王夫之贯彻"体天于心以认之"的儒学立场,认为无论是宇宙的实然,还是伦理原则的必然,均须归结于道德实践的应然,在唯物论的基础上打通了"自当一体"之道。

2."诚明"两进:儒家"自当一体"之道的实现途径

孔子主张"君子求诸己"(《论语·卫灵公》);又讲"为仁由己"(《论语·颜渊》),而不是"由人"。"求诸己""为仁由己"与《大学》所言"自天子以至于庶人,壹是皆以修身为本",皆是讲求诸"自然",即《中庸》所讲的"尊德性"。孔子删定"六经",以圣贤学说陶淑学生人格,即《中庸》所讲的

"道问学"。"尊德性而道问学"，所言乃是君子学圣人之道以成己成物，即孔子所言的"修己安人"（《论语·宪问》）。

"自当一体"之道的实现亦可用《中庸》所阐释的"诚明"相通、两进来解。"诚"之自然意前文已述，在《中庸》中，与"诚"相对的"明"主要与知识（知而识之）、智慧、觉悟相关，代表人之心灵通达事理，不受遮蔽的本性、状态或功夫。《中庸》所谓"明"，乃"明善"也，直接关联着是非善恶，是对于人伦物事之理的明察、体证和觉悟，说到底是对人性的通达觉悟。

"诚明"，即因"诚"而得"明"，或"诚"而"明"在其中，自然之中已有当然。就生命的本来面目而言，正因人得天地（宇宙）理气之精粹以为性，其心自具虚灵知觉之能，故曰"自诚明，谓之性"，落实到行动中就是"率性"。"明诚"，即因"明"而得"诚"，或以真知实有其性。人心本能知，目能视、耳能听、心能思……人若运用此知能，随时随地辨其是非然否，择而行之，久必知通心明，本然实有之性即能充分呈现，此即择善固执、学问思辨而笃行之的致诚之功，故曰"自明诚，谓之教"，落实到行动中就是"修道"。"诚""明"关系涵盖了本性本体、修养功夫和理想境界三个层面，而以"诚""明"相须、互发之功夫论为主旨：情意真纯，则知觉明通，如好而学之也；知觉明通，则情意真纯，如学而益好之也。学而益好、好而愈学，则"诚明"两进，而达于至诚。

孟子承续了孔子思想，并提出了"性善"论。孟子提出"求其放心"的学问之道，主张"以仁存心，以礼存心"；注重"内求"，"求则得之，舍则失之，是求有益于得也，求在我者也"（《孟子·尽心上》）。他主张"爱人不亲，反其仁；治人不治，反其智；礼人不答，反其敬。行有不得者皆反求诸己，其身正而天下归之"（《孟子·离娄上》）。通过不断地"反求诸己"，加之"寡欲"以"养心"，"心正"而无偏，"反身而诚"，"强恕而行"，必将合于仁道与天道，正所谓"尽其心者，知其性也。知其性，则知天矣"（《孟子·尽心上》）。

在儒家的修养功夫中，当然本诸自然，外内一贯。正如王阳明所主张的功夫不离本体，本体原无内外。功夫不分内外，乃是本体功夫。亦如朱熹将"格物"释为即物而穷其理，以事事物物皆有其理、皆当穷其理为逻辑前提，以内外之理的相互感应为根本手段，以"心理合一"的贯通之境为目标追求。

二、道家教育哲学的"自当一体"之道

1."以道为体"：道家的"自然"之道

道家以老子思想为宗脉，传世之著《老子》(《道德经》)对"道"的系统分析与解读为教育哲学中的本体论问题提供了最早的系统表述。《老子》以此为形上依据阐述了人类特性与自然的关系问题，以期发挥教育对世道人心的矫正作用。《老子》对天道和人道关系的把握，旨在使人道取法天道，让人回归先天纯粹的本性。庄子承继老子学说而多有发挥，其思想发展了老子的道论，呈现出一种境界论的形态，并沟通了天论与道论。

《老子》一书有74处言"道"，具体含义大致有四。其一，"道"是自然界一切物质的本源。"道生一，一生二，二生三，三生万物。"其二，"道"是原始的客观实在。"道常无名，朴虽小，天下莫能臣也。"其三，"道"是自然万物运动变化的规律。"有物混成，先天地生。寂兮寥兮，独立不改，周行而不殆，可以为天下母。吾不知其名，强字之曰'道'。"其四，"道"即"天道"，"以道佐人主者，不以兵强天下"。老子讲"道法自然"，法自然之"道"不仅通涵此四种含义，而且实为"全有"，天地万物各得其道，人所"分有"之道便是"德"。

与儒家不同，老子并没给他的"自然"一个"善"的名。因为"自然"为善之根，所以不着相，不着善相亦不着恶相，所以无善无恶，只是发动善恶判断而不接受善恶判断。所以，老子、孔子皆未给人性赋予一个"善"或者"恶"的名。婴儿未受尘世过多濡染，是自然的象征，也是对"道"保全最好的人。《老子》第十章说："专气致柔，能婴儿乎？"第二十章说："我独泊兮，其未兆，如婴儿之未孩。"第五十五章说："含德之厚，比于赤子。"老子虽然没有直接指明人的先天本性，但却强调人初生时的纯真自然，即"婴儿""赤子"

的心态。这样，老子就开启了道家"自然人性"论的先河。

庄子承袭了老子关于"道"的基本理解并且有所发展。庄子指出，"夫道，有情有信，无为无形"（《庄子·大宗师》）。他所言的"道"是一种本原的存在，它无作为、无形象，却有情有信而真实不妄。

2."归根复命"：道家"自当一体"之道的实现功夫

道家教育的价值就是使人复归于婴儿，"为天下谿，常德不离，复归于婴儿"（《道德经·第28章》）。亦如万物生于道，亦需复归道。"道生万物"言万物皆生于道。"万物并作，吾以观复。夫物芸芸，各复归其根。归根曰静，静曰复命，复命曰常，知常曰明"（《道德经·第16章》）。复，就是复归于道。"归根复命"，是说万物虽然各具形象且不断流转变化，但仍要复归于其所保的德与性命之"常"。在老子看来，情欲过度无益于养身。"五色令人目盲；五音令人耳聋；五味令人口爽；驰骋畋猎，令人心发狂；难得之货，令人行妨。"（《道德经·第12章》）可见，色欲伤目，声欲伤耳，味欲伤口，情欲伤心，物欲伤身。由此，老子提出了"为学日益，为道日损。损之又损，以至于无为"（《道德经·第48章》）；并且主张"见素抱朴，少私寡欲"（《道德经·第19章》）。老子讲的"为学"指的是礼乐之学，修习这些学问会使情欲文饰日甚，"为道"就是要不断消损人的情欲文饰，使人复归真朴，达至自然无为。老子所言的"抱朴"即"圣人执一为天下式"（《道德经·第22章》），其中的"一"就是"道"。去除各种情欲文饰，坚守自然之道，减少各种欲望，不断复归人的真朴本性，便是老子提出的指导人们修习的功夫论。

庄子将"天"作为一种独立的价值理念或哲学观念。庄子笔下的"天"不仅指自然天，也指涉事物的一种自然而然的状态。庄子论人性着重于将"天"与"人"对举，以昭示天然与人为的相对或对立。"（河伯）曰：'何谓天？何谓人？'北海若曰：'牛马四足，是谓天；络马首，穿牛鼻，是谓人。故曰：无以人灭天，无以故灭命。'"人"包含两种状态：本然状态和实然状态。本然状态是人性所"当然"，也就是理想状态，这种状态的人性"与天为一"。现实中人的状态称作"实然状态"，这种状态下的人却往往表现出"以人灭天"的倾向。所以，教育的价值莫过于"无为复朴"（《庄子·天地》）。"无为复朴"，即从人性的实然状态向本然状态回归，是自然与当然的和合一体。较之老子，庄子的修养方法更加超然。庄子提出了"外天下""外物""外生""坐忘""丧我"等功夫论。"外天下""外物""外生"的"外"字接近"遗忘"的意思。"外天下"即忘却人世间；"外物"为忘却切身之物，即不受"物累"；"外生"意为不为生死之事忧虑。"外天下""外物""外生"就会没有好恶之情，没有得失之心，就会与自然意义的"本然"和合。"道"生养万物纯出"自然"，是出于"无为"，当然也是"无意"。人若想体认"道"，便要把握"道"的"无"，从"无"出发，先把自身的"有"抛开；把所生存的人世抛开，把所追求的"物"视为"空虚无有"，把人生最关切的死生问题看透，于是心境明澈，毫无牵挂，真正与"道"同行。

三、同源同旨：儒、道两家"自当一体"之道的关系

儒、道两家皆源于华夏文化，尤其是夏、商、周三代文化，皆是基于农业文明和理性智慧而产生的学说，有着共同的中国文化基因。虽然在汉代以后，道家教育哲学思想与儒家相比式微，但儒、道两家的教育哲学异流而同源，皆将其教育哲学建立在"自当一体"之道的根基上，异用而同体，理论的侧重点和进路不同，但旨归相同。

儒家"自当一体"的教育哲学在教育理论研究与实践中占据主导地位时，道家"自当一体"的教育哲学也一直在教育中与儒家教育哲学思想相辅相成。例如，道家以"自然"为善之根，所以不给其自然以"善"的名，因为一旦赋予其"善"名，则必然相对就会有"恶"，而"自然"是如儒家所言之"至善"，是无恶的。王阳明"四句教"首句便是"无善无恶心之体"（《传习录》），其实就是会通道家"自当一体"教育哲学的成果，将心之体与道家的"自然"贯通，二者其实是一，皆只是发动善恶判断而不接受善恶判断。在两家"自当一体"的实现功夫上，儒家用"合一"的方式，将心与理合一，知与行合一，外与内合一，皆是求得内在"自然"的当体直显；道家用"舍弃"的方式，舍

弃违背自然的人为，舍弃一切巧智，归返到"自然"，以保自然的纯粹与当体直显。在两家"自当一体"的展开功夫上，儒家主天人感应，明诚、践仁、取消人我的界限，以达大同之境；道家讲求心斋、坐忘、朝彻、见独、外天下、外物、外生，在知识方面则取消一切分别相，使此心虚静，与大化相契。

儒家追求的理想人格为"圣人"，老子亦以"圣人"名之。庄子笔下对其理想人格称呼则稍显多样："真人""至人""神人""圣人"。儒、道两家在对理想人格的具体表述上有所差别，但其旨趣并无二致。《老子》第五十四章有言"修之于身，其德乃真；修之于家，其德乃余；修之于乡，其德乃长；修之于国，其德乃丰；修之于天下，其德乃真普"。这与《大学》强调的修齐治平、《论语》强调的"修己以安人"（《论语·宪问》）、《孟子》强调的"君子之守，修其身而天下平"及"天下之本在国，国之本在家，家之本在身"、《中庸》强调的"中和位育"及"君子笃恭而天下平"，有异曲同工之妙。归根结蒂，儒、道两家所追求的理想人格其实都是"尽人合天"。"尽人合天"即"自当一体"之道的充分实现。天者，宇宙之总名，即"大自然"。中华先圣之观宇宙，从来不会在现象之外另求本体，所以讲"道法自然"。自然有纵横二象：纵曰"宙"，生生不已；横曰"宇"，万物一体。庄子所言"天地与我并生，而万物与我为一"（《庄子·齐物论》）正是"尽人合天"的境界。所以，老子曰："复命曰常。"又曰："天乃道，道乃久，没身不殆。"（《道德经》）圣人通晓天道之生生不已、万物一体，于是顺自然，立教化。儒家于日用伦常之中以孝为本，以"全其所得于天地父母之性命，而与天地父母同其久大"的"大孝"为人格追求。圣贤所言的孝道，孝即道，即天道，是通合天人的。儒、道两家所言示的"常""久""大""不已"等，正是"孝"的体现，是一种上下通贯而全己性命之道。日常之中，"上事天地父母"与"下传子孙"的上下相贯，一体同续，"尽人以合天"，即儒、道对"自当一体"之道的终极贯彻。无论名之曰"圣人""真人"或"神人"，其所达的人生境界皆无出于此。

儒道两家教育哲学对"自然"相通，又皆奉行"自当一体"之道，追求"尽

经文义理篇

人合天"，二者同源同旨，而在路径上的区别，完全可以作为相辅相成的资源。正是缘于儒、道两家思想的同源同旨，儒家教育哲学大师往往是道家教育哲学的传承者和研究者。故而，即使汉代以后纯粹的道家教育哲学家很少，但道家的"自当一体"教育哲学思想始终熔铸在中国传统教育哲学的发展中。

四、传统教育哲学"自当一体"之道与当代教育哲学理论重建

中国传统儒、道两家皆有基于"自当一体"之道的丰富的教育哲学思想，这些思想与思想家们的广泛论述融为一体，彰显出富有民族特色的独特价值。传统儒家、道家尽管并未从中析出并形成专业化、学科化的教育哲学，但仍极富跨越时空、历久弥新的时代价值，并为当代教育哲学的理论重建提供丰厚滋养。

学科形态、专业化的教育哲学直至20世纪才在中国出现，而且与其他诸多学科一样，是由外部引入的尊崇西方的学科。长于分析、重视知识理性的西方教育哲学逐渐取代了中国传统教育哲学。20世纪20年代以后的30年时间，中国传统的教育哲学日益式微：中国传统的教育机构与教材被逐渐取代；中国传统的学堂被新式学校取代；中国传统的教育哲学思想主要载体——中国传统经典退出了课程体系；奉行中国传统教育哲学的教育工作者退出了课堂，中国传统教育哲学思想也就淡出了教育领域。建立在尚和合、重情义基础上的"自当一体"之道，自然也在教育哲学的理论建构中不再有立足之地。这种缺失导致的最直接的结果是当代人，包括一些哲学与教育哲学理论研究者看不懂中国传统经典，或者无法把握住经典中的根本要义。例如，在解读中国传统的"博约关系"上，有的学者将"博"解读为知识广博，"约"则被解释为对知识的概括归纳或者抽象。然而，这并不是"博约关系"的第一义。"约"字所言是去其烦琐而求本心，以一心统贯万事。此"一心"正是"自然"的良心，意为"自然"，是"当然"的基础与根基。万事之"当然"必然统贯于本有之"自然"。这是中国传统教育哲学所言的"博约关系"的第一义。庄子

妻死，庄子鼓盆而歌。庄子所歌的正是宇宙之"自当一体"之道。人之辞世后称为"鬼"，鬼者，归也。人去世以后其实就是回归，归而复始，所以生生不息。就如同中国哲人，从不言"始终"，只言"终始"，其意在言终而复始，生生不息。

用西方之学分析中国传统教育哲学思想极容易造成只见树木不见森林和只见表象不知本质的问题。作为中国人，我们思考我们的教育哲学的学科建设，就必须立足于以"自当一体"为根基的中华优秀传统文化资源。无论中国传统的教育、哲学，还是教育哲学，第一义都是"做人"或"修身"，因生之为人（自然），故应当做人（当然）。做人之学属于意义之学而非知识之学。所以，中国传统的教育哲学，不以获得知识为首要或终极追求，而是在"自当一体"的根基上，形成一套敬畏自然、崇尚实践、外内一贯、修己安人、追求人与万物一体的教育哲学理论体系。

1. 中国教育哲学应具敬畏自然、崇尚实践的精神

孔子曰："君子有三畏：畏天命，畏大人，畏圣人之言。"（《论语·季氏》）天命即天道在人的自然。大人可以明觉与体认天命，《周易》曰："夫大人者，与天地合其德，与日月合其明，与四时合其序，与鬼神合其吉凶。先天而天弗违，后天而奉天时"。圣人之言便是圣人本诸自然而发的圣贤学说。此三者皆是人所当敬畏的，其中以敬畏自然为起点。教育的对象是人，人生之为人，则应如人之所是，尽人性。所以，我们生之为人便要对人性充满敬畏之情，拳拳奉持不可丢失。教育工作者更要对受教育者所拥有之人性，充满敬畏，使之充分呈现。《论语》首句便言"学而时习之"，"学"的最核心要义是学做人，"习"则是强调在日用常行中践行所学之做人准则。由此可确认，儒家思想的第一义是"做人"。做人之学的根基是以"自当一体"为根基的"知行合一"。"知"为良知，为德性之知，为人所本有的自然。所以，真知必能行，不行便不是真知。真知道孝的人，必然是践行孝道的人，行动中不孝顺的人，必然无法称作真正知道孝的人。

2. 教育哲学中的教育方法论建设应注重外内一贯

中国传统教育哲学崇尚"尊德性而道问学"。西方哲学指导下的教育哲学的方法论，往往精于"道问学"，弱于"尊德性"。"尊德性"不是遵从纯外在的当然之道，所尊的"德性"其实就是人本有的"自然"，德性就是人性，就是人道，就是"天道在人"的体现。"道"在天，更在人；在身，更在心。所以"尊德性"作为当然，与人心之自然本是一体，且以自然为根据地。孟子所讲"由仁义行，非行仁义"，即以仁义之心行道，仁义不是对象而是依据和出发点。以仁义行，亦在充实仁义，二者一贯。道乃自导而自行之者也，即人之道乃自我定向、自主践行者也，为自律而非他律。亦即孟子所谓"求则得之，舍则失之，是求有益于得也，求在我者也"（《孟子·尽心上》）。孔子所言"人能弘道，非道弘人"（《论语·卫灵公》）、"温故而知新，可以为师矣"（《论语·为政》）与此意合。"故"是本有，即自然，"温故知新"即返本开新，不断去熟悉并感通自己本有的良知、良心，而后能够日新其德，这样的人自然会成为为人的典范，所以可以为师。不通"自当一体"之道者，常将中国之学问解读成知识之学，知识之学仅仅属于"问学"层面，连"经师"都难以成就，何以成就"人师"？唯有外内一贯、合外于内才可以使教育哲学既成为教知识的哲学，又成为育"人"的哲学。

3. 教育哲学理论中的教育目的论应蕴含"修己安人"和"与万物一体"的追求

儒家"修己安人"的君子人格为历代儒者所奉持，也是当今教育所应在继承的。"修己"与"安人"是一体两面，二者互为基础，相辅相成。此外，儒、道两家所共同追求的"与万物一体"的思想也应融入当代教育哲学的理论建构当中。归根结蒂，从自然上讲，万物本是一体；从当然上讲，我们的终极追求也应该是与万物一体。中国人自古追求"天下大同"。所以，老子讲"吾所以有大患者，为吾有身，及吾无身，吾有何患。故贵以身为天下，若可寄天下；爱以身为天下，若可托天下"（《道德经·第13章》）。《中庸》讲：

"能尽其性则能尽人之性，能尽人之性则能尽物之性，能尽物之性则可以赞天地之化育，可以赞天地之化育则可以与天地参矣。"从物理上讲，整个宇宙源于一个点；从哲学上讲，万物皆生于"一"或者说"道生一"。"一"化生万物，万物之中，人为天地之精华，其性至精至粹，先天之心与性凝一不二。人若能尽己与人、物之性，即参与到了生生不已的宇宙大化之中，成为宇宙大生命的承担者、参与者与实现者。贯真诚情意于万事万行之中，则身心相通相协，与天地万物相融无界，达至民吾同胞、物吾与也之境。这种万物一体正是最广义范畴的"天下大同"，是以最广大的胸怀和最真诚的态度为人处世的精神，是中国先哲伟大智慧的结晶，理应在我们的教育哲学理论体系中有所体现。

4. 经典理应是教育哲学理论体系的根基

在中国传统教育哲学理论体系中，承载古圣贤之道的经典，成为修齐治平的根基。习近平主席在纪念孔子诞辰2565周年国际学术研讨会暨国际儒学联合会第五届会员大会开幕会上的讲话中强调："文以载道，文以化人。当代中国是历史中国的延续，当代中国思想文化也是中国传统思想文化的传承和升华，要认识今天的中国、今天的中国人，就要深入了解中国的文化血脉，准确把握滋养中国人的文化土壤。"圣人经文，道之载体。中国自古崇圣尊经。圣人之所以值得崇拜，是因为圣人最能诠释天道与人道，最能把握天地万物、社会人生之道，并能向人们提供天文与人文之最高智慧。《周易》《论语》《孟子》《大学》《中庸》《道德经》《庄子》等体现圣贤之道的中华文化经典，留存于天地万物之间，长存于万古流芳之世，跨越时空，历久弥新，长期滋养中国传统教育哲学，也必将在返本开新中，美人之美。理性学习和借鉴其他文明中教育哲学的优秀成果，并将己美与他美结合起来，美美与共，涵濡孕育，丰富和发展当代教育哲学理论体系。

中国传统教育哲学的理论体系作为中华优秀传统文化的重要组成部分，理应成为构建当代中国特色教育哲学的思想渊源和价值资源。事实上，富有文化自信和自觉的现代教育学人，不断对传统教育哲学思想进行挖掘与阐发，从未停止过将传统教育哲学思想价值资源融入当代教育哲学体系的脚步。弘扬中华优秀传统文化已成为时代的强音，已成为实现中华民族伟大复兴的必由之路，已成为国民教育培根铸魂的迫切需要。将以"自当一体"之道为根基的中国传统教育哲学理念真正融入教育哲学的理论建构中，恰逢其时，任重道远。有识之士必当承续使命，求索精进，致力于构建中国特色、中国风格、中国气派的教育哲学。

经师人师篇

兼求经师人师　传承经典价值 ①

2014 年 9 月 9 日，习近平总书记在同北京师范大学师生代表座谈时的讲话中强调："一个老师，如果只知道'授业''解惑'而不'传道'，不能说这个老师是完全称职的，充其量只能是'经师''句读之师'，而非'人师'了"；引用古人"经师易求，人师难得"之言，强调"一个优秀的老师，应该是'经师'和'人师'的统一，既要精于'授业''解惑'，更要以'传道'为责任和使命。"这无疑是对中华传统师道观的精到阐释，也是寄予当代教师的殷切期冀。

中国自古崇尚"经师"与"人师"的统一，期望为师者既做"经师"，又为"人师"，集"经师"与"人师"于一身。孔子"祖述尧舜，宪章文武"，"德侔天地，道贯古今，删述六经，垂宪万世"，"不学《诗》，无以言"，"不学

---

① 本文为纪念习近平总书记同北京师范大学师生代表座谈时的讲话发表一周年而作，发表于《民生周刊》2015 年 9 月。题目有变动，内容略有改动。

《礼》,无以立","五十以学《易》","读《易》,韦编三绝","学而不厌,诲人不倦",被誉为"大成至圣先师""万世师表",堪称集"经师"和"人师"于一身的典范。汉代注重经学,太学中专设"五经博士",他们是名副其实的"经师",至平帝元始年间,出现"一经说至百余万言,大师众至千余人"(《汉书·儒林传》之盛况。不仅太学,整个教育体系中均设置专讲经学的学官。据《汉书·平帝纪》记载:"郡国曰学,县、道、邑、侯国曰校。校、学置经师一人。乡曰庠,聚曰序,序、庠置《孝经》师一人。"

何谓"经师"?何谓"人师"?宋元之际史学家胡三省《资治通鉴音注》一书中有精到注解:"经师,谓专门名家,教授有师法者。人师,谓谨身修行,足以范俗者。"可见,"经师"须学有专长,饱读经书,授经有术,解惑有方,绝不误人子弟。当然,"经师"并非限于学校,凡是传授经书者,均可称为"经师"。至于"人师",主要在其自身德行,则是"以身作则"的道德持守者,须品行和学识兼优,言传身教,足以为人师表。战国时期荀子就常论"人师":"四海之内若一家,通达之属,莫不从服,夫是之谓人师。"(《荀子·儒效》)此所谓"人师",特指圣王贤君,这样的"人师"重仁义,普惠天下苍生,天下苍生因受到恩惠和教化而归顺。在"以吏为师"的时代,荀子所论有其深意,对学校教化也有重要启迪。现代教育家徐特立认为:"教师是有两种人格的,一种是'经师',一种是'人师'";"经师是教学问的,人师是教行为的";还强调,我们的教学就是要采取"经师"和"人师"二者合一。郭沫若《青年哟,人类的春天》中提到:"经师是供给材料的技术家,人师是指导精神的领港者。"

做"经师"与做"人师"孰难孰易?人们看法相对一致,即单纯传授经典知识的老师容易找到,既传授经典知识又教人品德而为人师表的老师不易遇到。适如东晋史学家袁宏《后汉纪·灵帝纪上》所言:"经师易遇,人师难遭"。"记问之学,不足为人师。"(《礼记·学记》)其实,当今之世,"人师"难得,真正意义上的"经师"同样难求,甚至更加难遇。这里所言"经师",特指经典之师,尤其是儒家经典之师。

当代教育注重"人师"，不断呼唤大批"人师"的出现，倡导"学为人师，行为世范"。岂不知，无真正意义上的"经师"，哪来"人师"？哪来中华优秀传统文化的挖掘与阐发？

儒家经典之师之难求，由来已久。中华民族曾是注重经典教化的民族，素有读经育人的优良传统。然而，自晚清西学东进，伴随古今中西之争和科举的废除，经典独尊的地位受到冲击。民国初年，废除读经科，系统完整的经学教育逐步淡出国民教育，自此出现了举"经"不定的时期，甚至出现"数典忘祖"的局面。如今，课本中仅存的碎片化的经典诗文，也往往受到冲击，成为零乱而功利的"记问之学"。而"记问之学，不足为人师。"（《礼记·学记》）难怪2014年习近平总书记在考察北京师范大学时感慨万分："我很不赞成把古代经典诗词和散文从课本中去掉，'去中国化'是很悲哀的"；主张"应该把这些经典嵌在学生的脑子里，成为中华民族文化的基因。"经典是民族文化的"根"和"魂"。课本中经典的长期缺失，必然造成一代代学生脑子里经典理念的缺失，进而造成"中华民族文化基因"的缺失。

经学教育的逐步淡出，必然带来经学教师的日益贫乏。当今教师，通读过"四书"者罕见；完整研读过"四书"之一部者，万人之中亦难得一见。"经师"难求之现状可见一斑。无"经师"，则难有"人师"。换言之，做"人师"首先应做"经师"。"人师"固然需要"传道"，教师是"道"的化身，"道之所存，师之所存也"；然而，"传道"必建立在"授业""解惑"基础之上，"传道"必与"授业""解惑"相融通，相得益彰。

"经师"必致力于推动经典研读与体悟。经典是圣哲之能事，具有超越时空、世代传承、历久弥新、滋养心灵、增进睿智的价值。"读优秀传统文化书籍，是一种以一当十、含金量高的文化阅读"（习近平语）。教师研读经典，就要自身并"从先儒语言中体会义理，验之身心，见诸躬行"（马一浮语），即深刻领会经典义理，把握蕴含其中的精神内涵，进而增进人文素养，提升精神境界，涵养自身人格，丰富育人智慧，身体而力行之；在此基础上，才能以自身的经典学养、人格魅力来影响他人，进而实现"经师"与"人师"的统一。当代教师，需要最低限度地读好《论语》，感悟《论语》中的修身之道，修己安人的君子之道，以孔子为"经师"和"人师"合一的典范，学而不厌，诲人不倦，以仁爱之心教育时代新人。

经典价值的传承，中华民族文化基因和血脉的延续，迫切需要教师既做"经师"又做"人师"。当代中国教育，必须强化以中华经典文化为核心的本根教育，注重经典价值的有效传承。缺失经典的教育，必然割断中华文化的精神命脉，所培养的人，势必成为缺少根基的浮萍，缺乏灵魂的躯壳。令人欣慰的是，伴随着中华文化复兴的春天来临的脚步，越来越多的教育工作者在坚持不懈地开展以经典为核心的中华文化本根教育，着力解决经典学习碎片化弊端，力求分学段系统而相互衔接地推进经典教育，努力将当代教育植根于中华文化的沃土，进而获得丰厚的文化滋养。基于此，提升教师直接阅读典籍的能力，造就大批集"经师"和"人师"于一身的教师，乃当务之急。

尊先师崇圣道：立孔子诞辰日为中华教师节值得期待 ①

2013 年 9 月 5 日，国务院法制办公室公布了《教育法律一揽子修订草案（征求意见稿）》，将对《中华人民共和国教师法》（以下简称《教师法》）等四部法律相关条款进行修订，其中，《教师法》第六条"每年九月十日为教师节"拟修改为"每年九月二十八日为教师节"。为此，第 29 个教师节之日，即 2013 年 9 月 10 日，笔者对正在学院研修的"第三十四期全国地市教育局局长研修班""第三十八期全国省地督学培训班""第四十期高校中青年干部培训班"作了问卷调查。局长研修班发出问卷 82 份，回收有效问卷 75 份；督学班发出问卷 87 份，回收有效问卷 82 份；中青班发出问卷 106 份，回收有效问卷 100 份。有效问卷共计 257 份。

问卷调查显示：1. 有 75.10% 的教育行政管理者"完全认同"或"基本

---

① 本文完成于 2013 年 9 月，发表于《半月谈·文化大观》2019 第 1 期。略有改动。

认同"将教师节由9月10日改为孔子诞辰纪念日9月28日；2."认同者"兼顾"人情"与"人文"，普遍重视节日的文化内涵，明显表现出文化价值取向；3.表示"不予认同"或"无所谓"者大多强烈反对"主观随意"，担心流于形式，个别表现出对"崇古变异"或"玷污圣贤"的担忧。总体来看，被调查者是务实而理性的，但需因势利导。

一、将教师节由9月10日改为孔子诞辰纪念日9月28日，获得较高认同

表一："将教师节由9月10日改为孔子诞辰纪念日9月28日"的认同度

	地市局长（75人）	省地督学（82人）	中青干部（100人）	总计（257人）
完全认同	38人（50.67%）	43人（52.44%）	43人（43.00%）	124人（48.25%）
基本认同	20人（26.67%）	18人（21.95%）	31人（31.00%）	69人（26.85%）
不可取	14人（18.66%）	13人（15.85%）	14人（14.00%）	41人（15.95%）
无所谓	3人（4.00%）	8人（9.76%）	12人（12.00%）	23人（8.95%）

表一显示：就"将教师节由9月10日改为孔子诞辰纪念日9月28日"，75位地市教育局局长中，有50.67%的人表示"完全认同"，有26.67%的人表示"基本认同"，"认同度"（含"完全认同"和"基本认同"）达到77.34%；82位省地督学中，有52.44%的人表示"完全认同"，有21.95%的人表示"基本认同"，认同度达到74.39%；100位高校中青年干部中，43%的人表示"完全认同"，31%的人表示"基本认同"，认同度达到74%。

表二：地市教育局局长对"将孔子诞辰日9月28作为教师节"的认同度情况

	2005年地市局长班（42人）	2005年县市局长班（117人）	2013年地市局长班（75人）
完全认同	6人（14.29%）	24人（20.51%）	38人（50.67%）
基本认同	15人（35.71%）	20人（17.09%）	20人（26.67%）
不予认同	11人（26.19%）	39人（33.34%）	14人（18.66%）
无所谓	10人（23.81%）	34人（29.06%）	3人（4.00%）

笔者曾于 2005 年在市、县教育局局长班做过调研（参见表二）。调研显示：当时地市教育局局长对"将 9 月 28 作为教师节"的认同度仅为 40%，县市教育局局长对同一问题的认同度不足 38%。如今，伴随着近几年国家文化战略的日渐明晰，对中华优秀传统文化日益重视，"国学热"明显升温，同一群体对这一问题的认同度已超过 77%，这是值得重视的文化现象。

二、"认同者"兼顾"人情"与"人文"，明显表现出文化价值取向，此在高校中青年干部中尤为突出

表三：认同（含"完全认同"和"基本认同"）者的理由

	地市局长（58 人）	省地督学（61 人）	中青干部（74 人）	总计（193 人）
合乎人情	28 人（48.28%）	33 人（54.10%）	11 人（14.86%）	72 人（37.31%）
名正言顺	21 人（36.20%）	21 人（34.42%）	27 人（36.49%）	69 人（35.75%）
顺乎时势	2 人（3.45%）	1 人（1.64%）	13 人（17.57%）	16 人（8.29%）
善莫大焉	7 人（12.07%）	6 人（9.84%）	23 人（31.08%）	36 人（18.65%）

由表三可见：地市教育局局长和省地督学首选"合乎人情"，并能兼顾文化价值取向。问及"完全认同"或"基本认同"的首要理由，地市教育局局长 58 位"认同者"中，48.28% 的人首选"合乎人情"，认为 9 月 10 日由于适逢开学伊始，教师们通常忙碌于开学的各项工作，很难有时间享受节日，若避开开学季，对教师而言会更加方便，且能真正享受节日；36.21% 的人首选"名正言顺"，认为孔子毕竟自古是不少人们心目中的"至圣先师""万世师表"，最有资格作为中国教师的代表，而中国现行教师节缺乏历史意蕴和文化内涵，若以孔子诞辰为教师节，可以弥补这一缺憾。省地督学 61 位"认同者"中，54.10% 的人首选"合乎人情"，34.42% 的人首选"名正言顺"，这与地市教育局局长的务实取向相接近。

与地市教育局局长和省地督学有所不同，高校中青年干部首选的是"名正言顺"，并不过多关注是否"合乎人情"，而是更加关注教师节丰富的文化内涵。认为世界最伟大的教育家孔子就诞生在中国，教师在一个最有文化象征意义的日子里庆祝自己的节日，不仅可以更好地纪念先贤，体现今人对传统文化的理性态度和尊敬程度，体现尊师重教的文化传统和历史渊源，而且

有益于提高文化自觉与自信，彰显孔子文化理想和人格魅力，激励教师为人师表、立德树人，助推中华文化繁荣和民族复兴，善莫大焉！

三、表示"不予认同"者强烈反对"主观随意"，也表现出对"崇古变异"的担忧

表四："不予认同"者的理由

	地市局长（14人）	省地督学（13人）	中青干部（14人）	总计（41人）
主观随意	14人（100.00%）	11人（84.62%）	10人（71.43%）	35人（85.37%）
崇古变异	0	2人（15.38%）	4人（28.57%）	6人（14.63%）
玷污圣贤	0	0	0	0
邯郸学步	0	0	0	0

从表四可见：表示"不予认同"者大多（35人）强烈反对"主观随意"。认为节日约定俗成，用以表达人们的一种心愿，应有相对稳定性，9月10日作为教师节已深入人心，不仅是法律上的某种强制规定，更逐渐成为一种社会习惯，不能依某些人心血来潮想改就改，那只能彰显法定节日的随意性。

个别"不予认同"者（6人）也表现出对"崇古变异"的担忧。认为以孔子诞辰日作为教师节，势必导致以"尊孔崇古"内容，冲淡教师节原先"尊师重教"的内涵，甚至教师节可能会蜕变为"孔子诞辰纪念日"，教师节难免要变味；何况，孔子诞辰9月28日的说法也没得到统一。

极少有教育行政管理者担心"玷污圣贤"。认为将教师节与"孔子诞辰日"合二为一，也不必担心因个别教师师德失范而玷污了孔子，不可能因此而影响孔子作为"万世师表"的地位。

四、表示"无所谓"者的首要理由是"贵在尊师"，担心流于形式

表五："无所谓"者的理由

	地市局长（3人）	省地督学（8人）	中青干部（12人）	总计（23人）
形式主义	2人（66.67%）	4人（50.00%）	4人（33.33%）	10人（43.48%）
贵在尊师	1人（33.33%）	2人（25.00%）	8人（66.67%）	11人（47.83%）
费时费力	0	2人（25.00%）	0	2人（8.69%）
败坏风气	0	0	0	0

如前所述，仅有23人对"将教师节由9月10日改为孔子诞辰纪念日9月28日"持"无所谓"态度。从表五可见：其中首要理由是"贵在尊师"（11人），贵在形成全民尊师重教的良好氛围，重在切身维护教师的合法权益，让教师职业成为崇高的职业，不一定非得与某些特殊的历史背景相结合。若无"尊师重教"之实，而将普通教师的权益束之高阁，那么，教师节设在哪一天都无实际意义。

其次是避免新的"形式主义"（10人）。这部分人担心，仅是日期调整，形式多于意义。不少地方的"教师节"无聊乏味，或者年年如此，形式单调，换成9月28日，未必会有质的飞跃。既然如此，就不必在乎哪天是教师节或有无教师节。

也有个别教育行政管理者（2人）担心"费时费力"。变更教师节，除了增加一些工作量之外，并无多大实际意义。如果要改的话就要改变很多东西，费时费力也会浪费其他一些资源，不如提高教师待遇实在。

五、思考与建议

总体而言，教育行政管理者在将教师节改为孔子诞辰日的问题上，是务实而理性的，即使"认同者"，也未必都出于自觉的文化价值取向；当然，即使是"不予认同"者或"无所谓"者，也并非意味着缺乏文化认同与文化自觉。可以抓住机遇，因势利导，顺势推进。

1. 高度重视教师节文化内涵的挖掘与阐发，提升教师节文化品质

孔子是人类"轴心时代"出现的"至圣先师"，是中华文化的象征。若以孔子诞辰日为教师节，无疑蕴含着丰富的文化内涵。2005年9月29日，联合国教科文组织第172届执行局会议作出决定，正式批准设立了世界上第一个以中国人的名字命名的国际奖项——"孔子教育奖"。2009年9月，国家文化部和山东省人民政府正式设立了"孔子文化奖"。既然"中华优秀传统文化是中华民族的突出优势，是我们最深厚的文化软实力"，"中国特色社会主义植根于中华文化沃土、反映中国人民意愿适应中国和时代发展进步要求，

有着深厚历史渊源和广泛现实基础"（习近平2013年8月19日在全国宣传思想工作会议上的讲话），那么，毫无疑问，中国特色社会主义教育，包括教师节的设立，也必须植根于中华文化沃土，这需要挖掘与阐发孔子之道，以提升教师节的文化品质。

2. 敬畏先师，研读与孔子相关的经典名著，感悟圣贤人格和育人智慧

将孔子诞辰日设为教师节，至少意味着，教师节不应限于"尊师重教"，而应突出"为师之道"，激发教师的职业使命感。孔子"道冠古今"，是"道"的化身，教师应深切体悟至圣先师孔子的教化之道。若以孔子诞辰日为教师节，无疑蕴含着丰富的教育内涵。孔子是举世公认的伟大教育家，首倡"有教无类"，始终"学而不厌，诲人不倦"，善于因材施教，启发诱导，注重培育"修己安人"的君子人格，其本身也为后人树立了完美人格的典范，堪称"万世师表"。当代教育工作者，理应以圣贤为师，深切感悟孔子的圣贤人格和育人智慧。知其人必读其书。"读优秀传统文化书籍，是一种以一当十、含金量高的文化阅读"（习近平语）。孔子的人格与智慧，蕴含在《论语》等经典之中。教育工作者理应熟读《论语》等经典名著，从中感悟孔子的人格与智慧，传承经典中蕴含的核心价值，不断提高自身的人文素养和精神境界。

3. 探索传统与现代相融通、孔子诞辰纪念与教师节相协和的"学礼"或"仪式"

《中庸》有言："凡事预则立，不预则废。"孔子诞辰日一旦成为教师节，就需要有相应的"学礼"或"仪式"。这样的"学礼"或"仪式"，应尽可能实现传统与现代相融通、孔子诞辰纪念与教师节相结合。在此问题上，应加强论证和探索，可征集设计新的教师节预案；也有必要借鉴中国历代"学礼"的经验。但无论如何，教师节应富有文化内涵，合乎情理，避免流于形式。以笔者设想，教师节之日可举办相应的"学礼"或"仪式"，亦可组织部分师生游学。2013年4月以来，国学教育研究中心联合尼山圣源书院和济宁市教育局，已先后举办五期"国学经典教育"专题研修班，组织师生开展圣地尼山寻根修学活动，效果十分显著。

4. 如果教师节要借孔子之名，那么学校教育中更应该重视国学教育

党的十八大报告强调"建设优秀传统文化传承体系"。十七届六中全会也已明确强调"要发挥国民教育在文化传承创新中基础性作用"，"增加优秀传统文化课程内容"。既然要定孔子诞辰日为教师节，那么学校强化中华文化本根教育，势在必行；强化国学经典教育，也是题中应有之义。要落实十八大提出的"造就一批名家大师和民族文化代表人物"，使其具有民族文化认同感与情怀、民族文化涵养与气质、民族文化自觉与风范，不妨从设孔子诞辰日为教师节做起，不妨从强化大中小学校的国学教育做起。国学教育当务之急是经典教育，而要解决这一难题，需要培养国学经典教育师资，同时强化师范教育或教师教育中的国学经典教育。

5. 尽可能消除种种疑虑，回应各种关切，最大限度地凝聚共识

将孔子诞辰日改为教师节，难免会引发争议，甚至非议。

首先面对的是"孔子诞辰日未定论"。既然未定，有人认为不能设定9月28日为教师节。孔子出生日确有争议，但可采用较为流行的说法，按《史记》所载孔子的生年，即公元前551年，再按《榖梁传》所载孔子出生之月日，实为农历8月27日，公历推算为9月28日。何况，近人钱穆有言："今谓孔子生前一年或后一年，此仅属孔子私人之年寿，与世运之升降、史迹之转换，人物之进退，学术之流变，无足轻重如毫发。"

其次，特别容易遭受的非议是"主观随意"。有些人认为，现有教师节有法理依据，已约定俗成，而且已有相对稳定性，就不宜轻易改动。这不无道理，但变与不变是相对的。中国教师节在民国初期设立，此后几经变动，新中国成立后也有调整。重要的是，9月10日为教师节确有开学季上的不便，况且"彼一时此一时"，随着文化复兴日益迫切，选择具有文化内涵的孔子诞辰日作为教师节，是顺应时势的，这也是有识之士的长期愿望。尽管吾师黄济先生曾是"教师节"的发起者，但笔者曾两次当面询问其是否同意将教师

经师人师篇

节改为孔子诞辰日时，先生明确表示"有意义，我同意"。

再次，容易遭到的非议是"崇古变异"。有人说："要用现代的思维、道路来解决当前的问题。孔子是两千多年前的思想家，可以借鉴他的一些好的东西，但他好多思想已不适应现代社会了。过于尊崇，难道我们要倒退两千年前吗？这是严重违背历史发展规律的！""过于尊崇"固然不对，不予尊重则难言正确。"崇古"亦非"复古"，理应如黄济先生在国学教育研究中心成立之日所言："学古而不泥古，尊儒兼顾百家。"至于"开历史倒车""违背历史发展规律"之论，实难令人认同。2012年12月习近平总书记在广东考察工作时曾强调：我们决不可抛弃中华民族的优秀文化传统，恰恰相反，我们要很好传承和弘扬，因为这是我们民族的"根"和"魂"，丢了这个"根"和"魂"，就没有根基了。

消除诸如此类的顾虑或非议，则有益于凝聚共识。当然，凝聚共识，也并非意味着强求一致，应坚持"和而不同"，允许不同意见的表达。满足多数人的期待，顺应民意，设置一个更为适宜的中国教师节，乃势所必然。

激活典籍文字　传扬圣贤义理

——观《典籍里的中国》之《论语》

2020 年 11 月 26 日，文静导演联系到我，说央视总台拟推出《典籍里的中国》节目，其中涉及《尚书》《论语》等儒家典籍，让我作为"指导专家"参与《论语》剧本和影像的审读。兴趣或志趣使然，即使学识浅薄，我也想尽绵薄之力。让《论语》里的文字活起来，让蕴涵其中的核心思想理念和文化基因传下去，正合我等学人之意，恰如有识之士之愿，何尝不是新时代文化传承发展之需？近些年我主持推进的"国学经典教育"专题研修等项目和正在推进的两期《论语》研习活动，恰切此意。

从那天起，我就一直期待着《论语》节目的创作与问世。辛丑春日，《尚书》作为《典籍里的中国》首期在央视 1 套黄金档首播，毫无悬念受到高度关注和赞誉。如此既对得起先贤又有益于来者之善举，谁人不欢喜！按文导提供的典籍书目，或按重要性，代表"五经"的《尚书》之后该轮到"四书"之首的《论语》；谁想，3月7日等到的居然是与《尚书》成书时隔两千多年的《天工开物》。开篇呈现的是心怀"天下富足 禾下乘凉"之梦的袁隆平，这对病榻上的共和国功臣或可带来些许慰藉，于情于理该当如此。接着，3月21日，被鲁迅称之为"史家之绝唱，无韵之离骚"的《史记》登场，仍不见《论语》踪影。好在，《史记》作者太史公景仰孔子有加，且最早推崇夫子为"至圣"。之后等来的则是《本草纲目》，呈现李时珍"行医著书救万民"的理想信念和担当精神，在新冠肺炎肆虐的岁月彰显医术医道，亦恰逢其时。

4月13日，文静导演传来讯息，告知我《论语》剧本已有初稿，当日文静导演及张总编剧与我进行了长时间商讨。其后文静导演与我进行多次深度交流，有时废寝忘食。大家深知，《论语》受关注度极高，任何细节马虎不得，故节目组耐心而虚心地征询多方意见，精心打磨剧本，可谓三易其稿，在制作影片时也琢磨再三。

6月13日，盼望已久的《论语》终于与亿万观众见面，尽管之前将样片看过多遍，但正片播出时我依然为之动容。总体而言，该片在短短九十分钟里，用诸多相互关联、感人至深的传承故事，以身临其境的代入感，巧妙地梳理了《论语》的成书及流传。王绘春等大师的精湛演出和四位专家的点评和导读，无论是《论语》的核心思想和价值理念，还是孔子的人生境界、理想追求及实现路径，或是《论语》的国内传承与国际传播，都得以呈现，可谓淋漓尽致，浑然一体。

自2015年以来，海昏侯墓考古发掘不断传出令人振奋的消息，令我尤为关注的是被发现的漆器屏风表面有孔子画像和生平文字，另有500多枚失传1800年之久的《齐论语》竹简，或可弥补了久而不见《齐论语》的缺憾。本片剧情恰从海昏侯墓文物保护工作站导入，凸显了《齐论语》典籍发现的重大价值，也为东汉经学家郑玄的登场做了铺垫。透过郑玄与求学者的对话，看得出学子们对郑氏《论语注》的认可以及读《论语》的收获；郑玄进而引导学子们爱读《论语》，弄清其中的为学、为人、为政之道，由此彰显了《论语》的价值和郑玄对《论语》流传的贡献。加之呈现唐代卜天寿诸幼童抄写《论语注》的场景，附之以塾师就"春风沂水"大同景象的精准点拨，还有四位专家的点评及史料佐证，清晰讲明了《论语》的成书及版本流传。

孔子与弟子的感人故事由弟子们在"孔府"期待夫子授课开始。等待中，弟子们不忘各自回忆交流夫子言论以便加以汇集，依次呈现了《论语》中为学、为人、为政的经典名句。子贡的归来，"奇特之人"撒君的出现，遂有二人穿越时空的精彩对话，以此营造了故事讲述场域。撒君带先贤子贡走进释读典籍、交流心得的现代典籍书屋，老师带少年读《论语》的情形，令子贡叹为观止。

子贡因仰慕夫子而拜师设问，尽管语气稍显生硬，甚至于引发子路等人的不满，但孔子却不以为然，这恰恰显现了孔子的人生境界和理想追求，不失为点睛之笔。如夫子何所求？夫子答以"人人学为君子，实现天下归仁，以求天下大同"；如何学为君子？答以"志于道，据于德，依于仁，游于艺"；何谓"仁"，"爱人，孝悌，忠恕，博施济众"；何谓"大同"，答以"大道之行，天下为公，选贤与能，讲信修睦"；终身奉行者何？答以"恕"，即"己所不欲，勿施于人"。由此，《论语》之要义及孔子之圣道明矣。

孔子一向"敏于行"，致力于"躬行君子"，一度踌躇满志，在鲁国推行仁政德治，不幸功亏一篑。恪守"邦无道，则可卷而怀之"的孔子，带着理想和抱负与弟子开始了长达14年的列国游历与求索。适卫，灵公郊迎，礼遇孔子有加，然卫灵公无道，"道不同，不相为谋"；适陈过匡地，"畏于匡"，被误以为阳虎，险遭不测；微服过宋，遭宋人司马桓魋"伐木"加害；后众弟子失散，孔子自认"累累若丧家之狗"。适楚路上，困于陈蔡之地，穷困潦倒，但依然坚守大道，故有"君子固穷，小人穷斯滥矣"之言；且结合自身成长经历，激励弟子们由"志于学"而达于"从心所欲，不逾矩"之人生境界。适楚实现抱负已然无望，孔子坚信"岁寒，然后知松柏之后凋也"，于是，辗转回到"父母之邦"鲁国，走一条"别样的路"，即搜集和整理典籍，让更多的人受益，让人人可学为君子，以实现天下归仁。于是，"删诗书，定礼乐，修春秋，序易传"，而且"后世言六艺者折中于夫子，可谓至圣矣"！

典籍的形成和流传固然重要，孔子所培养的众多弟子尤其是七十二贤，则更是孔子所寄传道之厚望的。其中，颜回和仲由可谓孔子的左膀右臂。惜此二贤先孔子而去，夫子悲恸不已，连连哀叹"天丧予！天丧予"。父子之情莫过如此。幸赖"朝闻道，夕死可矣"之信念，令其悲戚之心得以平复；幸有至今洙泗弦歌不绝，人人可读书而知《论语》，加之撒君对修己安人安百姓的圣贤之道，"己所不欲勿施于人""立己达人"的忠恕之道，孝悌忠信、温良恭俭让的为人之道的回应得其要领，而令夫子甚得慰藉；"君子忧道不忧贫"，夫子之道经孟子、郑玄、朱熹等先贤先儒乃至当代有识之士的传承而历久弥新，经伏尔泰、狄德罗等国外思想家的认同与传播而发扬光大，故夫子无忧矣！

挖掘与阐发《论语》的思想内涵，传承与传播蕴涵其中的价值理念，让《论语》中的文字真正活起来，让蕴涵其中的圣贤之道持久传下去，成为民族文化的基因，成为人类文明的源头活水，恰是本片制作的初心。人能弘道，为仁由己。愿人人既是剧作者，又是剧中人；既是解读人，又是践履者。个个研习《论语》，人人学为君子，视听言动合乎道义，则天下归仁矣，大同之域或可不期而至。

中华传统文化教育的守望者

——深切缅怀吾师黄济先生[①]

　　吾师黄济先生仙逝，弟子痛失良师。教育学部中英、家永诸君让撰挽联，遂有"学而不厌，诲人不倦，春风化雨，垂师者典范，弟子咸尊；仁者不忧，知者不惑，温良敦厚，呈君子气象，士林共仰"。随后请述胜君润色，即有"学而不厌，诲人不倦，存师者典范，后生如沐春风；仁者不忧，知者不惑，有君子气象，士林咸推大德"。又与中英君商定，则曰"学而不厌，诲人不倦，存师者典范；仁者不忧，知者不惑，续君子遗风"。请九十二岁高龄的何光荣先生书写时，因口音传递之误，将"师者"写作"师德"，一字之差，涵义变化，但亦觉得与吾师品质契合。于是，将"学而不厌，诲人不倦，存师德典范；仁者不忧，知者不惑，续君子遗风"悬于英东教育楼追思堂和八宝山兰亭告别间。吾师堪称"师者典范"，其基本特征是"学而不厌，诲人不倦"；吾

① 本文发表于《中国教师》2015年第2期。略有改动。

师有"君子遗风"，其显著特征是不忧不惑，集仁者与智者品质于一身，亦值得士林传扬。连日来，总是沉浸在缅怀与追忆之中，整理先生遗存，翻阅《黄济口述史》，不免想再写点什么。吾师九十华诞之际，曾作《中庸者：吾师》（载《中国教师》2010 年第 14 期），也曾作《耕耘在教育哲学的田野上——黄济先生的教育哲学研究足迹》（载《教育研究》2010 年第 6 期），称吾师是"新中国教育哲学的拓荒者""中国传统教育哲学的守望者""西方教育哲学的淘金者""中国特色社会主义教育哲学的担纲者"。观其一生，概而言之，吾师亦堪称"中华传统文化教育的守望者"。

一、自幼读私塾，打下深厚国学根基

"守望者"，守护和伺望，以期有益而有成者也。中华传统文化教育"守望者"，其本身必有中华传统文化之积淀与涵养。此其一，吾师备矣。

1921 年 7 月 20 日，吾师生于胶东历史文化名城即墨西阁里，家境殷实，受过良好的早期教育。吾师原姓于，名鸿德，"德"为辈分，"鸿"乃鸿雁之鸿，即"雪泥鸿爪"之鸿，尝撷取苏东坡"人生到处知何似，应似飞鸿踏雪泥，泥上偶然留指爪，鸿飞那复计东西"诗意，将自己的论著喻为《雪泥鸿爪》，也曾以"雪鸿"为笔名发表文论。根据《黄济口述史》，吾师在同辈中是长子，是于家当然的继承者。当家的二祖父于延绣对吾师抱有厚望，呵护有加，管教甚严，要求"行为有礼貌，讲话有分寸"，"站有站相，坐有坐相"；"食不语"，用餐时不得发出"吧唧吧唧"声；不得浪费食物，若丢有饭粒，必须捡起来吃；吃菜吃近处，不得连着夹菜吃；做力所能及事务而不得叫苦喊累。由此，吾师初步养成了礼貌待人、慎于事而讷于言、勤俭耐劳的良好习惯，并保持终生。与吾师三十余年相识相处中，时常听吾师言及，诸如捡起掉落的饭粒吃，且常于同桌就餐时目睹，深受耳濡目染之益。

吾师自认其二祖母苏氏为真正启蒙老师。尽管苏氏"不识字，无文化"，但性格敦厚，善与人处，懂得许多历史和神话故事。所讲述的"牛郎织女鹊桥相会"的故事，引发了其对天工的憎恨和对喜鹊的爱意，平添了对牛郎织女这对劳动男女的同情心，这也为以后理解相关诗文提供了背景知识。如后来读到苏小妹与秦少游完婚时所作"百年良缘在今宵，诸君何必苦相熬。可怜织女河边立，速放女郎渡鹊桥"，就自然与童年听到的"牛郎织女鹊桥相会"的故事联系起来。

吾师外祖父乃是清廷的遗老，尝饱读经书，有秀才功名，只是不肯教"洋书"，恪守"君子固穷"圣训，不免家境贫寒。为吾师起乳名"真子"，概有做"真人"不做"假人"，"做真君子"不做"伪君子"之意，这对吾师均有不少激励。如今看来，吾师绝未辜负外祖父之良苦用心。其母亲黄氏自幼生活穷苦且染肺疾，但勤劳质朴，在于氏家族待人和善，是备受称道的贤良女性，不幸早故。吾师后取"黄"姓，实有纪念母亲之意；名曰"济"，"道济天下"之济。观吾师一生，不特抱有"济世"之志，尚且有"修己安人"之实。

吾师国学积累主要源于私塾学习。不到七岁，就由其父送到一位秀才开办的教馆读私塾。入学第一件大事是向大成至圣先师孔子磕头，在幼小的心灵中就树立起了孔夫子的圣人形象。私塾学习和背诵的主要内容是《三字经》《百家姓》《千字文》等蒙养教材以及《论语》《孟子》等典籍，由此初步打下了国学基础。两年后，吾师师从远房四伯父和继母之父江敦荃，主要学习《四书》和《五经》中的《诗经》和《书经》等经书。对吾师国学积累影响最深者，乃即墨著名秀才朱子勃。1934 至 1936 年春，朱子勃老师来家馆讲授经、史、子、集，涉及不少典故、故事，补讲了从前只背不讲的经书，讲授了作文和诗词写作等方面的知识。吾师后来写成《诗词学步》，即得益于朱老师的教导。朱老师是位品质高尚、循循善诱且颇有创见的良师，黄师从中获得的不只是古典知识，而且有爱生如子的品质，还有那"学古而不泥古，尊儒而不排他"的创造性和批判性精神。

二、不遗余力地推动中华传统文化教育与研究

中华传统文化教育"守望者"，必以其中华文化之积淀与涵养，终身矢志不渝地致力于中华传统文化之教育与研究。此其二，吾师亦备矣。

私塾学习后，吾师就读于县立考院小学、青岛礼贤中学、山东省第一临时中学。高中毕业时，立下从教济世之志："余深感教育之落伍及自身所遭之不幸，故愿竭力以学教育，从事教育，希能予贫寒无告而失学者以求学之机，使无感就学之难与失学之苦也。此余宿志"；并期望"未来之中国得独立于世界"。此后，吾师就读于北平师范学院（今北京师范大学）、华北大学（今中国人民大学），不仅进一步加深了国学根基，而且积累了深厚的新学素养，也接受了马克思主义理论。70年来，吾师基于如此知识背景，潜心从事教育教学，成果丰硕；最为显著者，乃不遗余力地推动中华传统文化教育与研究。开设传统教育哲学课和国学讲座之余，先后著有《中国传统教育哲学思想概论》《中国教育传统与教育现代化基本问题研究》《诗词学步》《国学十讲》；主编《中华文化经典导读丛书》；近年倾力主编《中华国学教育经典丛书》，撰写其中的《古文启蒙》和《诸经选读》部分章节。为增强《诸经选读》的可读性，生病住院期间，还强忍伤痛折磨，研读《战国策》。弥留之际，仍牵挂《中华国学教育经典丛书》和《四书解通》的完成与出版，为中华传统文化教育守望一生。

吾师作为"新中国教育哲学的拓荒者"，一再强调当代教育哲学研究绝不可割断历史，而应自觉传承和弘扬本民族优秀传统文化。20世纪70年代末80年代初，吾师在完成《教育哲学初稿》的过程中就深切意识到，"要建立具有中国特色的教育哲学学科体系，就不能不研究中国传统的教育哲学思想"，而且在《教育哲学初稿》不少章节中，融入了丰富的中国传统教育哲学思想。作为山东师范大学教育系必修课，80年代初期，我师从陆有铨教授学习教育哲学课，用的教材正是先生修订后的《教育哲学》，学来别有一番滋味。也正是在此期间，借全国教育哲学研讨会在济南召开，第一次见到令人仰慕的黄济先生。1988年，先生与陆有铨教授合作撰写的《我国教育哲学建设的回顾与前瞻》一文中明确提出："挖掘和整理我国的教育哲学思想，是建立具有中国特色的教育哲学一科所必不可少的一项工作"；确信"一部中国的教育哲学思想史，为教育哲学学科的建立提供了极为丰富的历史遗产"。我是在西藏拉萨师范学校任教期间在《教育研究》杂志上看到此文的，此后反复捧读。五六年后，帮吾师清理书籍、文稿时，还见到两位先生合作的文章手稿。近日翻阅《黄济口述史》得知，将我带入中国传统教育哲学领域的启蒙老师潘伯庚教授，曾送黄师《哲学大辞典·中国哲学史卷》一部，该书一直是黄师查阅相关资料的主要工具书。随后，在黄师书架上查找到该书，发现潘师赠书时间为1988年5月27日。而今，潘师和黄师相继仙逝，陆师年过70就顽疾缠身，步履蹒跚。每念及此，怅然若失！

1994年6月，吾师精心策划并主编的《中国传统教育哲学思想概论》出版。出版之前，先生让我看看书稿清样，用先生的说法是"请建福同志指正"，我则岂敢！清样书名是《中国古代教育哲学思想概论》，我当时正与述胜君合著《中国传统教育哲学》，便贸然建议以"传统"取代"古代"，先生欣然同意。《中国传统教育哲学思想概论》全面阐明了中国传统教育哲学思想形成发展的过程及其特点；深入研究了中国传统教育哲学的基本问题；精辟论述了中国传统教育哲学思想的"天人合一""政教统一""文道结合""知行合一"等范畴。在此基础上形成的《教育哲学通论》中的第一编"中国传统教育哲学思想"，实现了中国特色教育哲学的体系化，令教育哲学有中华文化之根，中华民族之魂。

为深入挖掘中华文化教育的"源头活水"，先生耄耋之年承担了中国教育学会"十一五"规划重点课题"中华传统文化与青少年素质教育研究"，完成《国学十讲》，并率众弟子编撰《中华文化经典导读丛书》。其中《四书解读》由我主编完成。我是最后一位完稿者，吾师不仅未曾责备，反而认同并称赞我对《论语》"修己安人"核心价值的概括，并在书稿左侧罗列了自己的构思框架。至于《孟子》，吾以"崇善施仁"来概括其核心价值，但近日从吾师遗存中发现，先生更愿用"居仁由义"，他还在书稿左侧罗列了自己的研究体系。遗憾的是，弟子再也没有机会就此请教吾师矣！当年，为编写丛书，吾师精心组织，细致雕琢，乐此不疲，可谓"发愤忘食，乐以忘忧，不知老之将至"！

　　吾师以高度的文化自觉，怀着对传统文化的温情与敬意，热切关注并积极推动国学教育，不辞劳苦。仅以莱西、青州之行为例。2007年12月10日，吾陪同吾师风尘仆仆自青岛赶往莱西。大家先兴致勃勃参观月湖小学的国学表演，学生将歌舞与《弟子规》《三字经》《论语》《孟子》的背诵融合，吾师颇以为有创见，并欣然为该校题字："弘扬千秋业，培育百万生。"滨河小学传统文化教育课上，吾师观摩五年级学生诵读《孟子》篇章时，有感于学生对"老吾老以及人之老"不甚理解，而提出对经典"做一些浅近的解说"的主张，并为该校题词："弘扬优秀文化传统，提高学生文化素质。"接着，吾师为全市200多位校长教师代表以"学习孔子哪些教育思想以及如何学习"为题作了精彩报告。先生引经据典，循循然善诱人，令听众欲罢不能，赢得了阵阵掌声。随后，不顾劳累，与莱西教育局局长畅谈如何编撰传统文化教材问题，并为教育局编写的习字教材题字："一笔一画习字，一心一意运笔，一朝一夕勤练，一生一世受益。"12日，吾陪同吾师在青州参加"中华传统文化教育论坛"开幕式，先生代表课题组致辞，表示愿与大家一道毕生致力于推进国学教育，期望大家集思广益，切磋琢磨，不断取得佳绩。当天，先生参观云门书院创办的双语学校，听取来自北京、山东、吉林、四川等地开展国学教育的经验交流，观赏观摩课并作简要评议，赢得了大家的尊敬和爱戴。期间，还参观青州博物馆，作《青州颂》赠市领导，表达对千年古都的认知和期待。来去匆匆，吾师意犹未尽。只要是中华文化教育，吾师一点一滴总关情！

三、学古而不泥古，尊儒兼顾百家

　　中华文化教育"守望者"，其本身必有对中华文化的温情与敬意，必有对待中华传统文化教育的科学态度。此其三，吾师备矣。

　　吾师始终对中华文化怀有"温情与敬意"，时常告诫弟子：避免偏激的历史虚无主义，避免浅薄狂妄的进化观，避免似是而非的文化自谴。吾师对我向有"好古"而"尊儒"之虞，则常相提醒慎之而"适度"。2012年9月27日，国家教育行政学院国学教育研究中心成立时，吾师作为"教育行政学院"（今国家教育行政学院）筹备者，作为中心名誉主任，为学院成立中心而倍感欣慰，欣然命笔，题写"学古而不泥古，尊儒兼顾百家"相勉励，还强烈要求在会上讲讲："就讲三分钟。"谁知，这位自称"90后"的尊者，一讲就是10多分钟。这一讲，无疑成为当日最精彩的一幕。近日，在所呈《四书解读》审读稿中，发现吾师在一张药品说明书背面记事："9月27日（星期四）参加国学教育研究中心成立大会，有车接。"面对这张纸条，我看了又看，心情久久难以平静，思绪拉回到中心成立时的场景，耳边不时响起吾师慷慨激昂、充满期待的诠释……与其说那是格言的诠释，莫若道那是生命的守护！

"学古"，就是要通过经史子集的学习，体悟古圣先贤的智慧和人格。2006年，面对日益兴起的"国学热"，吾师在《如何看待"国学热"》一文中认为："这股热潮的出现，是弘扬民族文化传统的一件大好事，应当肯定。作为一个中国人，对于国学一无所知，或知之甚少，甚至有的还数典忘祖，无论如何也是说不过去的。"2014年10月中旬，受国际儒学联合会和国学教育研究中心之邀，吾师帮助审读教育部新编义务教育阶段语文、道德与法治、历史等教材，并就如何将古代经典和诗文有效融入道德与法治教材之中提出宝贵建议。

"学古"不是"复古"。2009年9月，其在《中华传统文化与青少年素质教育研究》"读后感"中主张："我们是要学古，而不是复古；要执信，而不是迷信；要重效果，而不是重形式。""不泥古"，就要处理好古今中西的关系，注重传承中发展，借鉴中创新。"九五"期间，吾师与郭齐家教授主持完成国家重点课题《中国教育传统与教育现代化基本问题研究》，在其撰写的第四章"中国教育传统与教育现代化的基本关系"中强调"要处理好教育现代化进程中对中国教育传统的继承和转化问题"，进而提出了"把中国教育传统这一历史前提和资源转化为现代化的'源头活水'"的历史使命。视中国教育传统为现代化的"源头活水"，在当时不失为卓见。我有幸参与该项课题研究，承担

经师人师篇

其中的"儒家文化教育的国际影响"专题。我刻意突出"文化"二字，且完成得不易，尽管交稿较迟，吾师还是给了不少鼓励。吾师在2006年发表的《如何看待"国学热"》一文中强调科学地分类对待历史遗产：有的"可以完全继承"，有的"需要去粗取精、择优吸取"，有的在当时或许是需要的但"绝不能应用于今日"。而且反对"厚古薄今"，否则后果会"得不偿失"。2008年发表的《再谈如何看待"国学热"》一文提出："国学热"的发展过程中，要防止"发高烧"，要掌握一个"度"；更要对症下药，不要乱开药方，避免误导。

"尊儒"就是要敬畏儒学，其中包括儒家经典和圣贤。儒学在中国思想文化发展中长期处于主导地位，发挥过积极作用，理应对其代表人物孔子抱以温情和敬意。孔夫子的圣人形象，吾师在幼小的心灵中早已树立起来。2009年，吾师撰文指出"中国出了一个孔圣人，是我们民族的骄傲"，确信"尊奉孔子为'大成至圣文宣王'，称道孔子为'万世师表'是恰如其分的"。2010年在撰写的《三论"国学热"——关于国学学科的建制和学习中遇到的问题》一文中强调，"中国出了一个孔圣人，而且是世界伟人，这是中国人民的骄傲"，"中国出了一位孔夫子——大成至圣文宣王，是中国人民的光荣，是中华民族大一统的旗帜"。吾师由衷赞同将9月28日即孔子诞辰日作为中华教师节。1984年12月15日，为了发扬"尊师重教"的优良传统，提高教师地位，吾师曾与北京师范大学钟敬文、启功、王梓坤、陶大镛、朱智贤、赵擎寰诸教授联名，正式提议设立教师节。不久，全国人大通过决议，将每年9月10日定为教师节。随着时间的推移，尤其是随着中华文化自觉的提升，人们越来越期望赋予教师节以文化内涵。早在2005年，与吾师交流中，先生就明确表示："如果将9月28日即孔子诞辰日作为中华教师节，我同意。"2013年，国务院法制办提出修订四部教育法规，拟将9月28日即孔子诞辰日作为中华教师节，吾师亦表达了期待之情。遗憾的是，吾师有生之年未能看到这一天！

"兼顾百家"，就是不独尊儒家，要兼顾诸子百家，乃至将经、史、子、集贯通，将"己美"与"他美"结合起来。熔古今中外教育哲学思想于一炉，建立具有中国特色的教育哲学体系，是吾师由来已久的愿望。1994年，吾师撰文提出：在发扬传统教育思想时，"要以儒家为主，兼容其他各家之长，集古代优秀文化的大成"。2001年2月《教育哲学通论》出版后之所以好评如潮，就在于吾师坚持"古今贯通，中西融合"的研究思路，对中国传统教育哲学思想和西方教育哲学流派进行了系统的梳理和评价，还着力回应当前教育面临的实际问题，构建出具有中国特色、中国风格、中国气派的教育哲学体系。吾师2008年发表的《再谈如何看待"国学热"》一文明确提出：学习中国传统文化，应以儒家为主，兼顾他家。认为儒、道、墨、名、法、阴阳、农、纵横、杂及小说"十家"，对宇宙、人生、政治、军事、伦理、道德、哲学、逻辑等各方面，无不涉及，形成了一个多元精辟的文化宝库。2010年撰写的《三论"国学热"——关于国学学科的建制和学习中遇到的问题》一文中强调，不仅要学习经书，还要注重史、子、集，尽管经学重要，但"国学中有许多重要的思想是来自'子'书，而不是来自'经'书；不仅要要重视儒家，还要重视到家、墨家和法家的思想。"在'独尊儒术'思想的指导下，其他各家中一些重要思想也易被忽视"。实际上，"在哲学方面，道家有重要贡献；在科技方面，墨家远胜于儒家；在儒法之争中，也常有'外儒内法'或'王霸道杂之'；如此等等"。难能可贵的是，吾师强调"对少数民族文化宝库的发掘"。认为在中华民族文化的发展中，"以汉文化为主，并不等于汉文化唯一，在五十六个民族的大家庭中，学习国学，不应忽视对少数民族文化宝库的发掘。"

两年多来，遵循先生教诲，国学教育研究中心积极开展国学教育研究、国学教育学术交流、国学教学、国学师资研修、国学政策调研咨询，重儒家经典而兼顾经、史、子、集，努力做到古今融通、古为今用，未敢懈怠。每次当面问及，或电话获悉，吾师都为国学经典教育的持续推进而感到欣慰。可以些许告慰恩师的是，中心成立时吾师提出的两点希望（第一，希望国家教育行政学院出一套学习国学的丛书；第二，希望出一个国学研究的专刊，以促进国学的研究与普及）已部分实现。遗憾的是，吾师近年倡导并着力主编的《中华国学教育经典丛书》和《四书注解》，远未完稿。牵挂师母晚年怎度之外，接续著述想必为吾师所最为期许。非不为也，实难能也。吾等当"知其不可而为之"，不断以国学教育的新成就，尽力以国学经典的新著述，告慰吾师！

哲人其萎，"落红"有情！"落红不是无情物，化作春泥更护花。""落红"带着无限的眷恋之情，化作春泥而润泽花木，滋养根叶，必将孕育更加绚丽的花朵，结出更加甘美的硕果！

儒者人生　师者使命

——纪念黄济先生百年诞辰 ①

黄济，山东即墨人，当代著名教育家，1952 年 6 月加入中国共产党，长期担任北京师范大学教育学教研室副主任、主任，曾任北京师范大学校务委员会委员、校学位委员会和职称评定委员会委员，教育学部教授、博士生导师，国际儒学联合会顾问，国务院学位委员会第二届教育学、心理学学科评议组成员，中国教育学会教育学研究会第二、三、四届副理事长，北京教育学会第二、三届副会长，《中国大百科全书·教育卷》"教育科学"总论编写组副主编，1991 年开始享受国务院特殊津贴，2011 年荣获"全国教育科学研究突出贡献奖"，被誉为"新中国教育理论的开拓者""当代中国杰出的马克思主义教育理论家""新中国教育哲学学科主要奠基人""中华传统文化教育的守望者"，为中国特色教育哲学学科体系构建做出了突出贡献。

---

① 本文发表于《光明日报》2021 年 9 月 13 日第 11 版，收入本书时有改动。

一、少壮功夫　儒学根基

把时间的进度条拉回到一百年前，彼时中国，先进的中国人正在混沌的历史困局中寻找出路。1921年7月23日，中国共产党第一次全国代表大会在上海召开，之前三天，即7月20日（夏历辛酉年6月16日），黄济生于胶东历史文化名古城即墨，故常自称"幸与党同庚"。

"即墨"名称最早见于《战国策》《国语》《史记》等典籍，秦设即墨县，隋开皇十六年（公元596年），重建即墨县于今址。即墨故城建有万寿宫（明为兴国寺），供奉姜尚；元至元七年（1270年）建文庙，明御史蓝田所书"圣门"于大门石坊额，总督郭秀书"德配天地""道冠古今"于两侧坊表。东南隅有建于明万历年间的文昌阁，供奉魁星神。即墨可谓钟灵毓秀，贤哲辈出，生于斯长于斯，所受熏染不言而喻。

黄济世居故城"通济"门之西阁里于氏胡同，前有墨水河，临"共济"桥。原本姓于，名鸿德，"德"乃辈分，"鸿"乃鸿雁之鸿，寓意将成就"鸿儒大德"。他尝撷取苏东坡《和子由渑池怀旧》之"人生到处知何似，应似飞鸿踏雪泥，泥上偶然留指爪，鸿飞那复计东西"诗意，将自己的文集命名为《雪泥鸿爪》，他也曾以"雪鸿"作为自己的笔名。他出生时家境殷实，祖辈父辈以耕、商为业，主营的"天祥栈"布匹生意闻名遐迩。先祖父于延绪，以妻陈氏无出而纳妾程氏而生世琢。祖母程氏在家族中地位低微，然一生勤俭持家，平等待人，由此培育了黄济"对劳动者尊重的思想和态度，以及平等待人的作风"和"柔顺"的性格特点。外祖父黄氏乃是前清遗老，尝饱读经书，有秀才功名，恪守"君子固穷"之圣训，不肯教"洋书"，不免家境贫寒，甚至有时三餐不继。其母黄氏自幼生活穷苦且染有肺疾，但勤劳质朴，于氏家族待人和善，是位备受称道的贤良女性。

先生3岁遭先祖之丧。当家的二祖父于延绣以其为同辈中长子，故对其期许尤高，呵护有加，教以"洒扫应对进退"之节，"俭以养德"之理。由此，黄济自幼养成了礼貌待人、慎于事而讷于言、勤俭耐劳的良好习惯，并保持终身。4 岁其母黄氏终因肺病撒手人寰，先生后取"黄"姓，实含念母之情；名曰"济"，有"同舟共济""道济天下"之意。纵观其一生，不特抱有"济世"之志，尚且有"修己安人"之实。祖母程氏、二祖母及二叔姑母皆尽抚养之劳。二祖母苏氏性格温厚，善与人处，懂得许多历史和神话故事，堪称"蒙师"。所讲述"牛郎织女鹊桥相会"故事，也平添了先生对牛郎织女这对劳动男女的同情心；所讲述的即墨先贤李毓昌因查赈反贪而就义的故事，让他萌发敬仰和爱慕之情；所讲孔子的弟子公冶长懂鸟语的故事，为他后来学习《论语》带来助益。

1927 年春，由其父送到邻近一秀才开办的教馆读私塾。入学即向先师孔子行跪拜礼，孔夫子的圣人形象，由此便在先生幼小的心灵中树立起来。初期学习和背诵的主要内容是《三字经》《百家姓》《千字文》等蒙养教材以及《论语》《孟子》等儒家经典，初步收到"蒙以养正"之效。后因军阀混战一度令学业中断，不久便师从远房四伯父和继母之父。尽管因父丧、析居、避乱、偿还债务，使学业忽就忽辍，先后更师凡五，但行年十四，已将"四书"及"五经"中的《诗》《书》《礼》毕读无遗，除背诵加识字，也多有稍明大意之处。

1934 年至 1936 年春，即墨老秀才朱子勃为躲避匪乱而携幼子来"家馆"讲授经、史、子、集，讲活了从前只背不释的经书，此外还讲授了蒙学作文和诗词写作等常识。先生后来写成《诗词学步》，即得益于此。师从朱子勃先生两三年，从中获得的不只是古典知识，而且有循循善诱、爱生如子的教育品质，还有那"学古而不泥古，尊儒而不排他"的科学态度，私塾打下的国学经典根基，令先生终生受益不尽。

1936 年春，正当"志于学"之年，先生由私塾转入即墨县立考院小学五年级就读。"考院"本是科举考试之所，考院小学在先生看来已是"洋学堂"。在此，先生开始接受现代教育，除了熟悉的语文，还要涉猎"一无所知"的数学、自然、地理和音乐、体育等课程，这令其求学生涯步入新阶梯。考院小学的学习成为"从受封建教育走向接受资本主义教育的新阶段"，个人生活、民族危亡，逼迫着他去思考和选择一条"别样的路"。

二、心向光明　许身教圃

先生心向光明，然深感教育之落伍与自身之不幸，故愿竭力以学教育，最终许身教圃，希能予"贫寒无告而失学者"以求学之机，以作育国之栋梁为职志。

1938 年 1 月，日军侵入即墨城，随之家乡沦陷。先生投奔山东五战区第十纵队政训处，后因被日军打散而与组织失联，短暂的抗日工作，奠定了先生一生对国家和民族的热爱与忠诚。1939 年春，尽管"门衰祚薄"，但祖母悯其失学，且以为在敌人铁蹄下赋闲家居亦非长久之计，乃卖地借贷，赖友人之荐，进入标有"礼门义路"、以"见贤思齐"为训的青岛礼贤中学校一年级就读。一些具有爱国之志的教师汇聚于此，"师长之训词中，时有国家思想及民族意识之灌输"，唤醒同学们的社会责任感和国家使命感。"从考院小学到礼贤中学的经历，已经逐步地使先生从一个旧社会、旧家庭的长子长孙，转变为一位关心国家和民族命运的进步青年。

1941 年 7 月，自礼贤中学毕业，凭其年级前十名的成绩和"甲"等操行，先生实可获得免试升高中机会，但因家境无力供给而痛失升学良机。为维持家庭生活，他回到母校考院小学充任教国文、算数学科并担任班主任，这是先生教育生涯的开始。然而，社会黑暗，世态炎凉，日寇残暴，莫不亲尝日观；幸而有数百天真烂漫的小朋友，缠绕左右，使其得睹一息之真情，一刹那之乐趣。当先生发现处于沦陷区的考院小学有一些奴化教育，便觉得"有愧国家和民族"，遂于 1943 年 3 月转赴何陋乡小学任教，鲜明地表达了从教之初朴素的价值立场和爱国情怀。

1943 年 7 月，先生告别家乡，通过敌伪封锁线，远赴皖北国统区，历尽两个多月间艰难困苦，得入临泉县山东省第一临时中学读高中二年级一班。校长张敏之聚集了一批"传道授业解惑"的进步教师，进入该校学习的大多是逃离山东沦陷区的有志青年。1945 年 5 月，先生从山东第一临时中学毕业前夕写了《自传》，回顾了身世家世和所走过的路，忧国忧民之情溢于言表，并明确表达了教育报国之志："余深感教育之落伍与自身所遭之不幸，故愿竭力以学教育，从事教育，希能予贫寒无告而失学者以求学之机，使勿感就学之难与失学之苦也。此余之宿志，亦祖母程之所厚望者焉。"业师张可为批阅："敦厚朴实，从容不迫，佳作也。"张可为是语文教师兼教导主任，清华大学冯友兰先生的高足，教学中善于讲授哲理，敢于评论时政，这对先生的进步"很有启迪"。6月，先生抱抗日救国之志，参加青年军。其间，撰写《战争与和平》一文，确信我国抗击日寇的正义战争必胜，表达了深深的爱国主义情感。获悉日本投降，先生不喜自胜，用微薄的军饷买了鞭炮燃放庆祝。

1946年9月，如愿就读北平师范学院教育系。读了北师大后，先生就定了做教师的终身志愿。深知做"经师"不易，做"人师"更难，希望能在这两方面加强修养，"学为人师，行为世范"一直是先生追求的目标。其间，与同班同学发起成立"农村教育研究会"，力图在振兴农村教育、服务乡村建设方面有所贡献；作为主要成员参加了进步同学组织的"合作社"，为进步学生活动筹集资金，结交了不少进步同学。抗议国民党滥炸河南开封残杀民众的暴行，并为此撰写对联："杀尔妻孥，毁尔家室，报仇雪恨还有我；以眼还眼，以牙还牙，斗争清算不饶他。"面对白色恐怖，血的教训，先生萌发了去解放区参加革命的心愿。他首次化名"黄济"，由地下党组织介绍，历尽艰险，到达正定解放区，进入自由的天地。

1948年8月先生入吴玉章任校长的华北大学政治教育部学习哲学、党史。聆听艾思奇等讲授的《唯物史观》和《社会发展简史》，胡华讲授的《中共党史》，钱俊瑞讲授的《关于辩证唯物主义和历史唯物主义的几个重要结论》。作为班学生会副主席，牢记吴玉章校长教诲：学习马列主义和毛泽东思想，树立正确的人生观和世界观，站稳政治立场，将所学与实际联系，过有自觉纪律的生活。12月30日，华北大学全体师生为革命老人吴玉章庆祝七十大寿，听着吴老发表充满革命激情的演讲，望着这位忠诚革命、虚心好学、诲人不倦、循循善诱的革命老人，敬爱之情油然而生。1949年1月，听取成仿吾副校长所作时事报告，从军事、经济、政治等方面，解读《将革命进行到底》

这一历史文件，坚定了中国人民必胜的信心。随即领取由校长吴玉章、副校长范文澜、成仿吾签发的毕业证书。之后分配到师范教育部，系统学习马克思主义教育理论、党的文教政策，了解老解放区的教育实际，奠定了之后贯穿终生的马克思主义世界观、人生观和价值观。

三、三校持鞭　深耕杏坛

从参加革命到1998年离休的五十多年间，先生"三校持鞭"，新途展英姿，总以儒者风范，用行舍藏，心志虽苦，傲然挺立，深耕杏坛，成就卓著。

华北大学于1949年3月随中央机关进入北平，先生正式留校，先后到拈花寺分部和二部任教；同年冬，被分配到教育教研室，主要从事教育理论研究，确定了尔后数十年的研究轨迹。

1950年春，华北大学更名为中国人民大学。先生担任教育学教研室教师，从事教育学教学和研究。暑假前，苏联专家波波夫来指导人大的教育学科建设，先生借机学习苏维埃教育学。暑假后，教育学教研室招收了第一届"教育专修班"。其中，教育学由波波夫撰写讲义，译成中文后由教研室主任王焕勋结合中国实际进行讲授。不久，先生接替王焕勋讲授教育学，这是其在高等学校教授教育学的开端。

1952年2月，因院系调整，中国人民大学教育系成建制地合并到北京师范大学。先生受聘为讲师，为"大学教师专修班"和教育系本科生讲授《教育学》。先后协助董渭川主任、王焕勋主任担任教育学教研室副主任，共同完成《教育学讲义》并于1955年出版。1955年2月，由中央人民政府教育部调往"教育行政学院"（现国家教育行政学院）工作，9月初因故调回北京师范大学。1961年4月，全国高校文科教材工作会议之后，从北师大调出，与丁浩川等参与华东师范大学校长刘佛年主持的《教育学》编写工作，共同期盼创作一本具有中国特点的教育学。1963年，先生集中国传统教育思想、马克思主义教育思想、苏联教育理论和中国教育实际及自身教育实践经验，独立编撰了《教育学讲授纲要》，为教育学体系建设作了初步而有益的早期探索。

"竹青新雨后，山秀晚霞时。"改革的春风使年近花甲的黄济又焕发了青春，他深耕杏坛，积淀广博学识，以中华文化教育为根基，深研马克思主义教育思想，倡导五育并举，知行合一，为构建中国特色社会主义教育学而不懈努力；主张古为今用，中西合璧，为构建新中国教育哲学而勇于担纲，收获了累累果实。恰如其《六十述怀》所言："六十年来荣与辱，喜庆今日又逢时；愿将微躯化春蚕，为织锦绣吐长丝。"

1979年，教育部委托北京师范大学和华东师范大学着手进行教育哲学教材建设。下半年，先生受命再度参与刘佛年主持编写的全国《教育学》教材，借机多次听取"中国哲学史"讲座。1980年春，参加华东师范大学教育系开办的"教育哲学讲习班"，听取美籍华裔教授樊星南主讲西方教育哲学流派。此外，他还借机向曾经开设过教育哲学课的刘佛年、傅统先等教授请教，初步有了开设教育哲学课程的想法。1980年下半年就为北师大教育系77级本科生开设了新中国第一堂"教育哲学"课。在《北京师范大学学报》第2期发表《关于教育哲学研究的几个问题》，勾勒与分析了中西教育哲学史以及中西教育哲学的关联，论证了教育哲学的研究对象和范围以及作为一门学科独立设置的依据，由此奠定了中国教育哲学学科建设的基础。1982年7月，先生在两年授课基础上完成并出版的《教育哲学初稿》，成为新中国第一本教育哲学专著。刘佛年就该书出版致信称赞："您就一些关键问题，对中外的重要观点，用马克思主义观点作了深入允当的论述、分析、评价，是一本非常成功的著作。新中国第一部教育哲学竟然写得这样好，实在值得向您祝贺！"1984年，在《教育哲学初稿》基础上修订而成的《教育哲学》出版，荣获北京市哲学社会科学优秀成果一等奖和教育部优秀教材二等奖。

作为"新中国教育哲学的拓荒者"，先生在完成《教育哲学初稿》的过程中就深切意识到要建立具有中国特色的教育哲学学科体系，就不能不研究中国传统的教育哲学思想，其以高度的文化自信，于该书各章节中，融入丰富的中国传统教育哲学思想。1988年，先生在与陆有铨教授合作撰写的《我国教育哲学建设的回顾与前瞻》一文中明确提出"挖掘和整理我国的教育哲学思想，是建立具有中国特色的教育哲学一科所必不可少的一项工作"；确信"一部中国的教育哲学思想史，为教育哲学学科的建立提供了极为丰富的历史遗产"。1994年6月，精心主编完成的《中国传统教育哲学思想概论》出版，该书全面阐明中国传统教育哲学思想形成发展的过程及其特点，深入研究了中国传统教育哲学的基本问题，精辟论述了中国传统教育哲学思想的"天人合一""政教统一""文道结合""知行合一"等范畴。该书于1996年12月荣获北京市第四届哲学社会科学优秀成果一等奖。

1998年11月，先生所著近50万字的《教育哲学通论》出版，该书坚持"古今贯通，中西融合"的研究思路，对中国传统教育哲学思想作了精确梳理和提炼，对西方教育哲学流派作了评介和借鉴，还着力就教育哲学的基本问题如目的论、知识论、道德论、美学思想、价值论以及宗教与教育问题，还回应当时教育面临的实际问题，从而实现了中国特色教育哲学的体系化。该论著荣获第四届国家图书奖，全国第二届教育科学优秀成果一等奖，教育部东方杯一等奖。离休之际，他曾作七律以明志与自励："教圃耕耘五十春，喜看桃李已成林。一生两投任评说，三校持鞭务求真。行不负人常用忍，文须出己莫效颦。天公若肯增岁月，自当续播争寸分。"

四、守望国学　念兹在兹

"莫道桑榆晚，为霞尚满天。"离休后17年，是先生耕耘与收获的"黄金期"。他在受邀讲授传统教育哲学和国学专题的同时，深入中小学校传统文化教育实际，注重传统文化经典的重新阅读、考证、诠释。2000年新著《诗词学步》出版时他欣然赋诗："不写专业写诗词，良苦用心谁人知？莺歌燕语本多术，何必独搂于一枝！"显然，不囿于教育专业，从事经典诗文著述传承，有其原委可究的"良苦用心"。

基于中国教育传统推进中国教育现代化，构建中国特色、中国风格、中国气派的教育哲学，是黄济重要的学术取向。他善于从现代教育哲学的问题出发，去回溯和总结传统教育哲学的丰富思想观点，为建立教育哲学学科体系提供思想源泉。1986年他发表的《试论传统教育与现代教育》一文确信：

"优秀的古代教育遗产，不仅是我国传统教育思想中的精华，也是对世界人类文化宝库和教育思想的重大贡献。"自1997年主持《中国教育传统与教育现代化基本问题研究》课题，他就主张"把中国教育传统这一历史前提和资源转化为现代化的'源头活水'"。2000年年初发表的《20世纪中国教育学科的发展》认为，"丢掉本国的历史遗产，就会使教育失去民族的特点"，主张"找到优秀遗产与现代化结合的契机"。

"公民道德教育"是世纪之交东亚地区教育面临的重要话题。他早在1993年就参加香港中文大学举办的"道德与公民教育"研讨会，发表《中国古代道德教育传统述评》一文，探讨海峡两岸伦理道德教育。2000年，他在国家教育行政学院出席"公民与道德"国际学术研讨会，提交并发表《传统美德与师德修养》一文，论述了中国优秀师德传统的重要价值。2007年11月，他出席由国际儒学联合会主办的第三届"儒家伦理与东亚地区公民道德教育"论坛，交流"三大关系与道德修养"，认为道德修养首先要解决自我关系，做到"自省""慎独""修身为本"；由此延伸到人我关系，恪守"忠恕"之道，推己及人，立己达人；继而延伸到人与自然关系，坚信天人合一，民胞物与。

"国学热"乃近些年兴起的文化现象，黄济作为国学功底深厚的教育家，深刻省思"国学热"究竟意味着什么，并自2006年接连撰文三论"国学热"。他认为这股热潮的出现，是弘扬民族文化传统值得肯定的"大好事"；强调"中国出了一个孔圣人，而且是世界伟人，这是中国人民的骄傲"，称道孔子为"万世师表"是恰如其分的；强调分类对待历史遗产：有的"可以完全继承"，有的"需要去粗取精"，有的在当时需要但未必能"用于今日"；指出不可厚古薄今，否则"得不偿失"；认为要对症下药，不能乱开药方，避免误导。2012年9月，他出席国家教育行政学院国学教育研究中心成立会时题赠"学古而不泥古，尊儒兼顾百家"，主张学古而不是复古，要回到孔子并发展孔子；要"尊儒"，敬畏儒家经典和圣贤，在传承儒家精神的同时，要注重挖掘诸子百家的多元文化宝库。

国学教育的关键在于集"经师""人师"于一身的教师。在黄济看来，要

经师人师篇

做到"诲人不倦",首先要"学而不厌",教师要不断提高自身修养,成为"经师"与"人师"结合的典范。为此,自2005年承担中国教育学会重点课题《中国传统文化与青少年素质教育研究》,他就开展国学教育实验,引领教育工作者研读经典。2007年年底,他以87岁高龄赴青州出席"中华传统文化教育论坛",听取各地实验校课题成果汇报,观摩国学课,强调继承传统关键在教师,表示愿与大家一道用毕生推进国学教育。2009年9月,他为威海长峰小学课题研究成果撰写"读后感",期望广大教师精心研读《论语》,学习孔子教育思想及其伟大的教师人格。

适合教师研读的国学读本的编写与中小学国学经典课程的设置,是多年来国学教育面临的难题。黄济基于早年私塾学习,结合长期从教生涯,联系现实,提出了国学课程的设想与建议。在黄济看来,五千多年悠久的中华文明和用之不竭的文化宝藏,作为中国人对其一无所知或知之甚少,无论如何都说不过去。在持续三年为《中国教师》"古典文化"专栏撰稿的基础上,他于2010年写成的《国学十讲》,从蒙学读物到四书五经,从诸史到诸子,从诗词文章到谜语对联,都有所涉及,文中常有发人深省的论述和独辟蹊径的解读。与此同时,他率众弟子编撰的《中华文化经典导读丛书》于2011年年底推出,其中包括《蒙学新读》《四书解读》《诸经品读》《诸子选读》《文赋释讲》《小说别裁》《诗词赏析》《曲剧品评》,备受学界关注。

中华传统文化已融入黄济的生命和血脉。在他那里,传统文化教育贵在修身,身体力行,绝不局限于"纸上"所得,是"行不负人"的道德自觉,是"行胜于言"的躬行践履。他许身教圃,以"桃李成林"为最大满足;以辅导保姆读书最终令其考取大学为莫大欣喜,也有因没能把另一位保姆培养成大学生而心存遗憾;即使获得"全国教育科研突出贡献奖",赢得各类荣誉或赞誉,仍唯恐"亢龙有悔"。鲐背之年,仍倾力主编《中华国学教育经典丛书》,撰写了其中的《古文启蒙》和《诸经选读》部分章节;弥留之际,仍牵挂该《丛书》和《四书注解》的完成与出版,为中华文化研究与传承殚精竭虑,守望终生。

五、虽不能至　心向往之

2013 年春日，黄济撰写《述志兼遗嘱》："我生一世似雪鸿，为寻别路奔西东。生时愿为孺子牛，死后难作众鬼雄。与其当作骨灰撒，何如留为实验用。若能救济疑难症，更使无妄了此生。"2015 年 1 月 8 日先生仙逝，弟子们痛失恩师，挽曰："学而不厌诲人不倦存师者典范，仁者不忧智者不惑续君子遗风。"遵先生遗愿，丧事从简，遗体捐献给需要帮助之人，所捐眼角膜已为患者带去光明。那几日，全国四面八方数千名学人和亲友，心怀仰慕之情，前来追思与告别；《中国教育报》刊发《黄济：鸿德济世做学问》一文，称颂其道德学问；《光明日报》头版刊文"再也见不到那位蹬三轮的老先生了"，追忆这位新中国教育哲学学科的主要奠基人。

2019 年清明，珍藏先生书籍、手稿、书信、笔记、书法、照片等遗存的"黄济学馆"落成于尼山，先生子女、群弟子及生前好友聚集于斯，深切缅怀先生君子遗风。黄济学馆落成以来，一直发挥着珍藏与征集、陈列与展示、研读与研究、传承与教育的综合功能，助力于中华民族文化教育血脉的延续。

黄济一生追求光明，作为一位坦荡无私、求索奉献的仁者，他用自己的人格魅力和学识魅力教育感染了后生，用自己的生命书写着对党和教育的忠诚。翻阅黄济最后一个"七一"日记，先生自称"庆幸与党同庚"，是日完成《易经》选读，开始整理"三礼"，称"算是我向党的献礼"。翻阅《黄济讲国学》一书，一段闪光的文字跃然纸上："我深深感到一个人来到世上是不容易的，不要白走一趟，要为祖国和人民留下一点东西。"其人生哲学就是奉献越多越好，决不"把别人的东西拐走了"。先生没有拐走别人任何东西，相反，自己"愿化春蚕丝吐尽，织成锦绣饰神州"，其书桌上一直摆放着陶行知的名句"捧着一颗心来，不带半根草去"。何止是"不带半根草去"，他分明留下了不朽的精神财富！此可谓"落红不是无情物，化作春泥更护花"。高山景行，虽不能至，然心向往之。

续君子遗风　存师者典范

——黄济学馆在圣地尼山落成并座谈 [1]

黄济先生曾任北京师范大学教授、国务院学位委员会委员、国际儒学联合会顾问，是当代著名教育家、新中国马克思主义教育理论家、新中国教育哲学学科的主要奠基人、中华优秀传统文化教育的守望者。2019 年 4 月 6 日，珍藏先生遗存的"黄济学馆"在尼山圣源书院举行开馆仪式和座谈会。兹将活动综述及座谈发言摘要刊发。

于建福博士：为了民族文化教育血脉的延续

（国家教育行政学院国学教育研究中心主任、教授，国际儒学联合会副会长）

2014 年 9 月 24 日，习近平主席在纪念孔子诞辰 2565 周年国际学术研讨

---

[1] 本文根据录音整理并经诸君审读，发表于《半月谈·文化大观》2020 年第 1 期。收入本书时有改动。

会暨国际儒学联合会第五届会员大会开幕会上的讲话中强调："不忘历史才能开辟未来，善于继承才能善于创新"，"只有坚持从历史走向未来，从延续民族文化血脉中开拓前进，我们才能做好今天的事业"。以儒学为代表的中华传统文化，是中华民族的文化血脉，是中华文化教育的源头活水，是中华民族生生不息、发展壮大的丰厚滋养。中国共产党同龄人、中华优秀传统文化教育的守望者——黄济，其文化教育思想延续了中华民族文化教育血脉，与孔子文化教育思想一脉相承。收集、整理、研究、传承黄济文化教育思想，对激励后学研究和弘扬中华优秀传统文化教育思想，具有非凡的意义。

恩师黄济读过私塾，早早植下了尊崇圣贤的种子，其终生在文化教育上的成就，得益于经史子集的滋养。"黄济学馆"楹联"学而不厌诲人不倦存师德典范，仁者不忧知者不惑续君子遗风"就是其传承孔子文化教育思想的真实写照。我们有必要学习研究并把握其中华文化教育之道。黄济文化教育思想的重要载体——书籍、手稿、书信及相关遗存，保护并安放于孔子诞生地——尼山脚下的圣源书院，适得其所。

"黄济学馆"的落成，得益于先生亲属深明大义，授权吾等打理恩师遗存以彰显其应有价值。一年多断断续续收拾、梳理恩师的论著、手稿、书信、日记、笔记、题字、照片、图书等珍贵资料及遗存的常用物件，睹物思人，恩师音容笑貌历历在目，当年司马迁"适鲁，观仲尼庙堂、车服、礼器，诸生以时习礼其家"的情形仿佛就在眼前，将中国近百年文化教育见证者的珍贵遗存全部定点保护和利用，已远远超出对恩师的深切怀念和崇敬之情，其价值恰恰是先生文化教育精神之于数千年中华文化教育精神命脉的延续。如此珍贵遗存一旦散失或毁坏，则不可复制。几经协商，多方配合，几多运作，几经周折，"黄济学馆"终于在圣源书院初具规模，以期发挥其对先生遗存的收藏与征集、陈列与展示、研读与研究、传承与教育之综合功能。

2019年4月6日，"黄济学馆"在尼山圣源书院开馆。先生的亲属、弟子

经师人师篇

及好友共 39 人参加开馆仪式，向黄济先生恭行鞠躬礼。开馆仪式及座谈会全程由黄济先生早期弟子、耄耋之年的北京师范大学郭齐家教授主持。

座谈会上，黄济先生长子、中国人民大学博士生导师黄卫伟教授，代表亲属感谢大家对学馆创建的付出及出席，为在孔子诞生地看到父亲生前作品得到完整保存并发挥作用而感到欣慰。黄济先生早期弟子、《求是》杂志社苗作斌编审和北京师范大学郭齐家教授以及教育部教育发展研究中心雷克啸研究员，动情讲述恩师生前教书育人的点点滴滴，盛赞先生的人格品质。黄济先生的弟子、清华大学石中英博士、北京师范大学檀传宝博士、中国民航大学赵洪海博士、浙江师范大学金生鈜博士、广州大学骆风教授和马凤歧博士，盛赞先生待人宽厚、求真务实的高贵品质和家国情怀，认为学馆为中华文化传承注入了新的源头活水，提供了重塑精神世界的家园；黄济先生的好友、山东师范大学刘示范教授深情回忆先生对自己从事孔子教育哲学研究的直接影响；北京师范大学于述胜博士、中国人民大学刘复兴博士、泰山学院王雷亭教授赞扬先生文质彬彬的儒雅风范、提携后生的胸怀和榜样力量。国家教育行政学院副院长于京天博士感谢黄先生作为国家教育学院筹建者对学院培训事业的长期关怀与支持，相信学馆的落成必将为国学教育提供有益资源。山东省教育科学研究院副院长李文军和济宁市教育局局长高广立及济宁市教育局副局长刘嘉庚认为，学馆为山东尤其是济宁市提供了师德教育的宝贵财富。座谈会结束前，黄济先生的女婿、北京信息科技大学原党委书记郑君礼博士概述了黄先生值得弘扬的优秀品质，并倾情演唱《有一个美丽的传说》。

悠扬的歌声穿越明德堂，响彻尼山的天空，也让我久久陷入沉思：只要世代懂得学馆的珍贵，多一些呵护多一些爱，学馆必定活起来；若干年后，"黄济学馆"何尝不会是另一个美丽的传说呢？！我们深信：学馆带来的不仅是记忆和追思，更多的是信念、价值和智慧，延续的必定是中华民族文化教育的血脉。

黄卫伟教授：文化教育传承的宝贵财富

（黄济先生长子，中国著名的经济学家和企管学家，

中国人民大学教授、博士生导师）

首先特别感谢筹建者在孔子出生地、中国儒家文化教育的源头——尼山为我父亲操办学馆；同时衷心感谢出席我父亲学馆开馆仪式的各位专家、各位领导、各位学者。从学馆中，我第一次这么细致地接触到父亲生平的文字记录，我觉得建学馆这件事完全超出了我们作为子女对父亲的孝心，这其实是为后人、为所有献身于中国教育以及发扬中国儒家传统文化的学者、奉献者提供了一笔社会财富。我觉得这件事情做得有远见，有了学馆，就等于为中国传统文化和中国教育积累了一笔财富。我父亲把自己的一生都奉献给了教育事业。"文革"时，他在受到了不公正待遇而且是在极其艰苦的条件下之所以能顽强地坚持"生存下来"，其实不光是为了我们这个家、为了我们这些子女，也是为了他的事业，为了他终生热爱的中国教育事业。

我父亲逝世前一年，我得到了他一副珍贵的字，是陆游《冬夜读书示子聿》的著名诗句："古人学问无遗力，少壮工夫老始成。纸上得来终觉浅，绝知此事要躬行。"我想，这是我父亲留给我的，是催我奋进、让我用尽一生躬行的信条；如果我能够在管理学界有所成就和贡献，就是对他的最大报答。最近几年，我的三本"管理纲要"——《以奋斗者为本》《以客户为中心》《价值为纲》相继出版，而且都被翻译成英文正式出版，之后还将陆续被翻译成越、德、俄、日及阿拉伯等文字而广泛传播。我觉得激励我做这类事情的，正是我父亲言传身教于我的使命感和责任感。其实我自己也很欣赏、信奉奥地利心理学家弗兰克尔所说：其实我们对人生的期望是什么不重要，重要的是人生对我们的期望是什么。所以人生最重要的是我们意识到自己肩负的使命并为此作出的努力和贡献，我想这也是我对父亲最好的报答。

经师人师篇

苗作斌先生：淡薄名利的鸿儒上士

（黄济先生56级弟子，《求是》杂志社编审，享受国务院特殊津贴）

我非常荣幸以85岁高龄来参加老师学馆的落成。清明时节雨纷纷，桃李花开报师恩；相聚尼山杏坛下，缅怀先生敬业心。黄济师，生于齐，行于燕，归于鲁，与孔子一样，终生献身教育，令人敬仰。我有幸于1956年受教于先生门下，至今仍保留着先生讲授《教育学》的全部笔记。毕业后和先生经常联系，杂志社里有的稿子没把握，就送给黄先生审读，但他从不收取审读费。我们班聚会每次都请黄先生来，他就骑三轮车到职工之家与我们聚会。

记得我们班毕业五十周年纪念会上，黄先生说自己是"三黄"：原来姓于后"姓黄"，年已八十进入"黄昏期"，但把黄昏期当作"黄金期"。我则写了"三黄四满"：黄济老，红光满面；黄昏近，彩霞满天；黄金期，硕果满树；迎白茶，桃李满园。那时，黄先生尽管年已耄耋，但身心康乐，生活丰富多彩，每日里或研讨学术，辛勤育人，或赋诗题字，笔走龙蛇，或登轮外出，"乐以忘忧，不知老之将至"。以这样的精神境界，乐观地把黄昏岁月称为生命的黄金时期，令人敬佩。聚会后，黄先生要自己回去，我们不放心，我骑自行车陪先生回家。70岁的老学生骑着两轮跟在骑着三轮的90岁的老先生后面，师徒二人过大街，走小巷，边走边聊，看着先生那从容自得的神态，我忽然感到先生不像是大学著名教授，分明是经常出入北京胡同街头的普通老头儿。我们都知道先生的学问人品出众，又是国务院学位委员会委员，有突出贡献和地位，然而其生活态度和方式却极其普通，他宁把自己看成普通百姓中的一员，没有什么架子好端，更蔑视张扬和高人一等的陋习。他的淡定、从容、自在，正是其内心理念的自然流露，不这样反而不舒服、不自在。"上士忘名，中士立名，下士窃名。"先生当然属于鸿儒上士之列。他的"忘名"正在于把自己放在人民群众之中，一切高人一等的傲气、娇气、贵气，一切追名逐利、沽名钓誉的俗气、霸气、邪气毫不沾边，充分体现党和人民培养出来的属于自己的新型知识分子的品格和素养。

"尼山书院风景怡，先师之树常青密；少长学子贤集聚，重追忆，再想重逢，时与季。先生高风深深印，吾之有幸牢牢记，创造发展创新迹，齐努力，弘扬国粹，精耕细。"黄先生是一棵大树，现在把他的精神遗产都移在尼山圣地，等于在这里栽了一棵常青树，将其精神传下去。我们这些隔几代的少长学子咸集于此，一起追忆老师如沐春风的教诲。

郭齐家教授：懿德长留的一代鸿儒

（黄济先生56级弟子，北京师范大学教授、
国际儒学联合会顾问、享受国务院特殊津贴）

我记得1956年9月15日是开学典礼，第二天黄济老师就开始给我与苗兄这个班讲《教育学》。大家一直把黄济当作恩师，视其为经师和人师，与他有难以割舍的师生情谊。黄老师是个宽厚、仁慈的人，不只是对学生，即使对迫害过他的人，也绝不计较。记得80年代初，有人来北师大调查"文革"时某些人对黄老师的迫害，但黄老师对此什么都没说。后来我跟黄老师交谈此事，黄老师说："他们当时是被迫的，如果我说一句就会影响他们一生，甚至会影响他们的家属和后人。"对待迫害过自己的人尚且如此，对自己的学生更是情谊浓浓。刚才，说起恩师黄济，85岁的苗兄讲着讲着就哽咽了；我这几天写这份稿子，写着写着就流泪了，这就是黄济老师对我们的影响。六十四年了，其影响超过了一个甲子！我也借这个机会表达一下对黄老师的缅怀与崇敬之情。我写了篇文章，题目是"清明时节怀恩师——并贺黄济学馆开馆"：

桃李三千，清风两袖；赤心一片，硕德千秋；养性修身，功名淡薄；培根铸魂，德业芳华；名闻学界，道沛苍穹；胸蕴真情，身行直道；倾心报国，全力为民；厚道传家，忠诚继世。

风摧学界千钧柱，雨折教坛一面旗；芳容已驻荒山土，懿德长留后世心。一代鸿儒垂典范，满园桃李哭恩师；巍巍正气冲霄汉，英灵常伴白云飞。身前身后事悠悠，风义相期失畏祷；学苑风流何日再，黄济学馆泪祭魂！

经师人师篇

天行健，仁者寿，先生生命之树雄哉伟矣！认识先生，是先生教我读书、上课；懂得先生，则是先生教我处事、做人。先生教我，幸莫大焉："学而不厌，诲人不倦""不敢为天下先""仁者不忧，智者不惑，勇者不惧"。以生命对生命，以真诚对真诚。大可不必为外界的褒贬毁誉而欢愉或烦恼，只要怀达观之心面对人生，只要听从良知之召唤去为人处世，就可以无往而不适，无为而无不为。红尘滚滚，牧心灵于兰若净土；世道纷纭，观变幻于云卷云舒。持守一份真我，写意人生春秋。

天不生仲尼，万古如长夜；天不生黄济，众生如盲童。我们是孔门弟子，亦是黄门弟子。我们到尼山来拜祭孔子，亦来拜祭黄子。黄济先生就是我们心中的"孔子"。如果说《论语》是中国教育哲学的古代版，那么，《教育哲学通论》则是现代版，同属于不朽！

衷心感谢黄济先生的亲属和一些弟子精心筹办了黄济学馆。不要人夸好颜色，只留清气满乾坤；放大光明令觉悟，离诸热恼恒清凉。这就是"黄济学馆"内存的精神。祝愿它永放光芒！

雷克啸：教书育人彰显仁爱之心

（黄济先生57级弟子，教育部教育发展研究中心研究员）

清明时节，追思忧忧。尼山脚下，孔子故里，我们在这里有幸参加黄济学馆的揭幕仪式，缅怀恩师，大家一次次热泪盈眶。黄济学馆设在孔子出生地，在圣地展示先生的著作，展示其非凡的一生以及留给世人宝贵的精神遗产，包括其对国学研究传承做出的突出贡献，意义重大。

黄济先生是一位教书育人的楷模，以其特有的人格魅力和学识魅力，扶持和培养出许多优秀人才，留下了许多感人的故事。其中，其辅导保姆王和平考上大学的故事，在新风南里社区妇孺皆知，至今传为佳话。师母周密卧床二十年之久，黄济先生很早就请保姆照顾她，其中有位四川农村女孩叫王和平，只有初中文化，但天资聪颖，黄老师劝她考学深造，帮她补习语文、历史、政治等课，还请身为数学博士的女婿郑君礼为其补习数学，最终她通过了中国人民大学自学考试。后来，她在北京找了份工作，结婚生子，还常来看望老师和师母。我曾经把这段故事专门写成文章，刊发到《今日德胜》社区报上。

1957年我上大学，黄先生给我们讲《教育学》，我们班同学聚会，都推我去请黄先生。我做研究生时，他是我们的指导教师。后来我也住到新风南里，朝夕相处二十来年，我们有说不完的话。黄济先生一生贡献卓越，值得永远纪念，随着时间的推移，其光辉将日益彰显。

刘示范教授：研究孔子教育哲学的引路人

（黄济先生友人，山东师范大学原常务副书记，国际儒学联合会原副理事长）

1971年冬，为编写《历史唯物主义》教材，我从山东师范学院专程去北京拜访专家，在北京师范大学校园见到正在打扫卫生的黄济先生。黄先生给我介绍最多的就是孔子，我从他那里第一次接触到孔子的"教育哲学"。我从小就读《论语》，但是我不知道孔子还有个"教育哲学"，我感到很新鲜，他所谈的很多内容启发了我。这个时候的黄先生比较年轻，说话慢条斯理，很有逻辑，给我印象非常深刻，对我影响很大，让我了解了孔子思想的另一方面。

21世纪初期，国家教育行政学院举行中华传统美德教育研讨会，我提供的习作就是《孔子的教育哲学》。因为之前受到黄先生的启发，我在复旦大学跟随严北溟先生读书时，就给他说我今后学习和研究的方向是山东的古代教育哲学。当时严先生就跟我说，这个题目非常好，山东人有这个资源。从那以后，我就不断围绕孔子的教育哲学来学习研究。跟黄先生交往，我深感先生待人真诚仁厚，"仁者爱人"的厚道品德从他的言谈举止当中充分流露了出来。

今天有幸参加黄济学馆开馆，听了几位老先生的发言，我又从黄老身上获得了做人做事新的感悟。我觉得黄老这个学馆，是我们当代学做人师、学做经师的道场，应成为教育启迪后人的不朽宝地。我们应该经常来，认真地从头学到尾，以启发我们的心智，洗涤我们的心灵。内心浮躁的人，应当在这里进修一番，学一学黄老如何做人；学校的教师要到这里进修一番，来学习一下如何为人师。

石中英博士：宽容、宽恕、宽厚的人格之师

（黄济先生97级博士生，清华大学教育研究院院长、教授，国务院学位委员会委员）

来到尼山，走进学馆，看到这些书、手稿，感觉又来到恩师身边，继续聆听他的教诲。黄先生的为人为学对我的性格、学问、工作都影响极大。刚才听了几位先生的回忆，我确实觉得黄先生是道德之师、学问之师、人格之师。这里我主要跟大家分享我对黄先生高尚品德的认识。

黄先生胸怀宽阔，具有非常宽厚、宽恕、宽容的品格。排在第一的是"宽厚"的品质。了解黄先生的经历便知，"文革"时期他受到不公正待遇，但他对党和国家没有半点怨言，他总说："我的希望就是往前看，看国家的未来。只要这个国家、这个党还想着为人民服务，我就愿意为他奉献自己的一切。"我觉得黄先生延续了中国古代知识分子的品格，那就是如果这个国家愿意为百姓、为人民谋福利的话，那么知识分子应该和他们站在一起，这是一种很高的境界。第二是"宽恕"的品质。"文革"结束后，有人就跟黄先生讲：你只要写封信把这些人过去整你的事说一说，这些人都得倒霉。黄先生却说："当时那种情况，犯错误的不止一两个人，他们犯错误只是因为不信任我，搞不清楚情况，他们的本意未必是坏的，只是采取的手段比起别人的过激了点，何况他们还是学生。"一个人要宽恕自己的朋友是比较容易的事情，但宽恕对自己动过手的人，给自己泼过脏水的人，这确实是非常难得的。第三是"宽厚"。黄先生是位待人宽厚的长者。他对谁都用本心，跟人交往、说话、做事，从不虚伪。不管是跟黄先生交往的同辈人，还是向黄先生求教的后辈人，都能够感受到黄先生的宽厚与真诚。所以，黄先生真的是我人生中的好老师。我会永远怀念他，永远向他学习。

金生鈜博士：融入生命的学养与人格境界

（黄济先生90级博士，浙江师范大学教师，教育学院特聘教授、博士生导师）

首先我们要感恩孔子，因为有了孔子，中华文脉才得以延续，并成就了具有中华文化底蕴的黄济先生。黄先生一生尽管历经艰难困苦，但一直追随孔子，把孔子的思想、学问、境界融入自己的人生。我们也要感恩黄济先生，因为有了黄济恩师，才成就了我们自己，黄先生的教诲一直催促着我们不断完善自己。特别感谢黄济学馆，这些遗物，使我们有了新的精神家园。每当我们怀念恩师，或者心存困惑之时，可以来到这里再次寻找源头活水，再次来唤醒自己。

我感觉黄济先生一生有三个"融合"。一是生命和学问的融合。把生命融于学问，将学问内化于生命，二者相得益彰。二是把儒家圣学跟时代精神相融合。他的教育哲学，就是将中国传统教育哲学与西方教育哲学和马克思主义教育哲学完全融合在一起。我博士论文做西方解释学，先生一再告诫我一定要处理好马克思主义哲学、时代精神以及中西传统哲学之间的关系。三是把人格追求与精神教诲相融合。我在湖南工作期间，有个学生到北京访学，我建议他去拜访一下黄济先生。他回来说，黄济先生还带他拜访了其他老师。每次到黄济先生家里去，黄先生都会送我到楼下。我第一次见黄先生是1986年去黄老师家拜访。黄老师穿的是白色衬衣，送我到楼下，我看他转身上楼，那个背影给我留下了太深的印象。他把自己的人格修养与对学生的教诲，时时刻刻自然而然地融合在一起，这是他人格修养到达的境界。先生这三种"融合"，确实是我们学习的楷模。今天在黄济学馆感念恩师，我认为我们确实要向黄老师学习做人、做学问，这也许是我一辈子都学不到的，但是是一定要去学的。

檀传宝博士：为圣地文化传承再添活水

（黄济先生96级博士后，北京师范大学教授、博士生导师，

公民与道德教育研究中心主任）

我师从黄先生的时间较长，最初读硕士时黄先生就给我们上课，后来回师大做博士后黄先生带我两年，工作期间又引导我教学与科研。黄先生的人格和精神深藏在我的心里，成为我重要的精神财富。记得为了编好《小学教育学》，年近八十的黄先生带我们去了几个省，包括到云南边远地区听课，了解《教育学》教学的实际需要。黄先生不是甩手掌柜型的主编，他除了认真完成自己承担的书稿部分，还认真审阅所有初稿并提出修改意见。分配稿酬时他严格按照大家的工作量来分，且分文不取主编费。我们应该像黄先生一样对待我们所教的学生，对待我们所承担的教学科研。

昨天清明日，辗转来到尼山圣源书院，紧接着来谒学馆，见恩师生前物品收藏于此，恍若重现当年恩师教诲之春风化雨。我想用四句话来表达我的心意："学馆更春风，圣源添活水。最解清明义，尼山不老松。""学馆更春风，圣源添活水"这两句是讲先生的学问。尼山脚下圣源书院添了先生的书，同时圣源新注入了一股清流。黄先生在中国教育哲学、教育基本理论、道德教育和中国传统文化教育等方面都取得了重要研究成果，是一个真诚的马克思主义学者，真诚的中国文化传承人。我请黄先生给我写过两幅"观书有感"，这让我自然想到圣源添活水。至于"学馆更春风"，写的是黄先生的教学，意味着我们到学馆如沐春风。黄先生跟孔子是很像的，都是"循循然而善诱人"的样子。"循循然"蕴含着包容、慈祥、智慧、耐心，这在黄先生那里都可以得到验证。后两句是"最解清明义，尼山不老松"。清明到这儿，既有怀念也有祭拜，这就是中华传统文化中的"慎终追远"。缅怀的目的在于传承，在于启迪后人。我觉得尼山圣源书院里有先生的书馆，可以传承先生的为学、为师所体现的儒学精神和风范，又可教导我们努力成为中华传统文化教育的传承者。

赵洪海博士：让爱心、敬业、宽容的品质世代传承

（黄济先生90级博士，中国民航大学党委副书记）

坐落于孔子诞生地的黄济学馆，为我们这些弟子建设了精神家园，也为广大学校和学生建造了立德树人的教育基地。全国教育大会把立德树人作为各级各类学校教育的根本任务，在此背景下，我们来纪念黄济先生，参加黄济学馆开馆，就是要传承体现在黄先生身上的优秀品德。

1988年黄先生到山东师范大学参加研究生答辩，我作为研究生参与接待，荣幸地见到了这位如雷贯耳却朴实、谦逊的大家。1990年，我如愿以偿成为黄先生的博士生。我和同屋的生铉师兄刚报到，黄先生就来到我们的房间，问我们有没有饭票，整理得怎样。黄先生这样的大家，对我们的关怀如此无微不至，令人感慨不已。黄先生对我们一家都十分关爱。我儿子从小害羞，我常于教师节带他到黄先生家里。我儿子在别人家里一般很少说话，但在黄先生那里竟然交流得挺好。黄先生教他查字典，给他解释一些词的含义，孩子特别喜欢听。这就是在传递教育的真谛，让我思考什么是好教育，什么是好老师。博士毕业后我进了中央教科所从事教育研究，这正是黄先生所希望的。后来我考取公务员，就要离开教育研究领域时，深感有愧于先生的期待，就不敢告诉黄先生。当我鼓足勇气跟黄先生说了要换到新单位，以为会受到批评，但黄先生表示宽容、理解，只是希望我做点实际的教育工作。之后我长期在民航局教育处工作，一直在用黄先生的教育思想与工作贯通。我现任职于民航大学，主要负责学生工作，我会努力把黄先生的那种爱心、敬业、宽容的品质运用到学生工作中去。

于述胜教授：竭尽关怀与提携后学的先师

（北京师范大学教育学部教授、博士生导师，《教育学报》执行主编）

黄济先生是我特别尊敬的前辈。我曾多次拜访，多次聆听先生的教诲，也很想读懂这位令人尊敬的先师。我至今还保存着黄济先生上课的完整录像，过一段时间我就把它带到学馆来，大家再来的时候，就可以见到黄济先

生的音容笑貌，领略其文质彬彬的君子风范，看看他是怎样传道、授业、解惑的。

黄济先生爱才惜才，注重人品，对于后学竭尽提携和关怀，我们当中的很多人都受到过黄先生无微不至的关心与爱护，就以阿超为例吧。阿超是中英指导的硕士，我指导的博士。从读硕士开始，阿超就经常去请教黄先生，帮着黄先生打理一些学术事务。黄先生很快发现阿超身上具备的质朴、沉稳、好学、善思的品质，很是欢喜，觉得他很有潜力，对其未来发展寄予厚望。先生曾不止一次当着我们的面夸赞阿超，嘱咐我们用心培养。黄先生本人从生活、学习、研究诸方面寄予阿超以极大关怀，经常指导他如何搜集资料，撰写文章，并与他合作进行课题研究，合作完成并发表了两三篇论文。阿超不负先生期望，高质量完成了博士论文。尽管阿超名义上是我们带的，但黄先生带给他学术的影响，尤其是人品上的影响是很大的。阿超为人为学令我特别满意，这与黄先生对青年才俊的关怀备至、耳提面命是分不开的。我们这代学人应传承好黄先生的这种关爱后学的精神。

于京天博士：堪称道德、文章楷模的好老师

（北京师范大学97级教育学博士、国家教育行政学院副院长）

第一次见到黄先生，他就带给我仙风道骨的感觉，久而久之则让我如沐春风，每当看到黄先生总想跟他再亲近一些。黄先生是我心目中的好老师，其道德人品、学术文章都堪称楷模。我觉得，黄先生最高的学问是他的做人，最大的成就是他的学生。今天，能有这么多天南地北的学生聚集于此，足以说明了黄先生的人格魅力。

黄先生曾在国家教育行政学院短暂工作过，这对国家行政学院来说，很幸运，也很遗憾。1955年初，教育部曾将黄先生调来筹建"教育行政学院"。不久，黄先生就受到诬陷，很快就由教育行政学院调回北京师范大学，这无疑给学院留下了很大遗憾。幸运的是，之后黄先生多次到教育行政学院讲学，参加各类评审，出席学术会议，尤其是对我们如何弘扬中华优秀传统文化，

讲了很多值得我们持续回味的理念。我正对面的"学古而不泥古，尊儒兼顾百家"这幅字，就是黄先生给教育行政学院国学教育研究中心的题词。2012年9月国学教育研究中心成立时，黄先生带着这幅字亲临现场做了精到解读。这12个字充分表达了黄先生通透的文化观和教育观，特别值得我们今天好好去品味、去学习，对我们的国学教育工作具有很大的指导意义。今天黄济学馆的建成，与我们学院国学教育研究中心付出的心血是分不开的。相信学馆将在研修和传承中华文化精神尤其是黄先生道德、文章方面发挥重要作用。

马凤岐博士：家国情怀与求真的学问

（黄济先生92级硕士，广州大学教育学院教授、博士生导师）

跟黄先生读硕士三年，获益匪浅。看了学馆里的物件，依然非常亲切，就像又回到了黄先生的书房，聆听黄先生的教诲，这里真的成了我们的精神家园。有什么问题搞不清楚时，我们可以来到这里再重新学习。

黄先生的道德、文章确实博大精深。学馆的一首诗里面有这样两句："一生两投任评说，三校执鞭务求真。"结合这两句诗我想讲两点。第一是家国情怀。黄先生一生两投，向往光明。他曾跟我们讲，他很早就参加了抗日青年组织。抗战胜利后，他辗转来到解放区，终身献身祖国教育事业。黄先生忠心报国的家国情怀毋庸多言。第二是对学问的求真。诗中讲的"务求真"，我深有体会。黄老师一生非常谦虚谨慎，无论是做学问还是对待事情，总是兢兢业业。他跟我讲，有一次评奖活动，很多人对评奖结果不太认同，评审团有人就找黄先生写文章来替他们说话，黄先生却说："这种事情找我做，我坚决不会做！你们做的事情不好，让我帮你们说话怎么可能呢？"先生是可以不讲话，但讲话一定会讲真话。我觉得做一个真实的人是挺难的，除非不把"真"当一回事。这件事一直激励着我，对我而言"真"是非常重要的品质，我跟黄先生学到的非常重要的品质就是"真"，黄先生就是一块无瑕的璞玉。

刘复兴博士：学问家的仁爱之心

（中国人民大学教育学院院长、教授、博士生导师）

我们怀着激动的心情来到尼山，见证学馆开馆并共同缅怀黄济先生。我跟黄先生接触、学习可追溯到1992年。当时我在山东师大读硕士，导师陆有铨先生安排我们来北京访学，去丽泽楼拜见黄先生。他的房子不大，给我印象最深的就是这些书，后来他搬到新风南里，家里还是这些书。今天在学馆看到这些书，心情很复杂，非常想念黄先生。当年我们是小硕士生、小学生，黄先生是大家，但他对我们的指导非常细致、耐心，那是第一次领略先生的文采。

我硕士毕业留在山东师大教育系讲授教育哲学，急需黄老师的《教育哲学》作为教材，可这书太畅销怎么也买不到，我就硬着头皮向先生电话求助。黄老师到处联系，凑了好几家才把教材弄齐，我的课才得以讲下去。这让我感觉到先生不只是学问家，更是一个仁者。仁者爱人，无论亲疏远近，黄老师都关怀备至。记得1998年我到北师大考博士，眼睛熬得红红的去先生那里拜访和请教。第二天我外出回到所住励耘学苑，前台说有位老先生来看过我。不一会儿先生的电话就来了，说昨天看到我的眼睛熬得很红，就买了眼药水，我不在就给搁到柜台了。那时，黄先生年近耄耋，竟然骑着三轮车绕一大圈到励耘学苑为我送药，这样的关怀让我终生难忘。读博期间，常去拜访先生，先生给我写过一副字："业精于勤，荒于嬉；行成于思，毁于随。"直到现在我仍珍藏着这副墨宝。我愿把这副墨宝拿到学馆来，让先生的光辉精神永远传承下去。

孟子讲"爱人者人恒爱之"。我们这些得到过黄先生关爱的后辈学生，都非常热爱先生。先生逝世时，我在西北师大，听闻噩耗，怀着沉痛的心情专门请假飞过来悼念先生。我当时心情很悲痛，脑海里冒出四句话，就写在纪念册上。大致意思是说，先生老骥伏枥于杏坛，教化之恩我们永远不会忘怀，其仁者精神我们一定要延续，任凭岁月流逝，我们这些后辈永远热爱永远缅怀黄先生。

骆风教授：当之无愧的人民教育家

（黄济先生93年访问学者，广东大学教育学院教授）

20世纪80年代初，我在洛阳师范学院教《教育学》公共课的时候是没有教材的。我看到黄济教授的一些文章，就写信向他请教，黄先生马上回信，这样我就同黄先生建立了联系，并于1993—1994学年成了先生的访问学者。感谢黄先生30多年来对我的教诲，我在教育研究包括家庭教育研究方面取得的成绩，很大程度上要归功于黄先生。

今日落成的黄济学馆，为我们今后学习和弘扬黄先生的教育学说提供了极大便利。抚今追昔，感念黄先生为教育科学发展做出的贡献，感恩黄老师为培养教育研究人才付出的心血。他学问做得高深，在相当长的历史时期引领了我国教育科学研究；他诲人不倦，培养了大量优秀人才，带出了一支教育学研究队伍；他的仁爱、乐业、谦和的人格影响了许多人，其为人之道、治学之道堪称楷模。黄先生一生尽管历经坎坷，但热爱祖国、热爱党，忠于人民教育事业，直到八九十岁时还在耕耘奋斗，留下了许多精品、珍品，令人无比敬佩，不愧为当代人民教育家。我们国家需要这样的教育家，需要像他那种的学问、道德和品格。有这样的教育家，是教育之幸，人民之福。

王雷亭院长：文质彬彬的君子风范

（泰山学院副院长，泰山研究院院长，万里图书馆常务副馆长）

黄济先生乃当代孔子，人中泰山。我从泰山学院过来，是北师大84级地理专业毕业生，后来主攻旅游地理和文化旅游。理科生来到泰山还做了很多与文化有关的工作，得益于80年代在北师大接受的教育。那个时期尤其是文化大家，像启功先生、黄济先生等，讲座很多。当时王梓坤校长骑自行车，启功先生拿着个拐棍，黄先生骑着三轮车，都成了一时佳话。

23年前成立了泰山文化研究所、泰山旅游研究所、泰山文献研究室、泰山名人研究室，后来合并成泰山研究院，我现在兼任院长。我一个理科生热衷于文化如此，追根溯源还是得益于师大包括黄先生、卢云婷老师等对我的熏陶。他们宽厚、谦虚，拥有一流人品与学问。黄先生学而不厌、诲人不倦，确有当代孔子的风范。泰山文化与尼山文化一脉相承，所以我带来了《泰山文化研究》献给尼山黄济学馆。黄济先生长于书法，喜欢文房四宝，我为学馆带来了一方"质坚而细、润泽如玉"的洮砚，合乎黄济先生文质彬彬的君子品质。我们怀着感恩的心创建"万里图书馆"，就像大家感恩黄济先生而创建了"黄济学馆"。这两个地方我都特别喜欢，只是这边感觉特别亲切、特别自然，我以后会经常来这里进行文化体验。

李文军博士：学而不厌、任劳任怨的典范

（山东省教育科学研究院副院长、哲学博士，山东省教育学会秘书长）

我1993年去北师大先读研究生，后来读博士，五年读书期间，黄先生的人格魅力、学识魅力对我的影响无以言表。虽没听先生讲课，但和先生一起听过讲座。那是1995年，从美国访学回来的青年教师安宝生开设因特网讲座。那时人们很少了解因特网，更不必说上网了，讲座又是中午开，一般学生午饭后就睡觉，年逾花甲的黄先生却戴着顶草帽来了，就坐在前排听讲，认真做着笔记。这么一位大名鼎鼎的学者，尚且如此认真对待新生事物，与时俱进，这种学而不厌的精神当时带给我一种震撼。

跟黄先生这样的大家接触，往往是在不经意中受到教育。1996年，我与孟繁华博士一起去新风南里看望黄先生，我们聊到很晚。那次给我印象最深的是，黄先生在穷困潦倒、颠沛流离之时"不怨天，不尤人""穷则独善其身，达则兼济天下"的精神。当时不知如何谈到"文革"，黄先生说当时疏通地下暖气管道，最怕碰到布条、鞋带和塑料，特别难弄，纸的话捅捅就碎了，布条塑料得把它拽出来。听得出，他当时任劳任怨，如今仍没有任何哀怨。黄先生还提醒我们：千万不要把塑料之类不容易烂的东西弄到下水道里去。他像拉家常一样谈，我们听着听着，又是一种感染，从心灵深处感动。无论做经师还是人师，我非常赞同郭老师说的黄先生是当代的"孔子"。黄先生的《教

育哲学通论》是我们教科院访问学者的必修课，我每年都带领学员学一遍。黄济学馆对山东文化传承、教育教学、教育科研都是非常宝贵的财富和资源。我们教科院一定以此为契机，开展各项教育教学活动，把黄先生的学问、品格传承下去。

高广立局长：为孔孟之乡的教师树立经师人师的榜样

（济宁市教育局局长，济宁市高校办主任）

我在北师大读的是中文系，虽然没有亲耳聆听过黄先生的教诲，但大家充满感情地对黄先生敬意的表达，加深了我对黄先生的美好印象。我认为，黄先生首先是具有坚定信念的共产党员，其次是拥有大爱精神的国学大师，第三是富有智慧的教育大家。其道德、文章都值得我们好好学习、继承和发扬。

黄济学馆能坐落在济宁，坐落在孔子的家乡，是济宁的光荣。我们纪念黄先生，一方面要传承他的思想学问，更重要的是要学习他的做人做事。济宁市是一个有八百三十多万人口的城市，有三千四百多所学校，一百六十万名学生，十一万名老师，黄济学馆坐落在济宁，给我们提供了宝贵的精神财富。我们要教育我们的干部和教师，像黄先生那样做人、做事、做老师，拥有大爱精神、家国情怀，对国家负责，对一方教育负责；同时济宁市教育局，一定会服务好、支持好黄济学馆的建设发展。我们把黄济学馆作为老师和家长的教育实践基地，从黄济先生的道德、文章、思想、学问当中汲取营养。新时代对教育的期望很高，对老师的要求更高，怎么为人做事，怎么既为人师又为经师，黄先生给我们树立了榜样。

刘嘉庚副局长：学好用好滋养教师的宝贵精神财富

（济宁市教育局副局长、济宁市政协常委、山东省教育书法家协会副主席）

听了黄济先生家人和弟子及各位学者感人肺腑的发言，我深受触动，对黄济先生的人品、学识、教育成就有了更加全面而深入的了解。黄济先生的师表形象已经清晰地萦绕在我脑海中，他的成长经历、苦难岁月、自我修炼、人格魅力、渊博学识、信仰和追求以及大爱的教育情怀，已高高耸立在尼山之巅。我虽然不是黄老的学生，但我也从黄老的弟子和朋友身上学到了不少东西，无论是为人处世，还是研究学问，他们身上已经折射出黄济先生的人性光辉，黄济老师的思想和人格已得到发扬和传承。由此我感到做黄济先生的子女是多么的自豪，做黄济老师的弟子是多么的幸福，能够参加黄济学馆开馆典礼是多么的激动人心！

司马迁曾用"高山仰止"来赞美孔子，今天我想用"高山仰止"表达对黄老的崇高敬意！坐落在尼山的黄济学馆就是留给我们的"智慧金库"，黄济先生的精神就是留给我们的一座"动力金库"。为此，我认为今后应该做好三件事：一是学好，从黄济先生的著作里，汲取精神食粮，充实自己的头脑，丰富自己的精神世界，修己以安人。二是用好，把黄济学馆当作"为人师表的精神家园"，建成济宁市乃至全省全国教师的师德师风教育基地，持续发扬传承黄济先生的教育思想和大爱情怀。三是研究好，以黄济学馆为依托，深入研究黄济先生的教育哲学思想，以及黄济先生的先进事迹和学术成就，让黄济学馆活起来、动起来、用起来。

郑君礼博士：值得继承和弘扬的黄济精神

（黄济先生女婿，北京信息科技大学原党委书记、博士、研究员）

作为岳父黄济先生大家庭中的成员，三十多年来我深受先生的教育和影响。我父母都没有文化，我能够有后来的发展，跟我岳父的教育和影响是分不开的。

这些天我与夫人黄小枚提及岳父那些最值得我们继承和弘扬的品质。我认为有以下几种：第一，坚定的马克思主义信仰。他的信仰不仅体现在人生追求中，而且更加体现在始终坚持以马克思主义为治学从教和学术研究的指导。我记得有一次他的同学——台湾师大贾馥茗教授到北京，两人互赠作品深入交流。贾教授走后，我与岳父聊起来，岳父认为台湾的教育学术总体看起来还有些欠缺，主要是因为他们缺少马克思主义的指导。第二，深厚的国学功底。黄先生有国学童子功，古典文化的功底非常深厚，诸子百家之言信手拈来。我们随时问到的，他根本不用查书，就能给我们讲得清晰明白。反复倡导"学古而不泥古"，强调与时俱进。第三，勤勉的治学精神。黄先生坚信"勤能补拙"，一生笔耕不辍，哪怕听一场形势报告，哪怕与人进行个别交谈，都会做笔记，看书报杂志也要做很多批注，甚至要把有关内容剪下来。第四，儒雅的君子风范。黄先生一生勤俭朴素、淡泊名利、为人谦和仁厚、乐学乐教、爱才助学。特别说说爱才助学。不管是研究生还是本科生登门，他都亲自送到楼下。有几次我都说："您作为一个大教授送到家门口就可以了。我们都有导师，我们去导师家，有送到门口的也就是非常客气的了。"但是他都坚持送到楼下。他有一次到江西讲学，从江西回来，把来北京求学的青年才俊也带回家里住，安排他复习考研。前面说的那个王和平保姆，是我岳父发现她很聪明，觉得她这么年轻不应一辈子做保姆，于是告诉她："和平，是不是再学点什么？"和平说："我基础这么差，怎么行？"他说："我找人给你辅导。"他还多次安排我给和平辅导数学，和平考上学后，她一星期要上好多课，她一上课我岳父就自己做饭，保姆费却不少给，这恐怕不是一般人能够做到的。学馆的建成，我觉得对弘扬我岳父崇高的品格和精神，对于影响和感召后学，都具有十分重要的意义。

五育并举　知行合一

——黄济劳动教育思想的精神特质①

在整理和收藏恩师黄济遗存、打理"黄济学馆"的日子里，翻阅其论著中有关劳动教育的论述，查阅其就相关著作所作批注，乃至与学界友人就劳动教育所作"君子之争"，不禁为其劳动教育思想的恢弘气度所吸引，为其对劳动教育的执着坚守而感动，尤为其热爱劳动、勤俭质朴、善待劳动者、甘于奉献的精神而动容。他持续力倡劳动教育，主张将劳动教育与德育、智育、体育、美育并举，从而实施全面发展教育；深知劳动教育须身体力行，以身为教，以行为范，潜移默化，润物无声，堪称劳动教育"知行合一"的楷模。在重启劳动教育的新时代，梳理黄济就劳动教育不懈探索与躬行践履的心路历程，把握其精神特质，具有非凡意义。兹就黄济劳动教育思想溯端竟委，观其所由，明其奥义，察其所安。

---

① 本文为纪念黄济先生百年诞辰与于超博士合作并发表于《教育研究》2020年第8期。

一、观其所由：黄济劳动教育的思想渊源与躬行根基

纵览黄济一生，其劳动教育思想深受所受传统家庭教育、私塾教育、新式教育、当代教育的综合影响，是其真切的生活体悟所得，可谓"朴厚真挚，沉稳凝重"（瞿葆奎语）。

1. 幼年接受中华文化滋养，打下劳动教育思想根基

"古人学问无遗力，少壮工夫老始成。"黄济自幼念兹在兹，无日或忘。其劳动教育的学问成就与深厚根基，得益于良好的家庭教育和私塾教育的滋养，得益于不遗余力的"少壮工夫"。

1921 年 7 月 20 日，黄济诞生于胶东即墨略显殷实的耕读人家。不幸六岁丧母，九岁丧父。当时"外无期伯叔之亲，内鲜兄姊之助，门衰祚薄，可谓极矣"；幸赖祖辈躬亲抚养、不辞劳瘁而"得有今日"。祖辈对这位长孙寄予厚望，以儒家持家之道培养其克勤克俭、朴实耐劳、自理自励、坚毅刚强的品格和习性。每天黎明即起，整理被褥，洒扫庭除，做力所能及的家务，不曾拖沓；恪守"一粥一饭，当思来之不易；半丝半缕，恒念物力维艰"的古训，勤俭节约，用餐时若有水滴落餐桌，或不慎有饭食掉落，就会立即用手指蘸着入口。诸如此类习惯自幼形成，延续终身，以至于将"勤能补拙，俭以养德"作为座右铭。二祖母是"不识字的启蒙老师"，所讲"鹊桥相会"的故事，在其幼小心灵中埋下了对牛郎织女这对劳动男女同情的种子。

黄济七岁入读私塾，因父丧、析居、避乱、偿债，使学业忽就忽辍，先后更师凡五，行年十四，除熟悉"三百千"等蒙书，已将"四书"及《诗》《书》《礼》毕读无遗。后经老秀才朱子勃开解，所诵记儒家经典成为经世致用之学，并终身铭记朱师"学古而不泥古，尊儒而不排他"之语。私塾所学的经、史、子、集，成了黄济后来进行教育学教学的专业和文化基础，也为形成劳动教育思想提供了滋养的沃土。晚年不遗余力弘扬中华文化，亦端赖于此。

2. 屡屡辍学中接受新式教育，颠沛流离中体验"苦中乐"之趣

1935 年，黄济十五岁转至县立考院小学五年级接受新式教育，所开设的

体育、游艺及劳作课令其耳目一新，"精神亦殊感舒适"。旧日家教及私塾养成的吃苦耐劳精神，使其终以"勤奋自力"而学期总体成绩得本班之冠。

考院小学毕业之时，家乡惨遭日寇蹂躏，黄济失学在家。后克服家庭经济拮据且赖友人相荐，而入青岛礼贤中学接受相对系统的西式教育，时受国家思想及民族意识的灌输，但终因祖母疾病，家事累身，经济日窘，弟尚年幼，乃辍学。不久，祖母为其谋得小学教员之职，仍饱受家事之累，人世之苦，幸有数百天真烂漫之小朋友，缠绕左右，使余于万恶社会之中，得睹一息之真情，而"贻余一刹那之乐趣也"。后辗转安徽阜阳，求学不得，谋事不就，幸因不辞劳苦完成运粮任务而得入山东临时中学，经刻苦补习，一年完成三学期课业。

黄济尝自题："身系凡种降人间，非圣非贤非神仙。众称黄牛自甘为，顶风冒雪苦耕田。"出身平凡，家境贫寒，人不堪其忧的困境，颠沛流离的生活，令他以坚强意志苦耕不息，并深得"贫而乐""苦中乐"之趣，成就了平凡劳动者的非凡人生，亦可谓"贫贱忧戚，庸玉汝于成"。

3. 许身教圃，深入研究马列主义教育思想

1946年，"家世不幸，经济困窘，备尝就学之难与失学之苦"而以"给贫苦失学无告者以求学之机"为职志的黄济，如愿就读北平师范大学。1948年入华北大学学习马列主义教育理论和教育学，次年3月留校任教，开始了半个多世纪的高教园丁生涯。1950年，黄济任教于中国人民大学教育学教研室，协助王焕勋和苏联教育专家波波夫讲授凯洛夫《教育学》[1]，成为该书在华早期的研究传播者之一。黄济就凯洛夫《教育学》（第二版）第12章"劳动教育"作过细致批注，其最初的劳动教育思想体系深受该书影响。汇集黄济20世纪50年代初至60年代初教学研究成果并于1963年出版的《教育学讲授提纲》（以下简称1963年《讲授提纲》）第11章专论"生产劳动"，将"劳动教育"列为思想政治教育的重要内容。从中国人民大学到北京师范大学，黄

---

[1] 伊·安·凯洛夫主编的《教育学》曾在中国风靡一时。黄济所使用和对"劳动教育"章作过细致批注的是黄济学馆馆藏的人民教育出版社1953年版，本研究以该版为据。

济对凯洛夫《教育学》和劳动教育的关注与研究终其一生。1980 年在谈到教育方针的表述时，黄济就以"凯洛夫《教育学》第二版还加有劳动教育"为依据而倡导劳动教育；年逾九旬依然发文专评凯洛夫《教育学》。

从已发表的著述及其对相关著作所作批注中发现，黄济不仅深入研究了以凯洛夫、苏霍姆林斯基为代表的苏联教育家的劳动教育思想，而且深刻分析了从欧文到马克思、恩格斯、列宁、毛泽东、邓小平等有关教劳结合及劳动教育的思想；还细致研读分析了刘佛年主编的《教育学》[①]、顾明远主编的中师《教育学》[②] 等有关劳动教育研究成果。年近七旬，协助王焕勋完成出版《马克思教育思想研究》，其撰写的第三编《马克思教育思想的实施和当前面临的新挑战》总结了苏联教育与生产劳动相结合的历史经验；年逾八旬，在《教育研究》2003 年第 6 期发表《马克思主义教育思想的时代意义》，从人的全面发展的高度阐释了马克思主义教劳结合的原理，并基于马克思主义人的全面发展学说而持续探究劳动教育，"成为一名真正的马克思主义教育学者"（石中英语），无愧为"新中国马克思主义教育理论的开拓者之一"，"新中国马克思主义教育哲学的奠基人"（顾明远语）。

4. 总结历史经验，立足社会主义建设各时期教育实际，持续表达对劳动教育的深情关切与忧思

黄济的劳动教育思想也源于自身对中国革命和建设各历史时期劳动教育政策与实践的经验总结与理性审视。改革开放初期，黄济专论《马克思主义教育思想在中国》，系统研究了新民主主义革命时期劳动教育的经验和党关于劳动教育的政策文件及实施经验：认为 1934 年毛泽东提出的"使教育与劳动联系起来"是苏维埃文化教育总方针的要求，也是新民主主义教育、社会

---

① 该书 1963 年以"内部讨论本"交由国内学者研讨，1979 年由人民教育出版社出版。"黄济学馆"藏有经黄济细致阅览和批注的"内部讨论本"。
② 中等师范学校课本《教育学》由顾明远与黄济主编，该书第十三章专论"劳动教育"。黄济作为主编之一，对该章认真研读并作批注。本研究所使用的是"黄济学馆"馆藏人民教育出版社 1982 年版本，简称"中师《教育学》"。

主义教育的方针政策和优良传统。其就 1949 年《共同纲领》提出的"五爱"公德教育中的"爱劳动"，1957 年毛泽东提出的"成为有社会主义觉悟的有文化的劳动者"和随后提出的"教育必须与生产劳动相结合"，邓小平提出的在教劳结合上"不但要看到近期的需要，而且必须预见到远期的需要；不但要依据生产建设发展的要求，而且必须充分估计到现代科学技术的发展趋势"①作过精到解读。

出于对教育事业的忠诚和对一代代青少年成长的关爱，黄济始终关注并努力破解劳动教育时代难题。20 世纪五六十年代针对"有些学生还存在着好逸恶劳、轻视体力劳动和体力劳动者"而倡导生产劳动；改革开放后，针对"左"倾思想影响下"宁要一个没有文化的劳动者"并引发对"过多地参加生产劳动"的后果的思考；当发觉教育实践中劳动教育缺乏，学生劳动技能、劳动态度存在问题后，几度发文阐释其劳动教育思想，倡议"五育并举"；直到晚年仍连连撰文，不遗余力地呼吁加强劳动教育，劳动教育时常成为其茶余饭后的谈资。

二、明其奥义：黄济劳动教育的价值取向与基本主张

回望漫长的教育生涯，黄济始终关注和探究劳动教育问题，就何谓劳动，劳动教育的内容、实施、培养目标以及劳动教育与人的全面发展教育的关系，都作出自己的价值取向和基本主张。

1. 强调劳动是个体及人类社会赖以生存和发展的坚实基础，倡导脑力劳动和体力劳动相结合

何谓"劳动"，历来是劳动教育面临的首要问题。承继了马克思、恩格斯对劳动的认识，黄济从劳动对于人类存在、人的发展、生产发展和社会进步的根本意义上界定劳动。1963 年《讲授提纲》认为："劳动是人类生活的第一个基本条件，是人类社会赖以生存和发展的基础。"②晚年进一步强调："人

①《邓小平文选》（第 1 卷），人民出版社 1994 年版，第 108 页。

②黄济：《历史经验与教育改革》，人民教育出版社 2004 年版，第 372 页。

类通过劳动来控制和调整人和自然的关系，以实现物质变换，并在生产过程中形成人与人之间的关系，即生产关系。人类通过劳动来推进生产的发展和社会的进步，同时也促进人自身的发展。"①

很多马克思主义著述，包括黄济的著述虽然在提到"劳动"时常因语境不同而所指有异，但它们都肯定劳动的内涵既包括体力劳动也包括脑力劳动。恩格斯认为，在社会主义社会"生产劳动给每一个人提供全面发展和表现自己全部的即体力的和脑力的能力的机会"②。黄济所研究和讲授的凯洛夫《教育学》在"劳动教育"章中就主张"教给青年学生重视苏维埃人民底体力和脑力的建设性劳动"③。1963年《讲授提纲》认为马列主义教劳结合原理的实质"就是要把年青一代培养成为既有政治觉悟又有文化的、既能从事脑力劳动又能从事体力劳动的共产主义的全面发展的新人"④。晚年依然强调"树立脑力劳动和体力劳动相结合的观点"⑤。

2. 主张劳动教育应包含生产技术劳动、社会公益劳动、自我服务劳动

就劳动教育内容而言，凯洛夫《教育学》着重论述了"学生适当参加体力劳动"和"学生参加公益劳动"。黄济用红笔分别框上，并在《讲授提纲》中将"生产劳动"分为三种：在校办工厂农场中参加劳动，学校安排的下厂下乡劳动，社会公益劳动和自我服务劳动。中师《教育学》将"小学生"劳动内容分为手工劳动课、自我服务劳动、社会公益劳动和生产劳动。黄济在该书第296页批注："生产劳动可以列在第一位，在小学可把手工劳动包括在内，可分为手工劳动和机械劳动，其次是社会公益劳动，第三是自我服务劳动（包括家务劳动）。"晚年明确提出：劳动教育"从其基本内容来分，可分为生产

经师人师篇

---

① 黄济：《关于劳动教育的认识和建议》，《江苏教育学院学报》（社会科学版）2004年第5期，第17页。

②《马克思恩格斯全集》（第20卷），人民出版社1972年版，第318页。

③ 凯洛夫著，沈颖、南致善等译：《教育学》，人民教育出版社1953年版，第302页。

④ 黄济：《历史经验与教育改革》，人民教育出版社2004年版，第401页。

⑤ 黄济：《历史经验与教育改革》，人民教育出版社2004年版，第372页。

技术劳动、社会公益劳动、生活服务劳动等"，与之前分类相比加入"技术"，体现了对劳动技术的重视，所言生产技术劳动"属于劳动技术教育的范畴，在基础教育中就是马列主义所主张的综合技术教育的内容"①。

值得关注的是，黄济在中师《教育学》第297页批注中不赞同"把家务劳动与自我服务劳动分为两项"，认为家务劳动属于自我服务劳动，而自我服务劳动"属于日常生活的范围之内，内容非常广泛，从个人的起居饮食到家务劳动和学校生活，都应有规范的要求。中国古代对此就极为重视，如朱熹主张从儿童时代，就要培养他们应对的能力；朱柏庐在《治家格言》中，开首就提出'黎明即起，洒扫庭除'的要求"。黄济将"自我服务劳动（包括家务劳动）"纳入劳动教育的组成部分，就意味着劳动教育不再局限于学校教育，也不局限于马克思在大工业生产背景下提出的"教劳结合"。

3. 主张劳动教育旨在培养劳动观点、劳动态度、劳动习惯、思想情感和道德品质，其核心是培养社会主义劳动价值观

凯洛夫《教育学》指出："除了养成学生对于劳动重要性的认识以外，同时，必须培养他们正常的劳动技能和习惯"②；"养成他们爱好和尊敬劳动的情感；养成他们有计划地、坚强地工作技能与习惯；养成他们对劳动的自觉的社会主义态度"③。结合中国国情，1963年《讲授提纲》将中小学开展生产劳动的任务清晰地表述为："培养学生共产主义的劳动观点、劳动态度、劳动习惯和工农的思想情感，培养共产主义的道德品质，克服轻视体力劳动和体力劳动者的观点以及劳心与劳力分离的观点；同时，要在劳动过程中，扩大学生的知识领域，学习一定的工农业生产的知识和技能。"

经过深思熟虑，黄济晚年主张在劳动过程中集中进行"劳动观点、劳动态度、劳动习惯的教育"。其中劳动观点教育置于首位，即"教育学生热爱劳

---

① 黄济：《关于劳动教育的认识和建议》，《江苏教育学院学报》（社会科学版）2004年第5期，第19页。

② 凯洛夫著，沈颖、南致善等译：《教育学》，人民教育出版社1953年版，第305页。

③ 凯洛夫著，沈颖、南致善等译：《教育学》，人民教育出版社1953年版，第302页。

动和劳动人民，克服轻视劳动和劳动人民的思想；树立学生脑力劳动和体力劳动相结合的观点，认识它是人的全面发展的基础，是人类社会走向理想目标的根基和动力；使学生认识劳动在社会主义社会已成为光荣豪迈的事业，劳动将从负担变为责任和快乐"①。如此培养的充满正能量的劳动观点是有信仰支撑的。所谓劳动态度教育，即"使学生学会劳动创造，以忠诚的态度来从事劳动，树立社会责任感；使学生认识从事劳动是公民的神圣职责，严格遵守劳动纪律，忠诚地履行工作任务，为社会主义建设尽职尽责"②。如此培养的充满理性的劳动态度是富于担当精神的。就劳动习惯培养而言，"要从小做起，从小事做起，日行月就，养成良好的劳动习惯；培养学生吃苦耐劳勤俭朴素的优良作风，反对好逸恶劳奢侈浪费的恶习"③。如此将道德意志支撑而养成的劳动习惯，与劳动观点、劳动态度浑然一体，旨在培养社会主义劳动价值观。

4. 坚持"五育"并举，将"劳动教育"列入全面发展教育

马克思曾将教育理解为智育、体育、技术教育"三件事"④，1963年《讲授提纲》就其时代性和必然性作过客观分析。凯洛夫《教育学》提出的智育、综合技术教育、德育、体育、美育，黄济结合中国国情作了吸收与借鉴："根据马克思主义全面发展的原理，根据当前的实际需要，弘扬我国的革命教育传统，将劳动教育列入教育组成部分之中，把德、智、体、美四育增补为德、智、体、美、劳五育，乃是应有之义，也是当务之急。"⑤除了1963年《讲授

---

① 黄济：《关于劳动教育的认识和建议》，《江苏教育学院学报》(社会科学版)2004年第5期，第21页。

② 黄济：《关于劳动教育的认识和建议》，《江苏教育学院学报》(社会科学版)2004年第5期，第21页。

③ 黄济：《关于劳动教育的认识和建议》，《江苏教育学院学报》(社会科学版)2004年第5期，第21页。

④《马克思恩格斯全集》(第16卷)，人民出版社1965年版，第217页。

⑤ 黄济：《关于劳动教育的认识和建议》，《江苏教育学院学报》(社会科学版)2004年第5期，第22页。

提纲》单列"生产劳动"一章，黄济在 1980 年《试谈教育方针问题》一文中呼吁在教育方针中加入"技术教育"并体现"劳动教育"；1993 年强调"劳动技术教育又是人的全面发展所必需"，"还是提五育为好"。

黄济深知，将劳动教育纳入全面发展教育组成部分未必合乎西方教育学的学理逻辑。依照西方身心二分的逻辑，人的全面发展就是身心全面发展，人的全面发展教育就是身育和心育。其中，身育即体育；心育含与知情意相对应的智育、美育和德育。由此，教育被分析成体、智、美、德四育，劳动教育因不存在与四育并立的学理基础，故难有一席之地。与西方学理重身心分析不同，中国传统教育采用知行逻辑，善于融通。基于对中西教育各自内在逻辑，基于对马克思主义"教育必须与生产劳动相结合"原理的把握，黄济确信劳动功用遍布四育，响亮地提出："劳动可以启智"，"劳动可以育德"，"劳动可以健体"，"劳动可以益美"。这就从中国传统教育知行合一逻辑出发，认定了劳动教育与四育的并列关系以及对人的全面发展的根本意义。

5. 主张将劳动教育有效贯穿于学校教育教学中，家庭、学校与社会协同开展，一贯实施

凯洛夫《教育学》主张："学校教学和课外教育工作底内容本身，在思想方面应当促使学生养成正确的劳动观点，激发学生对劳动者的深深尊敬和从事劳动的愿望。"[1] 黄济在此处批注："仅凭教学和课外工作能达到这些要求？"进而提出了涉猎广泛、贯彻终身的劳动教育。

1963 年《讲授提纲》指出："必须加强生产劳动中的思想政治教育"，"尽可能把学生的生产劳动和教学互相结合起来"。随着科技发展，黄济晚年提出中小学实施劳动教育必有两个结合，即"生产劳动教育与科技教育相结合"，"劳动活动与思想品德教育相结合"[2]。劳动教育与德育相似，不可能像某些课程一样仅凭课程教学就能达到目标；学校教学中加强劳动教育不是

---

① 凯洛夫著，沈颖、南致善等译：《教育学》，人民教育出版社 1953 年版，第 304 页。
② 黄济：《关于劳动教育的认识和建议》，《江苏教育学院学报》(社会科学版)2004 年第 5 期，第 20—21 页。

单纯增加劳动课时，劳动教育绝不限于劳动课程和课堂，而是要将劳动教育与品德教育、科技教育相结合，并贯穿于学校教育教学工作之中。

黄济始终认为，劳动教育"不只是学校的任务，家庭和社会都应密切配合进行，家庭在儿童的劳动教育方面占有举足轻重的地位，社会应当提供青少年进行劳动锻炼和实习的条件和场所。因为培养有社会主义觉悟的有文化的劳动者，是全社会的共同任务，要协同地进行，使其有效地实施"[1]。尤其是社会主义劳动价值观教育不是学校所能独自完成的使命，学校必须与家庭和社会协同进行。如果学校、家庭、社会彼此之间所传递的劳动价值理念相互抵牾，劳动教育效果必打折扣，必然引发学生价值冲突与迷茫。从横向上讲，家庭、学校与社会要涵盖全场域地实施劳动教育；从纵向上讲，劳动教育不是任何一个时段的使命，从早期家庭到就读学校再到社会，需要贯彻终身。

三、察其所安：黄济劳动教育的思想特质与躬行践履

黄济劳动教育思想独树一帜，有着值得铭记与传承的精神气质。就在黄济去世半年后的 2015 年 7 月 20 日，教育部、共青团中央、全国少工委印发的《关于加强中小学劳动教育的意见》明确了劳动教育"促进学生德智体美劳全面发展"的综合育人功能；2018 年 9 月 10 日，习近平总书记在全国教育大会上发出了"培养德智体美劳全面发展的社会主义建设者和接班人"的动员令；2019 年 8 月 14 日，中共中央办公厅、国务院办公厅印发的《关于深化新时代学校思想政治理论课改革创新的若干意见》将"培养德智体美劳全面发展的社会主义建设者和接班人"纳入学校思政课改革创新的指导思想；2020 年 3 月 20 日，中共中央、国务院发布的《关于全面加强新时代大中小学劳动教育的意见》就"努力构建德智体美劳全面培养的教育体系"作了顶层设计和整体部署，其中无疑凝聚了以黄济为代表的老一代教育学人的心血、智慧和期许。

---

[1] 黄济：《关于劳动教育的认识和建议》，《江苏教育学院学报》（社会科学版）2004 年第 5 期，第 21 页。

一代人有一代人的担当与作为，也必然留下各自时代的深刻烙印。作为新中国劳动教育政策演变和实践推进的见证者，黄济劳动教育思想也深深留下了了时代的印迹；难能可贵的是，他始终以知识分子的良知和担当，从未停止上下求索的脚步。其劳动教育思想的建树，尽管不可能穷尽劳动教育学理的探究，也不可能在劳动形态演变下的新时代为大中小学一体化推进劳动教育提供整套现成方案，但可为构建体现新时代特征的德智体美劳全面培养的教育体系提供有益的启迪和借鉴，尤其可为躬行践履社会主义劳动价值观提供不可多得的示范。

1. 融会古今中外，在传承借鉴中体现着本土化的底色

黄济超越古今时限，跨越中外地域，努力实现古今中外劳动教育思想的融会贯通。其劳动教育思想的形成，恰是在马克思主义关于人的全面发展学说和劳教结合思想指导下，借鉴西方教育理论，汲取苏联劳动教育经验教训，继承中国劳动教育优良传统，总结新民主主义劳动教育经验，着力结合中国实际，就本土化、中国化劳动教育所作的持续探索。

黄济晚年在总结苏联教劳结合和我国学习苏联教劳结合的经验教训时断言："我国是在学习苏联教育过程中走自己的路，是根据我们自己的实际来进行创建的。"① 强调无论是马克思主义经典作家提出的人的全面发展学说和与之相关的教劳结合理论，还是西方教育学理论乃至苏联劳动教育经验，只有开展"创造性学习"而不是直接"拿来讲"，只有与中国国情及劳动教育实际相结合而不是直接套用，才有持久的生命力。他赞赏西方教育学理论围绕"身心全面发展"而提出的德、智、体、美"四育"，同时依据马克思主义教劳结合思想，综合权衡与审视，力倡"五育并举"，创造性地于身心二育之外、于知行功夫之中融入益于全面发展的劳动教育。

黄济自幼熟读经史子集，精研中国传统文化，其劳动教育理念与日常践履均深受中国传统学理开蒙，是中国传统教育思想的"古为今用"。他时常

---

① 黄济：《历史经验与教育改革》（自序），人民教育出版社2004年版，第2页。

强调"在继承历史文化遗产时，应以马克思主义的唯物辩证法和科学历史观为指导，做到去粗取精，古为今用"①；认为中国传统劳动教育中有的内容虽然是"剥削阶级对子女的要求"，但依然应该成为培养"社会主义的公民、劳动人民的后代"所需借鉴的内容。其劳动教育思想注重劳心与劳力相辅相成而共进，肯定孟子提出的劳心与劳力分工是历史的进步，是治国安民所必需，但并不认为体力劳动与脑力劳动有高低贵贱之别；立足中国传统与实际，承认有脑力劳动与体力劳动的差别，但现在只能逐步地缩小差别；认同恩格斯所期待：社会主义社会"生产劳动就不再是奴役人的手段，而成了解放人的手段，因此，生产劳动就从一种负担变成一种快乐"②。

2. 与时偕行，一切以人的全面发展为目的，对劳动教育价值的坚守一以贯之

马克思在对"未来教育"期待中强调教劳结合"是培养全面发展的人的唯一方法"③；列宁在"未来社会理想"视域中强调"把青年一代的教育和生产劳动结合起来"④的历史必然性。据此，黄济一直将马克思主义教劳结合思想视为具有与时偕行品质的"现代化教育思想"，而不是僵化的教条。"以时为大"早已扎根黄济劳动教育思想中。1963年《讲授提纲》就提出开展生产劳动"要从实际出发，因时因地因人制宜"⑤并提出系列应对策略。他始终强调在组织学生参加劳动时，一定要从学生的年龄特征和实际出发，根据不同学生的具体情况，作出恰当的安排。教育的组成部分不是固定不变的，"它将随着历史的发展、认识的深化、现实的需求，而有所改变和有所增减"。他分析了新中国全面发展教育的历史变迁："从'三育'（德、智、体三育）到

① 黄济、于超：《略论建设有中国特色的社会主义教育》，《中国教师》2014年第13期，第36页。
② 《马克思恩格斯全集》（第20卷），人民出版社1972年版，第318页。
③ 《马克思恩格斯全集》（第23卷），人民出版社1972年版，第530页。
④ 《列宁全集》（第2卷），人民出版社1959年版，第413页。
⑤ 黄济：《历史经验与教育改革》，人民教育出版社2004年版，第406页。

'四育'（德、智、体、美四育）再到'五育'（德、智、体、美、世界观和德、智、体、美、劳五育），可见教育的组成部分因客观的需要和教育家的不同理解，而有所变动，即因时、因人而异"①。万变不离其宗，教育的组成部分应是以人的全面发展为目的，可以根据具体的需要而有所取舍。

年过古稀的黄济对劳动教育的呼唤格外引人注目。1992 年有感于当时对学生参加实践锻炼的意义重视不足，特别是对知识分子与工农结合强调的不够而疾呼将劳动教育纳入教育组成部分。21 世纪初，面对因劳动教育被软化弱化淡化而影响学生全面发展的现实，他强烈呼吁"五育并举"。至于由"四育并举"向"五育并举"是否适宜，则始终采取开放达观态度。2005 年 6 月，黄济复信应答瞿葆奎的置疑："从中国近代的教育传统来看，王国维先生的列表（列表中以体育、德育、智育、美育培养'完全之人物'）可以说是在哲学和心理学方面都有一定的根据，而且逻辑严密"；"我所以提出把劳动教育列为组成部分，在于劳动在人的发展中的特殊意义和作用以及当前的需要。独生子女的教育，学生实践能力和创造能力的培养，也是为了使教劳结合方针落到实处，这些考虑我至今还未放弃"；同年撰文强调把劳动教育列入教育的组成部分，将现在的德、智、体、美四育，增补为德、智、体、美、劳五育，以有利于学生更完善地全面发展。黄济与瞿葆奎尽管因学理逻辑而有一时争辩，但对劳动教育价值的坚守绝无二致，以文会友，以友辅仁，其争也君子，堪称"当今中国教育学术争鸣的典范"②。

3. 知行合一，以身为教、躬行践履社会主义劳动价值观

黄济信奉孔子"行有余力，则以学文"（《论语·学而》）和"躬行君子"（《论语·述而》）、陆游所谓"纸上得来终觉浅，绝知此事要躬行"（《剑南诗稿·冬夜读书示子聿》）及张栻所言"若如今人之不践履，直是未尝真知耳"（《南轩文集·答朱元晦》），确信中国传统文化在知行关系上"重践行是其

---

① 黄济：《关于劳动教育的认识和建议》，《江苏教育学院学报》（社会科学版）2004 年第 5 期，第 22 页。

② 于述胜：《教育学术应该这样争鸣》，《中国教师》2006 年第 1 期，第 23 页。

主要特点"①，深知做"经师"不易而做"人师"更难。秉持如此"知行合一"理念，他自称"学为人师，行为世范"是其永远追求的目标；其所倡导的劳动教育，绝不限于"纸上"所得，而是"行胜于言"的躬行践履，是崇尚历经践履的"真知"。在他那里，无须开设专门的劳动教育课程，亦无须给后学系统讲解何谓劳动何以劳动，却为后学提供了最为生动的以身为教、润物无声、潜移默化的劳动课。这样的课程，不是传授高深知识，而是传递永恒价值；不为学会高超技艺，而是领悟劳动真谛。

如果说"劳动教育的本质在于培养正确的劳动价值观"②，那么劳动教育的真谛则在于对正确的劳动价值观的躬行践履，黄济以其身体力行生动诠释了这一真谛。步入黄济学馆，即可见用于自我服务的缝补浆洗之物，不同型号应有尽有的劳动工具；有穿过数十年的鞋帽衣物，用过的陈旧不堪的箱柜衣橱，一张张"用药说明书"正反面作为便笺留下的密密麻麻的文字。记事本中，有自己和老伴写给医护人员、售货员等普通劳动者的一封封感人肺腑的信件留底，有多次陪同保姆去校医院为其挂号看病取药的记事，有精心辅导保姆王和平考取大学的欣喜，也有未能将曾姓保姆培养成"第二个和平"的愧意，还有特殊年代即使身陷囹圄的任劳任怨。他许身教圃，学而不厌，诲人不倦，91岁那年五一期间精心准备三日作了场报告，自以为"过了个有意义的劳动节"；92岁那年冬天依然拒绝他人接送，每周骑着三轮车往返北师大为研究生和访问学者系统讲授《四书》课。他毕生深究细研，艰辛探索，笔耕不辍，成果丰硕。其著作一版再版，每一版都花费精力修订，《教育哲学通论》《国学十讲》所作细致改动只可惜尚未来得及修订再版。晚年为中华文化研究与传承呕心沥血：右手粉碎性骨折后，就用左手撰写近两万字《诗词学步》提纲；年已九旬还基于开设的27期"古典文化专栏"完成《国学十讲》，主编并逐字审阅《中华文化经典导读丛书》八卷；去世前两年，精心策

经师人师篇

---

① 黄济：《教育哲学通论》，山西教育出版社1998年版，第21页。

② 胡君进、檀传宝：《马克思主义的劳动价值观与劳动教育观——经典文献的研析》，《教育研究》2018年第5期，第14页。

划并启动出版《中华国学教育经典丛书》；临终前为写作《诸经选读》，强忍颈部骨折牵引剧痛，在病榻上研读《战国策》……黄济自称"只行耕耘"而"不求闻达"，即使获得"全国教育科研突出贡献奖"也不以为意，对好评如潮的学界赞誉及媒体采访均持谨慎态度。

难能可贵者莫过于将甘愿奉献的劳动价值观完美融入其人生哲学：一个光辉的人生，绝不能把别人的东西给拐走了，而应为祖国和人民留下一点东西。纵观其一生，无论承担何种劳动，无论身处何种境地，始终自觉奉献，心系祖国，报效社会，期望奉献得"越大越好"，这恰是其劳动价值观的真实写照。斯人之逝，让太多人痛惜"再也见不到那位蹬三轮的老先生了"，却令人震撼的是早已留下的捐献遗体的遗嘱，所捐眼角膜为两位患者带来的光明，去世当年"捧回"的"感动师大年度新闻人物"奖杯，其书桌上一直摆放并信守的陶行知"捧着一颗心来，不带半根草去"的名句……何止是"不带半根草去"或"不把别人的东西给拐走"，分明留下了不朽的精神财富！何止是"愿化春蚕丝吐尽，织成锦绣饰神州"的济世之志，分明是崇高奉献精神的躬行践履！

经典教化篇

清末中小学堂 "读经讲经" 课程设置与启示 ①

　　清末十年 "新政" 时期，是中国教育大变革的时代。其中，1904 年 1 月 13 日（光绪二十九年十一月二十六日）清政府颁布的由张百熙、荣庆、张之洞合订的《奏定学堂章程》（"癸卯学制"），堪称中国第一个政府正式颁布并在全国范围实际推行的学制。尽管随着科举和读经科的废除，不可避免地结束了经学教育的制度化历程，带来了传统知识体系的瓦解，造成了经学教育的淡出和经学价值的淡化，但《奏定学堂章程》将《孝经》和 "四书" "五经" 等儒家经典列入大中小学堂 "读经讲经" 科目，体现出时人对儒家经典价值的认同和自觉传承。本文主要结合《学务纲要》《奏定初等小学堂章程》《奏定高等小学堂章程》《奏定中学堂章程》，探讨其中的 "读经讲经" 课程之设置，相信其对当代切实重视经典价值的传承，优化经典教育内容的设置，破解经典教育面临的难题，增强经典教育的可行性和实效性等问题，都会有所启迪。

---

① 本文发表于《教育学报》2012 年第 6 期。

一、对儒家经典价值之体认

"读经讲经"在《奏定学堂章程》的课程设置中居于核心地位，体现出时人对儒家经典价值的认同和自觉传承。

1. 读经书是为学为政之根本

"君子务本，本立而道生。"（《论语·学而》）基于"中体西用"观，张之洞等人将读经书视为"存圣教"而"立国"之本。《学务纲要》强调，中小学堂应该注重读经，"若学堂不读经书，则是尧舜禹汤文武周公孔子之道，所谓三纲五常者，尽行废绝，中国必不能立国矣"①。由此可见，注重读经，其首要目的在于"存圣教"而"立国"。无论是为学，还是治国理政，均不可失其根本，"学失其本则无学，政失其本则无政"②。

2. 读经书方可定其心性正其本源

《学务纲要》强调："古学之最可宝者无过经书。"其视读经为根本，认为读经方可唤起"爱国爱类之心"，进而带来富民强国之希望。反之，"其本既失，则爱国爱类之心亦随之改易矣。安有富强之望乎"③？无论学生将来从事何种职业，在学堂期间，经书必宜诵读讲解。即使由小学堂而就业，也必须曾诵经书之要言，略闻圣教之要义，以利于定其心性，正其本源。初等小学堂作为养正始基，浅显易懂地讲解经文，会"令圣贤正理深入其心，以端儿童知识初开之本"④。

3. "读经讲经"乃达成教育宗旨所必须

"读经讲经"科的设置，服务于各阶段的培养目标。无论是初等小学堂"以启其人生应有之知识，立其明伦理爱国家之根基，并调护儿童身体，令其发育为宗旨"⑤，或是高等小学堂"以培养国民之善性，扩充国民之知识，强

---

① 舒新城：《中国近代教育史资料》，人民教育出版社1981年版，第200页。
② 舒新城：《中国近代教育史资料》，人民教育出版社1981年版，第200页。
③ 舒新城：《中国近代教育史资料》，人民教育出版社1981年版，第200页。
④ 舒新城：《中国近代教育史资料》，人民教育出版社1981年版，第414—415页。
⑤ 舒新城：《中国近代教育史资料》，人民教育出版社1981年版，第414页。

壮国民之气质为宗旨"[1]，还是中学堂以"施较深之普通教育，俾毕业后不仕者从事于各项实业、进取者升入各高等专门学堂均有根柢为宗旨"[2]，若无经典价值的传承，其教育宗旨的达成是不可想象的。

二、"读经讲经"课程内容之设置

根据《奏定学堂章程》，《孝经》"四书"《礼记》节本为初等小学必读之经；《诗经》《书经》《易经》及《仪礼》之一篇为高等小学必读之经；中学堂则强调"应读《春秋·左传》及《周礼》两部"。详情分别列表如下：

表一[3]：初等小学堂"读经讲经"课程程度、每周教授时数全年共读字数

（每年除假期外以240日计算）

年级	经典内容	每日约读讲字数	每周钟点（另每日温经半小时）	全年约读字数	经典字数统计
第一年	《孝经》《论语》	40	12	9600	《孝经》2013字
第二年	《论语》《大学》《中庸》	60	12	14400	"四书"59617字
第三年	《孟子》	100	12	24000	《孝经》"四书"61630字
第四年	《孟子》《礼记》节本	100	12	24000	
第五年	《礼记》节本	120	12	28800	《礼记约编》约78000余字，择初学易解而人道所必应知者，节存40000字以内
五年累计	读完《孝经》《论语》《大学》《中庸》《孟子》《礼记约编》			101800	《孝经》《四书》《礼记约编》共计139630字。若《礼记约编》节存40000字以内，则共计101630

---

[1] 舒新城：《中国近代教育史资料》，人民教育出版社1981年版，第427页。

[2] 舒新城：《中国近代教育史资料》，人民教育出版社1981年版，第500页。

[3] 根据《奏定初等小学堂章程》整理。

表二①：高等小学堂"读经讲经"课程程度、每周教授时数全年共读字数

（每年除假期外以 240 日计算）

年级	经典内容	每日约读讲字数	每周钟点（另每日温经半小时）	全年约读字数	经典字数统计
第一年	《诗经》	120	12	28800	《诗经》40848字
第二年	《诗经》《书经》	120	12	28800	《书经》27134字
第三年	《书经》《易经》	120	12	28800	《易经》24437字
第四年	《易经》《仪礼》节本	120	12	28800	《仪礼》可止读《丧服经传》4437字
四年累计	读毕《诗经》《书经》《易经》及《仪礼》之《丧服经传》后可令多温数次，更可纯熟。余暇甚多，易于毕业			115200	96854字

表三②：中学堂"读经讲经"学科程度、每周教授时数全年共读字数

（每年除假期外以 240 日计算）

年级	经典内容	每日约读讲字数	每周钟点（另每日温经半小时）	全年约读字数	经典字数统计
第一年	《春秋·左传》	200	9（读6讲3）	48000	《春秋·左传》198945字
第二年	《春秋·左传》	200	9（读6讲3）	48000	
第三年	《春秋·左传》	200	9（读6讲3）	48000	
第四年	《春秋·左传》	200	9（读6讲3）	48000	
第五年	《周礼节训本》	200	9（读6讲3）	48000	《周礼》共49516字，《周礼节训本》约25000字
五年累计	读讲完《春秋·左传》和《周礼节训本》			240000	《春秋·左传》和《周礼》248461字；或《春秋·左传》和《周礼节训本》223000字

---

① 根据《奏定高等小学堂章程》整理。

② 根据《奏定中学堂章程》整理。

三、"读经讲经"课程实施之原则

遍览"癸卯学制"相关文本可见,"读经讲经"课程在实施中,大致强调如下原则:

1."博""约"相济,避免"泛滥无实"

在"博"与"约"的问题上,"癸卯学制"不求人人"兼精群经",但应尽量做到读而能记,记而能解,避免"泛滥无实"。经学博大精深,自汉唐以来的学者,崇尚专经,或兼习一两经。科举考试中,多为分经取士,即便是那些经学大师,也少有兼而精通群经者。读书人中,能通读"十三经"者很少,一般只读《孝经》"四书"及"五经",就《礼记》《左传》而言,读节本者居多。当时所办中小学堂,科学较繁,晷刻有限,若一概令学子全读"十三经",则会因精力不足、时间有限,而必然导致读而不能记,记而不能解,致使成效受限。况且,"泛滥无实",也是自古以来治经家们所不取的。故应"择切要各经,分配中小学堂内"①。

2.系统设置,少读浅解,循序而渐进

就读经的时间安排而言,"癸卯学制"要求视学生的年岁程度而定。"自初等小学堂第一年,日读约四十字起,至中学堂,日读约二百字为止。大率小学堂每日以一点钟读经,以一点钟挑背浅解(挑背者,随意择资质较钝数人,每人指令背诵数语,以省日力。浅解者,止讲浅显切用大义),共合为两点钟,计每星期治经十二点钟。中学堂每星期以六点钟读经,以三点钟挑背讲解,计每日读经一点钟,间日挑背讲解一点钟,每星期治经九点钟。至温经一项,小学中学皆每日半点钟,归入自习时督课,不占讲堂时刻。"②

各级学堂所读经书有多有少,所讲内容有浅有深,并非强归一致。《奏定初等小学堂章程》提到,读经讲经"其要义在授读经文,字数宜少,使儿童易记。讲解经文宜从浅显,使儿童易解,令圣贤正理深入其心"。《奏定高等小

经典教化篇

---

① 舒新城:《中国近代教育史资料》,人民教育出版社1981年版,第201页。

② 舒新城:《中国近代教育史资料》,人民教育出版社1981年版,第201页。

学堂章程》："读经讲经其要义亦宜少读浅解。《诗》《书》《易》三经文义虽多有古奥之处，亦甚有明显易解之处，可讲其明显切用者，缓其深奥者以待将来入高等学堂再习。若少年不读此数经，以后更不愿读，则此最古数经必将废绝矣。十二岁以后，为知识渐开、外诱纷至之时，尤宜令圣贤之道时常浸灌于心，以免流于恶习，开离经叛道之渐；每日所授之经，亦必使之成诵。"①

《奏定初等小学堂章程》《奏定高等小学堂章程》《奏定中学堂章程》都规定："讲经者先明章指，次释文义，务须平正明显，切于实用，勿令学生苦其繁难；其详略深浅，视学生之年岁程度而定。尤不可务新好奇，创为异说，致启驳杂支离之弊。至于经义奥博无涯，学堂晷刻有限，止能讲其大义；若欲博综精研，可俟入大学堂后为之。此乃中小学堂讲经通例。"②

3. 循循善诱，晓之以义，慎之以罚

孔子"循循然善诱人"（《论语·子罕》），孟子曰："教亦多术矣"（《孟子·告子下》），《学记》倡导"善喻"，"循循善诱"之理古今圣贤一以贯之。这在"癸卯学制"中也有所体现。《奏定初等小学堂章程》第十一节指出："凡教授儿童，须尽其循循善诱之法，不宜操切以伤其身体，尤须晓以知耻之义；夏楚只可示威，不可轻施，尤以不用为最善。"③《奏定高等小学堂章程》第十节强调："学童至十三岁以上，夏楚万不可用；有过只可罚以植立，禁假、禁出游、罚去体面诸事亦足示儆。"④ 其用心良苦若此！

4. 兼顾记性和悟性而因材施教，反对"强责背诵"

"孔子教人，各因其材。"（《论语集注·先进》）因材施教乃古已有之的教育成功之道。"癸卯学制"中亦有所强调，对"天资聪颖"者与"资性平常"

---

① 舒新城：《中国近代教育史资料》，人民教育出版社1981年版，第429—430页。

② 舒新城：《中国近代教育史资料》，人民教育出版社1981年版，第413、430、502—503页。

③ 舒新城：《中国近代教育史资料》，人民教育出版社1981年版，第421页。

④ 舒新城：《中国近代教育史资料》，人民教育出版社1981年版，第435页。

者各有适当要求,分别善待"记性过钝实不能背诵者"与"记性甚劣而悟性尚可者"。《奏定初等小学堂章程》第十二节和《奏定高等小学堂章程》第十一节均规定:"凡教授之法,以讲解为最要,讲解明则领悟易。所诵经书本应成诵,万一有记性过钝实不能背诵者,宜于试验时择紧要处令其讲解。常有记性甚劣而悟性尚可者,长大后或渐能领会,亦自有益。若强责背诵,必伤脑力,不可不慎。"① 就《礼记》而言,"惟全经过于繁重,天资聪颖学生可读江永《礼记约编》(约七万八千余字),其或资性平常,或以谋生为急,将来仅志于农工商各项实业,无仕宦科名之望者,宜就《礼记约编》择初学易解而人道所必应知者,节存四万字以内,俾得粗通礼意而仍易于毕业"②。

5. 西学无碍,古学不废,"无一荒经之人"

"中学"与"西学"之争,是清末教育思潮中论争的焦点。"癸卯学制"的制定者们清楚地意识到,"凡诟病学堂者,盖误以为学堂专讲西学,不讲中学故也。现定各学堂课程,于中国向有之经学、史学、理学及词章之学并不偏废。"③ 根据"癸卯学制",到中学堂毕业,学生都已读过《孝经》"四书"《易》《书》《诗》《左传》及《礼记》《周礼》《仪礼》节本,共计读过"十三经"中的十经,并通大义。与以往书塾书院所读所解经书相比,已有所增加。只要功课有恒,则每日并不多费时间,而"经书已不至荒费"。若照此章程办理,则学堂中"决无一荒经之人,不惟圣经不至废坠,且经学从此更可昌明矣"④。

《学务纲要》断定:"经学课程简要,并不妨碍西学","兹酌加每日治经钟点,学生并不过劳,而读经讲经温经绰有余裕,亦无碍讲习西学之日力。若其博考古今之疏解,研究精深之义蕴,及自愿兼通群经者,统归大学堂经学专科治之,于群经古学仍可保存不废。"⑤ 就课时而言,"读经讲经"在小

① 舒新城:《中国近代教育史资料》,人民教育出版社1981年版,第421、435页。
② 舒新城:《中国近代教育史资料》,人民教育出版社1981年版,第415页。
③ 舒新城:《中国近代教育史资料》,人民教育出版社1981年版,第212页。
④ 舒新城:《中国近代教育史资料》,人民教育出版社1981年版,第201页。
⑤ 舒新城:《中国近代教育史资料》,人民教育出版社1981年版,第201页。

经典教化篇

学堂占总课时不到三分之一，中学堂则仅占四分之一。如《奏定中学堂章程》规定：中学的教学科目有修身、读经讲经、中国文学、外国语、历史、地理、算学、博物、物理及化学、法制及财政、图画、体操共12科，每周教学总时数36学时，其中读经讲经9学时，外国语占6—8学时。

6. 将修身、中国文字、中国文学、历史诸科目与"读经讲经"相融通

"癸卯学制"不仅指出"中学"与"西学"并行不悖，而且强调"中学"内部各科的协和。就其他各科与"读经讲经"而言，《奏定高等小学堂章程》特别强调"修身之道备在《四书》，故此次课程即以讲《四书》之要义为修身之课"（初等小学虽于读《四书》时随时讲解，止讲其浅近文义，高等小学可讲略深者）"①。"中国文字"对读古来经籍的意义，自不待言。就"中国文学"科而言，"能为中国各体文辞，然后能通解经史古书，传述圣贤精理。文学既废，则经籍无人能读矣"②。

7. 理实结合，知行合一，贵实践而忌空谈

经典教育贵在理实结合，知行合一，切忌空谈，这也是"癸卯学制"所强调的。中国儒家的宗旨乃归于躬行实践，各级学堂的教学科目设置，包括修身和读经讲经，对此都有所强调。中学堂要求"所讲修身之要义，一在坚其敦尚伦常之心，一在鼓其奋发有为之气，尤当示以一身与家族朋类国家世界之关系，务须勉以实践躬行，不可言行不符"③。《学务纲要》强调："惟止可阐发切于身心日用之实理，不可流为高远虚渺之空谈，以防躐等蹈空之弊，果能行检笃谨，即是理学真儒。"④

四、对当代经典教育之启示

清末新政大员出于对儒家经典价值的认同和自觉传承所制定的新学制，

---

① 舒新城：《中国近代教育史资料》，人民教育出版社1981年版，第429页。

② 舒新城：《中国近代教育史资料》，人民教育出版社1981年版，第202页。

③ 舒新城：《中国近代教育史资料》，人民教育出版社1981年版，第502页。

④ 舒新城：《中国近代教育史资料》，人民教育出版社1981年版，第210页。

将"读经讲经"在中小学堂课程设置中居于特别重要的地位，给予了比较充裕的课时保障。新学制将《孝经》和"四书""五经"等儒家经典作为中小学堂"读经讲经"课程内容，突出了为学为政之根本，切合当时的教育宗旨。章程的制定者之所以如此重视和强调"读经讲经"，旨在通过比较系统的经书诵读和经学熏陶，培植学生的深厚的"中学根柢"，养成其深厚的文化认同感。尽管章程的制定者力图通过严格的"读经讲经"，对学生进行精神规训和教化，使之固守以儒家伦理道德为本位的圣贤之道，却难免具有政治教化的色彩，但所表现出的本土文化意识，倚重经典文化传承价值的目的，则是显而易见的。当今，经典教育的缺失，可谓久矣甚矣！① 如此，则必然带来价值传承的缺失。因为值得传承的价值多存在于经典之中。唯有通过经典教育，才有可能更有成效地传承价值。每一位国民都有研读本民族经典的义务。读优秀传统文化经典，是以一当十、含金量高的文化阅读，是中华文明世代传承的绝佳措施，尤其是少年儿童，其心灵纯净空廓，由经典奠基必然能激发起他们一生的文化向往。经典会让人更加体面，更有教养，更有尊严，更具国人资格，更易融入民族的精神生活。

回望百年前"读经讲经"课程，特别注重经典教育内容的体系化、序列化。基于儒家强调孝悌"为仁之本"（《论语·学而》），"癸卯学制"制定者们将《孝经》列为初等小学堂"读经讲经"的科目之首。"四书"是进入"五经"之阶梯，故在孝经之后，首研读"四书"。恰如《三字经》所言及："《孝经》通，四书熟，如六经，始可读。"在《孝经》和"四书"之外诸经中，"《礼记》最切于伦常日用，亟宜先读"②。于是，初等小学堂将《礼记》纳入"读经讲经"科目之列。不仅小学堂和中学堂皆有"读经讲经"主课，高等学堂也有"讲经"之课，大学堂、通儒院，则以精深经学，列为专科，体现出由浅入深之序列。随着学科日益碎片化，传统经典在课程体系中几乎荡然无存。仅

---

① 1912 年 1 月 19 日中华民国临时政府教育部下令：小学堂读经科一律废止。同年 5 月教育部再次下令：废止师范、中小学读经科。自此，读经科从课程体系中淡出。

② 舒新城：《中国近代教育史资料》，人民教育出版社 1981 年版，第 415 页。

以小学为例，大陆最具权威的教育出版社，所编小学语文仅四年级下册"日积月累"出现《论语》《孟子》各几则名句，六年级下册出现《孟子·告子上》之"学弈"课文。自小学到大学甚至博士毕业，如果不是强有力的引导，几代学人终生罕有熟读过经典者。如此碎片化而无经典之根的教育，其育人效果难免会打几分折扣。鉴于此，要切实"建设优秀传统文化传承体系，弘扬中华优秀传统文化"，必须尽早尝试将经典教育有序纳入国民教育体系。

引领"读经"、实行"讲经"的师资，历来是经典教育能否取得效果的关键。据学部统计，1909年，初等小学堂教师中48%有传统功名，大致胜任经典教育。常言道："经师易得，人师难求。"如今，"人师"依然难求，"经师"得之尤其不易。中小学绝大多数教师缺乏直接阅读儒学典籍的能力，至于解读乃至运用，则更成问题。在此情况下，即使"增加优秀传统文化课程内容"，真正将"四书"或其他经典作为"国学基本教材"纳入中小学课程体系，假如有必要的课时保障，也相对缺少合格的师资来担当如此重任；加之经书理深文奥，若无合格师资强有力引导，恐怕即使是资质聪颖者，也难免囫囵吞枣，食而不化。可知，破解"经师"贫乏难题，乃当务之急。

基于"癸卯学制"经典教育课程实施之道，当确信："博""约"相济，是经典教育的切要之处，否则必然"泛滥无实"；循序渐进的系统设置，是经典教育顺利推进的基础，若学而"躐等蹈空"，必然"坏乱而不修"；循循善诱的教化之道，会使学习者"欲罢不能"；各因其材的育人智慧，会令学习者"尽竭吾才"；兼顾"中学"和"西学"，在维护"中学根柢"的同时，顺应时势，容纳"西学"，折射出鲜明的时代底色，引发了中国早期教育现代化的启动与推进；将"读经讲经"与修身诸科目相互渗透，发挥育人的综合效能，会使学习者融会贯通，实践躬行；润物无声的文化氛围，会起到潜移默化之功效。成功的经典教育，必令教育固其本根，令学习者意味深长，产生受益终身的文化向往。这为当代经典教育内容的优化设置，破解经典教育面临的诸多难题，增强经典教育的可行性与实效性，提供了有益借鉴。

"物有本末，事有终始，知所先后，则近道矣。"（《礼记·大学》）中华文化是中华民族的血脉，弘扬中华优秀传统文化，应以经典文化为根脉，经典教育为优先选项。加强对优秀传统文化思想价值的挖掘和阐发，唤醒"沉睡着的"经典的力量，或许是化解当今诸多育人困境之錧辖。"经典"作为能够穿越时空、给一代代人带来心灵震撼和滋养的精品杰作，是一个民族文化、精神和价值的载体，没有经典的民族往往是没有精神和价值支撑、缺乏文化身份的民族，是十分可怜的；有了经典而缺少温情与敬意，不善于挖掘和阐发蕴涵其中的价值，也是相当可悲的，国家恐难立于文化强国之林。经典是每个国民安身立命之所依，经典若被焚毁、否定或忘却或淡出于教育，借以安身立命的共同价值就没有了基础，也就难有文化认同，这样的国民难免灵魂飘泊、精神恍惚。

造就一批名家大师和民族文化代表人物，是增强文化实力的必然要求，是全面建成小康社会的时代呼唤，也是民族复兴的迫切需要。中华经典不仅能提供知识，而且能发掘潜能，启智养性，完善人格，成就人生。自称"名家"或身为"人师"者，应以经为师，潜心研读，明经典之义理，感悟圣贤人格，领悟圣贤教诲，身体而力行，且担当启迪学人智慧、养育健全人格之使命。

经典教化篇

经明行修　正心救世

——基于唐文治《读经意见》的文本分析①

　　唐文治（1865—1854），字颖侯，号蔚之，晚号茹经，自幼饱读经史，光绪十八年（1892年）中进士，其后从政，官至农工商部尚书，后离开政坛潜心教育。1907年主持上海高等实业学堂（上海交通大学前身），1920年在眼盲不便的情况下，受邀主持创办无锡国学专修馆（简称无锡国专）并主持该校30年。作为科举时代下成长起来的一代儒士，唐文治对"经之所以为经"有着深刻体悟，对经学之价值有高度自信，直至晚年仍不遗余力地支持并推动读经。唐文治关于读经的主张，集中反映于他在《教育杂志》发表的意见，通称《读经意见》②。该文呈现了唐文治所关注的经学教育的重大问题，包括经学

---

① 本文系王荣霞自其博士学位论文节选梳理而成。

② 《读经意见》，1938年先是以《读经次第支配法》为题，原文被编入《国专月刊》第五卷第三号；后来经唐文治作个别文字修改后，以《读经条义》为题被编入《茹经堂文集》第四编卷四。

的价值以及如何实施读经，值得深入探讨。

一、读经讨论的发起及各派意见

近代以来，随着西力东侵，西学东渐，传统经学独尊的格局被打破，经学的价值受到质疑，经学之存废成为众所关注的焦点，因而在晚清至民国期间几度掀起讨论读经之热潮。1934 至 1935 年开展的读经争论尤其值得关注。

1. 读经讨论的发起

1935 年 5 月 10 日，上海商务印书馆《教育杂志》第 25 卷第 5 期"读经问题专号——全国专家对于读经问题的意见"出版发行。在此之前，该刊主编、历史学者何炳松，向全国教育界以及关注教育的专家学者发出征求意见函百余封，征询对"读经"的看法，并将七十余篇回复意见集中刊发。

发起对读经问题讨论之缘由，适如发起者何炳松所言，主要缘于当时"我国思想的混乱和国难的严重"①。清末有识之士有感于科举教育之不足，大量西学的传入为当时中国社会带来了莫大困扰，"图救时者言新学，虑害道者守旧学，莫衷于一"②，甚至造成新旧纷争，中西互诋，贻误中国自强生机。张之洞主张"中体西用""新旧兼学"，实际上是先通"中学"以立其本，继习"西学"以达其用，冀免于沦亡之祸。其时，与张之洞抱持相同观点的士人已不在少数。唐文治就是其中之一。伴随改革思潮，清末教育制度也随之发生变革，读经存废的问题逐渐引发关注，进而产生了读经之论争。1902 年颁布的《钦定学堂章程》和 1904 年取而代之的《奏定学堂章程》，就已经提到当时社会上弥漫着废经灭古的风气，清政府对此风气甚是忧虑，规定"中小学堂宜重读经，以存圣教"。伴随 1905 年科举制度的正式废除，各地大量兴办学堂，学校读经随之加快衰退。1912 年，民国肇建，即废除小学读经之决定，紧接着提出"学校不应拜孔子案"，认为祀孔有违信教自由并且妨碍教育

---

① 龚鹏程主编：《读经有什么用：现代七十二位名家论学生读经之是与非》，上海人民出版社 2008 年版，第 8 页。

② 张之洞：《张文襄公（之洞）全集》，文海出版社 1970 年版，第 14433—14434 页。

普及的推行。1913 年，教育部公布《大学令》，取消经学科，完全采用西方的学科分类标准，打破了绵延千年的经学教育传统，树立了民国教育改革之先声，也为民国之教育种下了纷争的根源。

孔子之教倡行中国两千多年，儒家经典已成为国人立身行事之规范和根底。民国元年教育部废止读经以后，资深文人恢复"读经"的欲求从未停息，最具代表性的是 1915 年康有为及其弟子陈焕章等发起的定孔教为"国教"运动，以及政府恢复学校读经在内的"尊孔读经"措施。尽管随后很快将学校读经废除，然而倡导读经者仍以不同的方式继续不断掀起读经风潮。随着新文化运动兴起，包括经学在内的中国固有文化受到剧烈冲击，与此相对应，"新思想、新道德、新文化"成为主流。经学被认为"只堪陈列于博物馆中，供后人凭吊"①。

北伐战争后，民国政府于 1928 年宣告"训政时期"开始。次年 4 月，以三民主义为中心思想的教育宗旨付诸实施，以"四维八德"发展民族精神，随之明确把"礼义廉耻"作为立国之本。《教育宗旨及实施方针》中强调，以"忠孝仁爱信义和平"为国民道德教育内容。自九一八事变之后，民国政府面临内忧外患的冲击，遂以复兴传统文化为目标，加大国民思想建设。1934 年 2 月政府推行"新生活运动"，要求将"礼义廉耻"四大道德落实于国民之衣食住行，以推进国民的新生活，复兴中华民族；同年 8 月，民国政府通令全国恢复纪念孔子诞辰，举行隆重的国祭典礼，并陆续进行民族文化复兴运动。为响应民国政府的文化政策，于政府领导的"新生活运动"同时，民间文化界发起儒教救国运动、读经运动及保存传统文化运动。1935 年初，何炳松、王新命、章益等"中国本位文化派"的十位教授发表《中国本位的文化建设宣言》，指责近代中国文化界忽视中国固有文化特质的倾向，主张脱离欧化主义，注重中国本位文化建设。与此同时，有香江"读经"的盛行和湘、粤政要推行"尊孔读经"，遂有胡适等人的公开批评；有汪懋祖倡导中小学恢复文言，遂

---

① 严寿澄：《百年中国学术表微·经学编》（序），华东师范大学出版社 2012 年版，第 1 页。

有吴研因的针锋相对。读经问题遂又引起全国教育界之关注。何炳松顺应时势，以征询对"读经"意见的方式，发起"读经"大讨论。

2．读经讨论之各派意见

读经问题直接关乎教育。晚清以降，即使民国时期，尊孔废孔，读经废经，祖左祖右，此起彼伏。1935年《教育杂志》开展的讨论，实际上是读经争论的继续。综观历次读经争论，关键在于厘清：一是经书的性质与内容；二是经书的伦理价值；三是经书所具伦理价值的时代意义或对国家现代化的作用。

何炳松在征询读经意见时，亦曾致函无锡国学专修馆[①]，请求该校学者就此发表意见。时任校长唐文治对此非常重视，不仅自己亲自撰写关于读经问题的意见，还积极动员该校其他专家教授就此问题阐述各自的看法。《国专月刊》第一卷第二号（一九三五年四月十五日）专门记载"校闻·上海商务印书馆教育杂志社来函征求关于读经意见"："上海商务印书馆教育杂志社，以读经问题，关系吾国文化学术前途甚大，特以五月号为讨论读经问题之专号，快函本校，要求拨冗表示意见。闻唐校长除自撰论文外，并分函各教授，请亦著文应请，以供全国学术界之研究，及青年读者之参考云。"[②]

"读经专号"共收录70篇意见，除一篇是武昌中华大学中国文学系诸先生的集体意见外，另外69篇意见涉及72位专家，其中包括正在无锡国专任教的唐文治、钱基博、顾实以及曾在无锡国专任教的陈鼎忠、陈柱等人。72位专家的读经意见，乍然观之，似乎势不两立，仔细分析便会发现，其中除少量持绝对意见者之外，大多数人对读经还是有轻重缓急、日程多少，以及取其精华、去其糟粕的看法。何炳松将各专家之意见进行分析、综合、归纳为：绝对赞成读经派、相对赞成或反对读经派、绝对反对读经派三大类[③]。因读经

经典教化篇

---

① 无锡国学专修馆（简称无锡国专），创办于1920年底，1950年并入苏南文化教育学院，1952年并入苏南师范学院，后改为江苏师范学院，也就是苏州大学的前身。

② 刘桂秋：《无锡国专编年事辑》，中国大百科全书出版社2011年版，第195页。

③ 龚鹏程主编：《读经有什么用：现代七十二位名家论学生读经之是与非》，上海人民出版社2008年版，第8页。

讨论以中小学生应否读经为焦点，因此以中小学生应否读经的意见作为分类标准。

其一，绝对赞成读经派：唐文治、钱基博、顾实、陈鼎忠、姚永朴、古直、曾运乾等十余人，主张国民均应读经。因小学年龄记忆力强、理解力弱，应当发挥其特长，待至长成知识发达时，幼时记诵自能应用，届时自当更感兴趣。正在和曾在无锡国专任教的参与讨论的诸先生中，除陈柱一人属于相对赞成读经派之外，其他四人均是绝对赞成读经派，而唐文治作为首列绝对赞成者，其意见被置为《教育杂志》第25期"读经专号"首篇。

其二，绝对反对读经派：如陶希圣、周予同、柳亚子、曾作忠、叶青等十余人，主张中小学生不宜读经，主要理由是经书的程度高深不适于中小学生；读经与学生的兴趣及需要不符；读经不合近代心理学、教育学理论，且影响现代学校制度推向正规。

其三，相对赞成或相对反对读经派，涉及人数较多，共分五级：第一级：陈立夫以为可于中小学将一部分精华编为教材；郑鹤声、朱君毅则以为初小不宜，高小以上不妨选读。第二级：蔡元培、李书华、胡朴安等人以为大学生可以作为一种专门研究，中学生可以选读几篇，而小学生读经则是有害无益。第三级：郑西谷、黄翼、章益等人以为初中以下不宜读经，应从高中以上始识经。第四级：范寿康、谢循初、陈钟凡、傅东华、吴研因等以为经书固不妨自由研究，但不宜硬性规定中学以下学生研读。第五级：杜佐周、蒋复璁、刘百闵、陈望道认为经学不是没有研究之价值，但由专家埋头去研究即可，青年人是不适合在故纸堆中讨生活的。以上五级为相对派意见，人数居多，多数人在读经起始点意见不相同，自小学、中学或大学不一，少数认为学校青年都不宜读，只专家研究即可。[①]

读经论争中各派的观点，因参与者的背景与着眼点不同而呈现多样性。但从参与讨论的人数来看，对中小学读经持绝对意见者，即完全支持读经与

① 尤小立：《"读经"讨论的思想史研究——以1935年〈教育杂志〉关于"读经"问题的讨论为例》，《安徽史学》2003年第5期，第58—61页。

完全反对读经者，占少数，大多数人倾向于有条件地读经，能以平心静气地态度正视经书的内容和价值，诸多学者站在文化与信仰的角度来重新审视经书的价值和内涵；反对读经者中，也不乏意气用事、不及其余者；即使同一院校，不同学者所持态度各异，武昌中华大学中国文学系四位先生的"集体意见"，实际上分为"主张读经""主张节读经书"和"反对读经"三种意见；也有随时代变迁而前后态度有所变化者，清末曾发表《论小学堂读经之谬》反对小学读经的顾实，翻转成了绝对赞成读经派。如此立场转变，间接证实经书本身存在的独特价值，这也让我们更容易理解唐文治之所以坚守读经的动因。

二、正心救世：唐文治对读经价值的体认

《读经意见》发表之时，唐文治年已七旬，仅创立无锡国专并任校长就已有十五年。就"读经专号"刊出的诸篇文章进行分析发现，在读经课程设置、教科书的选择以及学生分阶段推进等实践性之考虑方面均没有唐文治所论周到具体，就其所持读经思想而论，态度之坚定，毋庸置疑。唐文治的《读经意见》，绝非一时意兴，而是从自身阅历及长期思考而来，是国家面临内忧外患之际发出的重要宣言，旨在"正人心以拯民命，救中国以救世界"。正如唐文治在《十三经读本》序中所强调：若要救世，必须先救人；若要救人，必须先救其心；若要救其心，必须先读经；读经必须先知道经之所以为经。由此见其从忧患意识出发而修道立教、尊经救世的决心，鲜明体现了其研治经学的高度自觉。

1. 由"严复之问"阐发读经价值

《读经意见》开宗明义："窃维读经当提倡久矣！"可知其倡导"读经"之一贯态度。耐人寻味的是，唐文治由严复与英国公使朱尔典的对话说起，以表明"读经"之必要。"严尝以中国危亡为虑，朱曰：'中国决不至亡'。严询其故，朱曰：'中国经书，皆宝典也，发而读之，深入人心。基隆屝固，岂有灭亡之理？'"由此强调中国经书皆"宝典"，皆有益于正人心，而人心则

事关国家安危。严复与朱尔典的对话至少七次被唐文治在不同场合回忆或引及。早在1933年10月，唐文治应国学讲习会之邀赴苏州演讲《论语大义》中说：

> "迄乎近世，文化更不及曩时，将何以挽救之？鄙意国有文化，方可救国；苟不用孔子学说以振兴之，虽欲救国，其道无由。故惟尊孔读经，乃能救国。犹忆民国初年，英使朱尔典回国时，尝谓福建严又陵先生曰：'中国决不至于亡国，盖国有大宝，如四书五经，诚能发扬而光大之，取之无尽，用之不竭，富强可立而待。'此言与鄙见不谋而合。"①

此次引"严朱对话"，乃强化中华文化、孔子学说、四书五经之于救国强国的意义。1940年唐文治在《粹芬阁四书读本序》中，再度提到："数十年前，英公使朱尔典回国时，福州严几道先生流涕送之，以中国之阽危也。朱公使与之曰'中国无虑危亡，可虑者，我欧洲耳'。严讶而询之，朱曰：'中国有宝书，发而读之，治平之基在是矣。'严询问何谓宝书，朱曰'《四书》《五经》是矣，而《四书》为尤要。'呜呼！外人之尊吾经籍若是，而吾国忽焉不讲，非大惑不解者耶。"②

严复与英国公使朱尔典之间的对话，经查阅核实，确实有之，尽管引述在具体文字上有所不同，大意却相差无几。据《严复年谱》记载：1916年11月15日，朱尔典以回国相告。（严复）先生赴英使馆"往送之，与为半日晤谈，抚今感昔，不觉老泪如绠。朱见慰曰：'严君，中国四千余年蒂固根深之教化，不至归于无效，天之待国犹人，眼前颠沛流离，即复甚苦，然放开眼孔看去，未必非所以玉成之也，君其勿悲。'复闻其言，稍为破涕也"③。

民国元年，教育部关于废除读经的做法刚一落地，便遭到一片质疑。而第一个提出系统反对意见的人是严复。1913年，严复在演讲中针对读经"三疑"，即苦其艰深，畏其浩博，宗旨与时不合，做了一一辩驳：世界不断进化，

① 唐文治：《茹经堂文集：三编卷三》，文海出版社1974年版，第1309页。

② 唐文治：《茹经堂文集：五编卷五》，文海出版社1974年版，第1952页。

③ 孙应祥：《严复年谱》，福建人民出版社2014年版，第382页。

但在变化之中自有其不变之处，虽然当下之中国已远非旧时的中国，但经书中所阐述的大义与世界潮流自有暗合之处。在严复看来，读文言经书确实不是一件易事，但是经书也不都晦涩难懂，况且读经并不要求去逐字逐句地翻译和解说，只是希望能达到"早岁讽诵，印入脑筋，他日长成，自渐领会"之效。所以，尽管经书广博繁多难以穷尽，但也不能因此就对其妄加删减。严复在1917年4月26日写给熊纯如的信中提到自己年近古稀，曾经探究关于人生的根本原理和智慧，认为"耐久无弊"的还是"孔子之书"，"四书五经"。① 了解严复的观点，再对照唐文治的《读经意见》，我们会发现，他们二人有关读儒家经典问题的看法可谓高度吻合。

作为在传统文化中成长起来的儒士，唐文治矢志不渝，一再重申读经的意义，强调我国经书"皆宝书也""皆宝典也"，热爱并自觉诵读之，不仅能"固结民心""涵养民性"，而且可以"和平民气""启发民智"。唐文治之所以屡屡提及朱严对话，也绝不是自己无所主见而引外人以自重，实在是因为当时社会西化的呼声很高。在唐文治看来，"外人尊重我国经典若此，而近时我中国人不读中国经书，未免谬误"。所谓旁观者清，他是希望借外人的看法，来塞那些主张废经西化者之口而已。

2. 矢志不渝倡导读经以正心救世

晚清以来，中国近代历史的总体动向是求新求变、救亡图强，反对读经者在其中占据了主流优势。与此同时，不少学者不随时俗风尚而流转，不为时髦学说所左右，推崇经学正心救世的时代价值，唐文治就是其中的典型代表。

在审视时局的过程中，唐文治始终坚持"尊孔读经"，严词批评有关"废孔弃经"的言论和政策。早在1913年，针对废除祭祀孔庙的呼声，他指出，晚清教育腐败的原因不是因为祀孔，而在"诱人以利禄"与"用非所学"两大端；今日欲求教育改革，不着力于各类重要事项的建立与发展，而先行废除

---

① 孙应祥：《严复年谱》，福建人民出版社2014年版，第390页。

祀孔，是为本末倒置。①1920年，在《读经救国论序》中，强调："国何以立？系于民之心，是非之心存焉尔。国何以倾？亡于民之心，是非之心亡焉尔。"因此读经与救国休戚相关。唐文治确信：凡政治、伦理、经济、教育、军事、外交等问题的是非曲直均可在经书中找到答案。②1921年，无锡国学专修馆刊刻《十三经》，以供学生诵读，唐文治作"序"痛陈废经之弊：危害人心，造成仁义塞、礼法乖、孝悌和廉耻亡。1925年，唐文治在《华君觉堂墓表》中指出在"世风日漓，人心陷溺"情况下读经的意义："孔孟之道如布帛菽粟，终身用之不尽，子孙虽愚，经书不可不读……将使知立身处世之方也。"③1931年，唐文治鉴于"近年以来人心日坏，罔利营私，无恶不作，侮慢圣贤，荒道败德，以致灾害并至，虽有善者，亦无如之何矣"④，撰述《废孔为亡国之兆论》，再度力陈反对废孔，通篇三次重申："废孔则国必亡，尊孔则国可以不亡"，强调尊孔以言人道、人伦、人格与人心救国，并极言孔子之道非囿于封建思想，乃能历久不衰，更有大用于当今世衰道微之际。⑤1932年，上海地区各大学校长邀集专家学者与会讨论复兴中国教育问题，钱基博受唐文治委托代表其出席，提交了"尊孔"与"读经"两项议题，将读经问题扣紧三民主义，透过孙中山思想，强化读经的正当性和合理性。1933年，唐文治应章太炎之邀，到苏州国学会演讲，盛赞《论语》之精妙并强调：我国固有文化可以救国，但如果不采用孔子学说，即使想救也救不了，即"惟尊孔读经乃能救国"⑥；就《孟子》而言，唐文治强调"读书须视时代为转移"，新形势下救人心、救人命的当务之急是必须"先读《孟子》"。⑦1938年，唐文治著《孟子尊孔学题辞》，再次强调"欲复兴中国，必先复孔子之精神，欲复孔子之精神，在教师

---

① 唐文治：《茹经堂文集：二编卷二》，文海出版社1974年版，第633—642页。

② 唐文治：《茹经堂文集：二编卷五》，文海出版社1974年版，第788—791页。

③ 唐文治：《茹经堂文集：二编卷八》，文海出版社1974年版，第1070页。

④ 唐文治：《茹经先生自订年谱正续篇》，文海出版社1986年版，第105页。

⑤ 唐文治：《茹经堂文集：三编卷一》，文海出版社1974年版，第1193页。

⑥ 唐文治：《茹经堂文集：三编卷三》，文海出版社1974年版，第1309页。

⑦ 唐文治：《茹经堂文集：三编卷三》，文海出版社1974年版，第1312页。

能讲经，学生能读经"。①

　　1947年9月，时年82岁的唐文治在交通大学演讲时说："鄙人以为方今最要者'气节'二字"，"若气骨不立，如烘炉之镕化，非我徒也。"②在唐文治看来，君子之善养浩然之气，固然源于经学与理学的感发涵养，同时必须经受是非义利的社会烘锤，然后方可立人品、正人心、救民命。唐文治接着说："近世生民之困苦，奚啻孺子之入井？何以救之？有力者以经济，无力者以学说。""要知经典所载，不外兴养、兴教两大端。兴养者何？救民命是也。兴教者何？正人心是也。"③唐文治把解决时代困境之途径，概括为经济与教育，以"兴养"一词概括复苏国民经济的举措，以"兴教"一词形容以学术救国的方法。这正是其在历经20世纪上半叶所有的国难和浩劫之后的坚定和卓见。"有力者"指拥有权力的当政者，运用政策振兴经济是其当然的责任；"无力者"指的是与唐文治相类似的学人，振兴教育是其理所当然的天职。只要朝野同心同气，各尽其责，齐心协力，复兴经济、振兴学术不会遥不可及。经典的两大价值为"兴养"与"兴教"，强调无论治统还是道统，都需要从经典中培植"兴"的精神力量，从而振兴经济、重建道德，进而"救民命""正人心"，而这些精神资源均存在于我国《十三经》和《二十四史》之中。唐文治认为，经典是前人之精神的记载，先圣先贤既然已经把精神递传给我们，我们就有义务和责任把其精神传递给后人，只有这样，绵延中国千余年的道统事业才不会断绝。

　　综上所述，在唐文治的心目中，我国经书是我国先哲之不朽杰作，具有普遍价值，值得人人诵读。他确信：经书是我国历代学术思想之总汇，民情风俗之源泉，是国家推行政教的原动力，社会培养人才的依赖；经书中的文字为我国文字的源泉，须特别加以保存，以振起中国之特立精神；经书中之微言大义，昭示了人类生活之原理和原则，亘古通今而不变；经书为固有

---

① 唐文治：《茹经堂文集·四编卷四》，文海出版社1974年版，第1642页。

② 唐文治：《茹经堂文集·六编卷一》，文海出版社1974年版，第2085页。

③ 唐文治：《茹经堂文集·六编卷一》，文海出版社1974年版，第2086—2087页。

道德和知识之策源地，恢复固有道德和知识，也只有从读经着手，以"至新之心理"对固有道德进行阐发，让天下学子明白圣贤之道"在于行而不在于言"①。古今人类，皆同此心，虽数千年前之古训，其原理原则仍可奉为圭臬与典范，与时代潮流并无相悖之处。

三、经明行修：读经之统系与有效实施

唐文治的经学教育宗旨是"正人心""救民命"，这是他对中国经学精神的继承和发展，体现了他作为儒者对经学的自信和自觉。有着深厚经学修养且具拳拳之心的唐文治，并未停留于空论读经价值，而是以经学家的学术精神提出了一套现代学校体制下可供全国施行的读经统系和经学施教方案。《读经意见》中，唐文治就"读经所以无统系"作过剖析，究其缘由有三：一是程度浅深，极难支配；二是难得通达之教师；三是难得显明易解之善本。而以上三端，"得善本为尤要"，拥有善本，可使教师按照统系有教可循。

1. 按难易程度分学段有序读经

传统经学尽管历经两千余年的发展演变，但其核心经典不外乎"十三经"。唐文治认为，"十三经"博大精深，内容具有连贯性，理应按一定的步骤，有始有终、渐进有序地学习。他在《读经意见》及后期所撰《论读经次第支配法》中提出了不同年龄的阶梯式读经法，建议在现行学制下，"按照各经浅深缓急，分年支配，规定课本"。在他看来，"四书五经"都是国人从小到大伴随成长之必读书籍，学之可能成长为君子，不学则容易流为小人。唐文治主张先读《孝经》《论语》《孟子》《大学》，而后再循序而读《周易》《尚书》《诗经》《礼记》《春秋》（包括《左传》）五经。几年后在演讲时，又在循序而读之书中加入了《中庸》。唐文治将《孝经》、四书、五经，按难易程度分为五个层次，分别对应从初小到大学的五个学习阶段：（一）初级小学三年级应读《孝经》，分两学期熟诵（经文及注语精要一概须熟读）。（二）高级小学三学年应读《大学》及上半部《论语》。（三）初中三学年应该读下半部《论语》及

---

① 唐文治：《茹经堂文集：二编卷三》，文海出版社1974年版，第680页。

《诗经》选本。（四）高中三学年应该读《孟子》全书及《左传》的选本。（五）专科以上各大学和研究院，应该专注于研治"专经"。

唐文治在《读经意见》及1938年《读经史子集大纲及分类法》文中，对于各经书的特点有精到的诠释。认为《孝经》是人生必读之书，虽字数不多，仅1902个字，但所讲"孝"字，在教人养成行为习惯方面，几乎无所不包，无所不至，"不孝不弟"者不能算成人，"不孝不弟"则不能成事业、管理百姓。人们应以此书"教敬爱之原，立养生之本"，"开导学生良知良能"，打下"立德立品第一步根柢"。《大学》"自格致诚正推及于修齐治平"，注重格物，以通达人情、物理、世变，以道为体，以艺为用，自内达外，推及于平天下，广大精微，脍炙人口。《论语》二十篇，其要义在"学、仁、政"三字，有浅有深，当分类研究，当注重把握其"修己治人"之道。《孟子》在言说政治学方面最为精到痛切，强调尊重民权、民贵君轻，用人取舍都要顺民之好恶，"严公私利义之辩"；尤其注重"性善"说，所谓性善，不是讲"闭户静修"，而是要注重日常行为上的修养，即在讲孝悌、守忠信、尊礼义、重廉耻中努力"善己之性"，然后才有"善国性"可言；该书在强寇入侵的现实社会中最能唤起民众的自觉，是"可以为善国"之书。《中庸》以"至诚无息"为本，个人修养如何，能否达成，关键看是否诚意。

《诗经》《左传》可以在初中、高中阶段选读。《诗经》"温柔敦厚，足以涵养性情，考见政治风俗"，行文有韵，易于诵读。《左传》"为礼教大宗"，旁及外交等学，无所不备。《诗经》《左传》二书除外，五经中其他各经都应是专科以上各大学及研究院的研读内容。学者"宜就性之所近，专治一经"，不设年限，循序渐进，"精通之后，再治他经"。所谓通经，"务宜研究微言大义，与涉猎章句者不同，其尤要者，实施之于政治，推广文化，改良人心风俗"[1]。唐文治在1934年和1937年谈读经时论及《左传》，认为《左传》可分礼教、政治、国际、兵事、讽谏、文辞、纪事小品等八类，但在日本入侵后的

经典教化篇

---

① 夏明方、黄兴涛主编：《民国万象第1辑·全国专家对于读经问题的意见》，福建教育出版社2016年版，第9—10页。

1938年在交大演讲时，又说《左传》"以军事、外交两类为要"，其微言大义显而易见。

专科以上专注于研治"专经"，就性之所近，专治一经，精通之后，再治他经，究其微言大义，实施于政治教化。如读《易》《书》《礼》，必得其要领；《大戴礼记》和《国语》也应精心研究。唐文治提倡读经，希望学者不尚新奇，不务隐僻，力求学有实用，在读经过程中领悟经世济民之道，发掘拯救民心和民族的良方。

2. 著述显明易解之善本

唐文治在《读经意见》中极力推介的他为"读经"所撰用书，不离其在无锡国专所刊印的"善本"——《十三经读本》和亲自撰写的诸经大义。唐文治认为，拥有善本书是经学传承的重要环节，好的读本对经学的传承与发展有着重要意义。学习可信的经典版本，就可以与文本对话，真切地理解经典为何物，从而达到会通的目的；教师即可遵循讲授，学生即可有本可依，而教育管理者即可遵循之核查审定教学进程及教学效果，为此他长期付出了艰辛的努力。

历来说经者众多，所说之经义穿凿晦涩，歧义频出，使经义难明，而致人畏读经。唐文治耗用大量心血，精心搜集《十三经》各种善本。清末阮元刻《十三经注疏》，集汉唐注疏之大成，是研究传统经学之必备。唐文治对其非常重视，本可不必费心另行著作，终却没有沿袭阮元刻本。早在1907年，即唐文治执掌南洋大学的当年，他便开始了《十三经读本》的编写工作。根据年谱记载，是年七月，编《曾子大义》二卷，第一卷为《孝经大义》，第二卷为《论语》《孟子》中的曾子语。关于《孝经大义》的编写目的，弟子冯振评价说："博采旁稽，详演申论，剀切透达，令人读之，孝悌忠顺之心，油然自生。盖先生用意所在，非徒疏释文字而已。"[1]他撰写《十三经提纲》刊在《十三经读本》的卷首，分卷梳理各经大义、授受源流，并指点文法。唐文治编著的

---

① 唐文治：《茹经先生自订年谱正续篇》，文海出版社1986年版，第59页。

诸经大义，除《论语大义》外，有《周易消息大义》《周易九卦大义》《洪范大义》《诗经大义》《礼记大义》《中庸大义》《孝经大义》《论语大义外篇》《二程子大义》《洛学传授大义》《周子大义》《张子大义》《朱子大义》等。1920年56岁时，双目完全失明，仍仗着记忆与体会，自己口授，秘书笔录，继续撰写诸经大义，述说经学宗旨。1921年刊刻完成《十三经读本》，后来成为供无锡国专学生使用的经学基本教材。唐文治所有这些努力，意在更好地指导读经，启发后学。

儒家经典固然可以励志敦品，涵养人格，但随时间推移，难免会有不切合时代之处，故可有所选取。对此，1937年唐文治在其《论读经分类删节法》中有很精辟之分析："论者谓读经贵乎节取，其合于三民主义者读之，不合于三民主义者去之。余谓各经中不合于三民主义者绝少。盖孔孟圣贤尚大同，恶专制，重民权……顾诸经中却有宜节取者，时代不同，则宫室衣服异宜，法度文为异制，风俗递变，器械日新，凡居今日而应行变革者，皆在古经中应行删节者也……惟兹事体大，谈何容易。若以无根柢者为之，犹未能操刀而使割，为害滋大。爰拟设兴民会，鸠集同志数人，分门编辑。以余所撰群经大义为底本，将各经中切于伦纪道德、修己治人荦荦诸要端有关日用者，详细分类删节，各为浅近注释。务使明白易晓，便于讲授。"[①] 其大意是：有人提出读经应当有所节取，取舍的标准看是否符合三民主义，唐文治认为，孔孟尚大同，恶专制，重民权，这些都与当时所提倡的新思想、新制度是吻合的，各经中罕有不合乎三民主义的；考虑到随着时代的变化，各经中有不符合时代需要之章节，应行删节。但至于如何对经典进行删节，事关重大，不能随意为之，而应设立专门机构，分门编辑。唐文治根据所撰群经大义分析，《孝经》《大学》《论语》都不宜删节，《诗经》应该分类节读；《孟子》《左传》二书均应分类删节；大小戴《礼记》也应删节，如《曲礼》中有些琐碎繁重的节仪等应该删汰，《檀弓》篇中有污蔑圣贤之语，《大戴礼记》中《孔子三朝记》

① 唐文治：《论读经分类删节法》，《国专月刊》1937年第3期，第4页。

之类都在当删削之列。如此，大小戴《礼记》经删削之后，所存不过三分之一。除此之外，《周易》哲理最深，《尚书》立政宏谟，《周礼》体国经野，《仪礼》穷理尽性，《尔雅》训诂权舆，以上诸经皆不宜进行删节，但可放置于大学及研究院从事分类专门研究，不在中小学读经之列。至于唐文治所提出的经书之分类和删节内容，学者可以从学术上进行商榷，但前提是要知道，唐文治是一位具有深厚经学修养的人，他不是简单地提倡读经。如果不明白唐文治对经典去取、分类和研读程序的意图，而一味地以守旧与趋新、迂腐与开放的观点来评述，就难免曲解其意。

3. 培养知类通达之教师

唐文治论"通达"，始见于其1923年发表的《学校论》。文中结合《礼记·学记》篇所谓"九年知类通达，强立而不反，谓之大成"，认为"知类者，盖谓知万事之类也；通达者，盖谓通古今之变也"。[①]由此提出通达之师必备条件。

首先，通达之师要通经。通达之师能通古今之变，这就要求教师对古今历史文化都能了然于胸。唐文治认为所谓"通经者，非徒通其句读也，当论世而知其通，得经之意焉耳"。以通《礼经》者为例，"不徒通其制度也，当论世而知其通，得《礼经》之意焉耳。"[②]义理本来的含义就是指"形而上者谓之道"的"道"，具体说来，就是儒家修身、齐家、治国、平天下的理论。唐文治认为，治经应以义理为本，要把握经义，而不是拘于文字训诂、考据之学。这是因为过于关注考据等琐碎的知识，治学容易流于支离而偏离学术正道，易使中国传统学术中的义理之学被贬斥，先圣之精心、古今经之奥义被湮没不彰，是舍本逐末，求小而失大之举。他希望为师者能以得经书之本意为务，经世致用，实学实行。

其次，通达之师要通晓教法。唐文治特别推崇《学记》中古时学校教人之法，认为今世师范学校当奉为圭臬。他强调："教法者，师范之权舆也"，

---

① 唐文治：《茹经堂文集：三编卷二》，文海出版社1974年版，第1265页。

② 唐文治著，彭丹华点校：《十三经提纲》，华东师范大学出版社2015年版，第75页。

"未有不明教法而能为师者","约而大,微而臧,罕譬而喻,皆教法也。"教授管理,皆在心理,善教法者,能深知学生之心理,而又能吸收学生之心理,俾之听受而细入。唐文治自幼研习性理之学,对心性教育自然颇有心得,认为"君子之教,贵在养其自治能力,道而勿牵者,指导而不牵引之,故能和。强而弗抑者,勉强而不抑制之,故能易。开而勿达者,开示而不尽达以告语之,故能思。"唐文治认为教师不仅要通晓教法,还要因时而教,把握住教育的最佳时机,根据具体的教育情境施之以适宜的教育内容。他特别认同《礼记·乐记》中"教者,民之寒暑也,教不时,则伤世"之说。继而指出,"先儒谓教学者,如扶一边倒一边,盖须因其时而扶之。若教不得其时,宜柔也而教以刚,宜实也而教以虚,宜镇静也而教以浮动。呜呼!教育之旨偏,世伤而大乱矣"①。

第三,通达之师要有师表。唐文治1923年论述"师表"时认为,凡为师者皆有师表,"一人居于上,而下者性情心术,无不似之。甚至言语笑貌,无不似之,出于无形之规摩也"。②早在1912年,他在《师友格》中对教师提出了务实、教法、爱护学生的要求,强调"惟自果其行,而后能教人;惟自育其德,而后能育人";"为师者,当知所以自尊之道。自尊之道奈何?本身作则而已矣。作则之道奈何,道德有于身而已矣。此乃所谓师范,即为师者之格也"。③教师不仅要以身作则,而且要热爱教育、关爱学生。那些学识渊博但是对学生态度漠然,只是把教学作为谋生手段的教师是不可取的。他也感慨能做到热心教育事业并能诲人不倦的教师可遇不可求:"即有号为博学之士,对于学生,淡焉漠焉,动多隔阂,既不知其性情,又不知其气质,更不知其品

经典教化篇

---

① 刘露茜、王桐荪编注,唐孝纯、夏加整理年谱:《唐文治教育文选》,西安交通大学出版社1995年版,第140页。

② 刘露茜、王桐荪编注,唐孝纯、夏加整理年谱:《唐文治教育文选》,西安交通大学出版社1995年版,第178页。

③ 刘露茜、王桐荪编注,唐孝纯、夏加整理年谱:《唐文治教育文选》,西安交通大学出版社1995年版,第74—78页。

行。对于学校，更无异于营业，但计薪资之多寡而已。其中热心教授，孜孜不倦者，固不乏人，然亦可遇而不可求也。"①唐文治本人就是率先垂范的师德表率，其晚年不顾年事已高、目疾加深，还坚持每星期亲自给学生上国文课，经常绘声绘色地用独具特色的"唐调"当场给学生背诵经典篇章，教学生朗诵经典，他的课深受学生喜欢，而且很多外校的学生也慕名前来听课。唐文治热心教育、培养后学的精神，深深地感染了听课的学生，以至于许多学生在很多年以后回忆其当年的情状还是记忆犹新。

4. 以"养成高尚人格"为讲经主旨

唐文治倡导经学教育，旨在"养成高尚人格"。《读经意见》指出："凡讲经者必须令学生一一反诸于身，验诸于心，养成高尚人格"。②中国传统教育把德性作为终极的人生追求，其根本乃是重视人格养成，成就君子人格。《大学》开篇就指出，为学之道在于明其明德，日有所新，止于至善。《大学》八条目中，格物、致知、诚意、正心、修身属"明明德"，而齐家、治国、平天下属"新民"，八条目内容有终有始，有果有因，环环相扣，其中心正而身修是根本，最终目的是达于至善，成就孔子所倡导的"修己安人"的君子人格。

唐文治一生以"正人心""救民命"为职志，大声疾呼，百折不回。正人心首在修养道德，所以唐文治强调行君子之教。"夫学者，所以学为君子人也。教者，所以教人为君子人也！"唐文治认为君子之教始于《易》，推衍于《孝经》，如《易》卦爻辞中提到君子的文辞，论君子小人之进退，即一治一乱之循环，强调君子教育之重要，关系到国家治乱之根本、世运隆污之枢纽。唐文治认为，君子教育的内容，以心术为先；君子的学问，穷理尽性，始于辨义，君子喻于义而不喻于利；君子品行事业是为善，教导国民为善，若人民都向善，则国性善；君子教育的目的，最终要达到为天地立心、为生民立

---

① 刘露茜、王桐荪编注，唐孝纯、夏加整理年谱：《唐文治教育文选》，西安交通大学出版社1995年版，第81—83页。

② 龚鹏程主编：《读经有什么用：现代七十位名家论学生读经之是与非》，上海人民出版社2008年版，第14页。

命。①"为天地立心"，即正人心也，"为生民立命"，即救民命也。②

　　儒家强调"为己之学"，求学的最终目的是学为人，做一个堂堂正正、有益社会的人，这也是古今所有读书人求学的终极目的。为此就必须修养道德，而修养道德之方分内外两途，在外应整饬品行，在内则必须"修养其知觉"。唐文治指出，"今人但务思想，而不能修养其知觉。夫知觉不本于善良，则思想终归于恶化。试观二十世纪以来，吾国鲜有发明彝器技能者，何也？知觉不良，日趋于功利夸诈，则思想因以窒塞而不敏也。"③基于以上认识，唐文治极其重视所谓知觉，著有《知觉篇》。唐文治强调，"知觉"是人生灵性之所发，是最为重要的知性。他诠释"知觉"说：知与觉，皆因事而感心，因心以应事。知裕于平时者也，觉发于临事者也。知，体也，觉，用也。故养知在学问，而发觉在聪明。言知则可以该觉。而欲求知觉之不窒塞，端在平时之养。养之方，则在孟子所谓"求放心"，不欺吾心固有之良知。④修养功夫到家之后，"其知觉皆充实之美，非如道释二家专以光明寂照一超顿悟为务而悉沦于虚也"。《礼记》所谓"清明在躬，气志如神"，便是这个意思。唐文治指出："教育之道，一曰性情，一曰知觉。性情厚所以培其本，知觉灵所以广其用。"⑤简而言之，性命本源，不在空谈，而在于力行修养。其关键有三，一是涵养，二是省察，三是扩充。唯有如此，方能性情厚而知觉灵，而这一切绝不是空谈者所能简单领悟到的。

　　唐文治深知，青年是家国之未来，而经学教育是最基本最关键的途径。直到古稀之年，他仍然走上讲台讲授儒家经典，呼唤传统美德，重建国民君子人格。自知"居今日而言君子教育，其为人所唾弃厌薄也久矣"⑥，却"尤

---

① 唐文治：《茹经堂文集：四编卷四》，文海出版社 1974 年版，第 1611 页。

② 唐文治：《茹经堂文集：三编卷五》，文海出版社 1974 年版，第 1368 页。

③ 唐文治：《茹经堂文集：三编卷六》，文海出版社 1974 年版，第 1401 页。

④ 唐文治：《茹经堂文集：三编卷一》，文海出版社 1974 年版，第 1215—1216 页。

⑤ 唐文治：《茹经堂文集：三编卷一》，文海出版社 1974 年版，第 1221 页。

⑥ 唐文治：《茹经堂文集：四编卷四》，文海出版社 1974 年版，第 1610 页。

兢兢专以道德礼义为本原，他人迁笑之不顾。"①1936 年，在回答《旅行杂志》记者吴德明提问时，唐文治再次强调了其所一贯提倡的"注重人格教育"的思想。他说："教育是承先启后一件重要任务。教育除灌输知识而外，尤当注重人格教育。盖教育本意，无非是培养天良，消灭恶念。正心诚意，做一个堂堂正正之人。本此善良心术，然后可做轰轰烈烈事业。若人心术不正，虽有经天纬地之才，适足以殃民而祸国。明乎人格教育之旨，始可与语教育矣。"②

综上可知，唐文治《读经意见》所设计的读经施教方案清晰而具体，这得益于他深厚的经学涵养，以及对各类教育主体和育人环节的精确把握；他真正明白读经的价值和意义，但也深深懂得现行条件下施行经学教育之难度。1938 年刊出的《论读经分类删节法》提到，《读经意见》刊发后"迄今未能实行"，但其对经典价值坚信不疑："夫经者，人伦秩序之本也。废经而人伦亦废……惟发扬本国文化，始有复兴民族之望。"③尤为可贵的是，他一直笃守经学"修齐治平"之信仰，以高度的经学价值认同，自觉地将自己的经学教育思想付诸实践，践行着其所追求的君子之道。他以经学家的情怀推进国学教育事业，真正做到了九折而不悔。唐文治《读经意见》中殷切期望"海内贤豪"，从外端品行、内致良知两方面切入，关注"世道人心"，"讲道论德"，从而"经明行修"，实现"正人心""救民命"的目标，从而救中国以救世界。这何尝不是当代教育学人应有的担当呢！

---

① 刘桂秋：《无锡国专编年事辑》，中国大百科全书出版社 2011 年版，第 241 页。

② 刘桂秋：《无锡国专编年事辑》，中国大百科全书出版社 2011 年版，第 233 页。

③ 唐文治：《论读经分类删节法》，《国专月刊》1937 年第 3 期，第 4 页。

新时代中华经典文化自信与
经典教育一体化推进①

2017 年 1 月 25 日，中共中央办公厅、国务院办公厅印发《关于实施中华优秀传统文化传承发展工程的意见》（以下简称两办《意见》），将中华优秀传统文化传承发展作为国家工程、作为建设社会主义文化强国的重大战略任务，全面实施，可谓"恰逢其时，任重道远"。今结合两办《意见》和教育部《完善中华优秀传统文化教育指导纲要》（简称《指导纲要》），就"中华文化自信与经典教育一体化推进"的相关问题略作探讨。

一、文化复兴动员令 文化自信最强音

实施中华优秀传统文化传承发展工程，事关中华民族伟大复兴。两办《意见》乃中华文化伟大复兴的动员令，由此传递出中华文化自信的最强音。

---

① 本文系作者于 2017 年在国家教育行政学院县市教育局局长培训班上的专题报告。略有改动。

以习近平同志为核心的党中央高度重视中华文化自信，要求不仅要坚定中国特色社会主义的道路自信、理论自信和制度自信，而且要坚持文化自信。早在 2014 年 2 月 24 日，习近平总书记主持中共中央政治局第十三次集体学习时就强调："增强文化自信和价值观自信"；同年"两会"期间参加贵州团审议时强调："我们要坚持道路自信、理论自信、制度自信，最根本的还有一个文化自信"；同年 10 月 15 日，习近平总书记主持文艺工作座谈会并指出："增强文化自觉和文化自信，是坚定道路自信、理论自信、制度自信的题中应有之义"；同年 12 月 20 日，习近平主席与澳门大学横琴校区学生座谈时强调"文化自信是基础"。2016 年 5 月 17 日，习近平总书记在哲学社会科学工作座谈会的讲话以及后来的七一讲话、《胡锦涛文选》出版座谈会上的讲话、纪念红军长征胜利 80 周年讲话等场合，反复强调文化自信，认为文化自信"是更基本、更广泛、更深厚的自信"，"是更基本、更深沉、更持久的力量"。

按照党和国家的文化战略，两办《意见》突出强调："文化是民族的血脉，是人民的精神家园。文化自信是更基本、更深层、更持久的力量。中华文化独一无二的理念、智慧、气度、神韵，增添了中国人民和中华民族内心深处的自信和自豪"；确信"在 5000 多年文明发展中孕育的中华优秀传统文化，积淀着中华民族最深沉的精神追求，代表着中华民族独特的精神标识，是中华民族生生不息、发展壮大的丰厚滋养，是中国特色社会主义植根的文化沃土，是当代中国发展的突出优势，对延续和发展中华文明、促进人类文明进步，发挥着重要作用"。

"欲人勿恶，必先自美；欲人勿疑，必先自信。"（《东周列国志》）中华文化的复兴，必须先要文化自美、文化自信。中华传统文化，以其源远流长、从未中断、成熟的思维、超前的理念、包容的性格，而彰显出无与伦比的优越性，在人类文明中独树一帜。先秦时期，中华文明作为人类当时出现的四大轴心文明之一，出现了老子、孔子、墨子、孟子、庄子等精神导师。圣哲们的思想与智慧，有终极关怀的觉醒；后世中华文明的每一次历史性飞跃，都是对先圣先哲思想与智慧的回味回望与传承发展。我们有理由为此而深感自豪，充满自信，满怀希望。

我们引以为自豪的是，中华民族历史上出现了数量众多的伟大著作，这是祖先留给我们最宝贵的精神财富，是中华民族创新、创造取之不尽用之不竭的宝藏；也为破解人类面临的诸多难题提供了有益借鉴。"9.24讲话"中，习近平主席确信，包括儒家思想在内的中华优秀传统文化思想，如：道法自然、天人合一，天下为公、大同世界，自强不息、厚德载物，以民为本、安民富民乐民，为政以德、政者正也，苟日新又日新日日新、革故鼎新、与时俱进，脚踏实地、实事求是，经世致用、知行合一、躬行实践，集思广益、博施众利、群策群力，仁者爱人、以德立人、以诚待人、讲信修睦，清廉从政、勤勉奉公，俭约自守、力戒奢华，中和泰和、求同存异、和而不同、和谐相处，安不忘危、存不忘亡、治不忘乱、居安思危等思想，对解决人类面临的贫富差距持续扩大，物欲追求奢华无度，个人主义恶性膨胀，社会诚信不断消减，伦理道德每况愈下，人与自然关系日趋紧张等难题，具有重要启示。

基于历史和现实，两办《意见》确信：实施中华优秀传统文化传承发展工程，有利于"建设社会主义文化强国，增强国家文化软实力，实现中华民族伟大复兴的中国梦"。要实现中华民族伟大复兴的中国梦，不只是需要经济的发达，科技的强盛，还必须有中华文化的复兴作为支撑。中国可以成为一个经济大国，也可以成为一个科技强国，但从根本上，中国是一个文化大国，珍视传承、发展本民族优秀文化，则是实现民族复兴的基石。文化强国的建设，依靠全民族的文化自觉，即费孝通所概括的"各美其美，美人之美，美美与共，天下大同"。"各美其美"就是指一个民族、一个国家的一员应该具备自知之明，了解并把握本民族历史文化的发生、发展的过程，每个阶段的特点，它的现状以及未来的发展趋势；同时还要理性地学习和借鉴其他文明的优秀成果，这叫"美人之美"；在此基础上，将"己美"和"他美"有机结合起来，交流融通，实现综合创新，从而实现"美美与共"；人类不同文明的持续交流，互相融通，共生共荣，这样人类社会就会初步实现"世界大同"。我们现在面临的一个重要课题是"各美其美"的问题。对于本民族的优秀传统文化，国

经典教化篇

人理应加深理解和把握，积极认同并有效传承。然而，近些年以来，我们在"美人之美"的问题上做得比较积极，在"各美其美"上明显不足。如今，大力倡导和弘扬中华优秀传统文化，本身就意味着要解决这样一个难题。

二、中华经典文化自信与价值认同

文化自信的确立，必须建立在文化认知及文化认同的基础之上，尤其需要经典文化自信与价值认同。中国古典文献浩如烟海，其中不乏蕴涵哲理、智慧、气度、神韵的经典之作，这也为文化价值传承奠定了坚实基础。两办《意见》提及的"核心思想理念""中华传统美德""中华人文精神"，无不出自经典作品。感悟经典作品蕴涵的这些理念、美德、精神，是传承发展中华优秀传统文化的关键。换言之，要落实两办《意见》，我们有必要回归经典，回归圣贤，来坚定经典文化自信。

就"核心思想理念"而言，包括：革故鼎新，与时俱进；脚踏实地，实事求是；惠民利民，安民富民；道法自然，天人合一。这里面提到的都是与典籍有关的，有些直接是对典籍思想的概括。"革故鼎新"是对《易经》"革者，去故也；鼎者，取新也"的概括。"与时俱进"在易经当中就是"与时偕行"，偕就是俱，行就是进。与时俱进也是中国共产党的理论品质。"实事求是"出自《汉书》："河间献王德'修学好古，实事求是'。""实事求是"是中国共产党思想路线的精髓，也是中华传统典籍的智慧。"惠民利民，安民富民"，即"以人为本"的思想，在中华典籍中多有体现。"以人为本"是科学发展观的核心，出自齐文化代表作《管子·霸言》："夫霸王之所始也，以人为本。本理则国固，本乱则国危。""道法自然"出自《道德经》第二十五章："人法地，地法天，天法道，道法自然"，其本身也蕴涵"天人合一"的理念，《庄子·齐物论》所谓"天地与我并生，而万物与我为一"，也是人与自然关系的绝佳表述。"传承发展中华优秀传统文化，就要大力弘扬讲仁爱，重民本，守诚信，崇正义，尚和合，求大同等核心思想理念。"仅就"求大同"而言，"大同"理念集中呈现在《礼记·礼运》当中，我们课前听唱的《大同歌》歌词就出自该篇。这107个字实际上对孔子的理想做了整体的描述，而且是用孔子自己的语言表达出来的。至于中华传统美德涉及的：天下兴亡、匹夫有责，精忠报国、振兴中华，崇德向善、见贤思齐，孝悌忠信、礼义廉耻，自强不息、敬业乐群、扶危济困、见义勇为、孝老爱亲；中华人文精神所涉及的：求同存异、和而不同，文以载道、以文化人，形神兼备、情景交融，简约自守、中和泰和，无不有着典籍出处，兹不赘述。

问题在于：这么好的经典作品和价值理念，为什么会长期受到冷落呢？随着西学的传播，尤其遭受外侵以后，许多人往往不恰当地将落后挨打的原因归罪于本民族传统文化，由此导致不少人失去了对本民族文化尤其是对本民族经典文化的自信，于是出现了举"经"不定的时期。习近平《在哲学社会科学工作座谈会上的讲话》中提到："一个抛弃了或者背叛了自己历史文化的民族，不仅不可能发展起来，而且很可能上演一场历史悲剧。"郁达夫在《怀鲁迅》中提到："没有伟大的人物出现的民族，是世界上最可怜的生物之群；有了伟大的人物，而不知拥护，爱戴，崇仰的国家，是没有希望的奴隶之邦。"

对中华优秀传统文化到底采取什么样的态度？我想不妨就借用钱穆先生《国史大纲》的提法，抱有起码的"温情与敬意"，也就是两办《意见》中的"礼敬"态度。我每到一地，若有孔庙或文庙，必寻访拜谒。多数文庙正门两侧都有诸如"文武官员军民人等至此下马"之类的文字，就是提示任何人都要有敬畏之心，要抱有温情和敬意。刚刚落成的尼山孔子像高达72米，大致对应孔子72贤。孔子的形象在国人心中的地位到底有多高？为此，需要认识和了解孔子，基本途径是研读《论语》等典籍。司马迁在《史记·孔子世家》里以"高山仰止"景仰孔子，称其为"至圣"，读后可了解孔子平凡而伟大的人生。孔庙有块"成化碑"，那是明代成化年间朱见深皇帝撰文而立，其中讲述的核心是"孔子之道"，提示人们"孔子之道"存于《六经》，强调如果有"孔子之道"，则纲常正而伦理明，万物各得其所，如果没有"孔子之道"，人们则昏昏冥冥，如在梦中。孔子之道昭示人们，尤其是知识分子，应该"为

经典教化篇

天地立心，为生民立命，为往圣继绝学，为万世开太平"。对孔子的评述，亦如吴道子"先师行教像"所题："德侔天地，道冠古今，删述六经，垂宪万世。"

对于博大精深的中华文明，我们应该有整体的认知，对经史子集，至少对儒释道。1991年，我首次去嵩山少林寺就发现"混元三教九流图赞"这块碑。那幅图呈现的是儒道释三位一体。赞文提到："佛教见性，道教保命，儒教明伦，纲常是正。"其下图象征：农、墨、名、法、阴阳、纵横、小说、医、杂，九流各有所施，毋患多歧，贵在圆融，一以贯之。结论："三教一体，九流一源，百家一理，万法一门。"显然，古人尊崇孔子，客观看待三教九流。如今，"三教九流"竟然成了贬义词，不可思议。

经典的价值，如朱熹《观书有感》所言："半亩方塘一鉴开，天光云影共徘徊。问渠那得清如许，为有源头活水来。"这首诗看起来是描述湖光山色，题目却是《观书有感》，其实是在强调典籍里有"源头活水"。再看《隋书·经籍志》对"经籍"的界定："夫经籍也者，机神之妙旨，圣哲之能事。"可见，经典书籍乃是修行达到高明境界之人对自然和人事所作的精准把握，其中蕴涵着机微玄奥的绝妙旨趣，是圣贤哲人所擅长能驾驭的本事。众所周知，"四书"的作者大致与四位圣人相对应。《论语》对应至圣孔子，当然里面提到多位圣人，复圣颜回，元圣周公，宗圣曾子。《大学》对应宗圣曾子，《中庸》对应述圣子思，《孟子》对应亚圣孟子。这些圣哲上观天文，俯察地理，中观人事，反观自身，究天人之际，察古今之变，成一家之言。经典书籍的作用就在于"经天地，纬阴阳，正纪纲，弘道德，显仁足以利物，藏用足以独善"。即通达天地，辨识阴阳，端正纲纪，弘扬道德，彰显仁义足以赐利万物，藏书读用足以独善其身。宋人汪洙《神童诗》所谓"朝为田舍郎，暮登天子堂"，恰是科举制下经典面前人人平等的真实写照。所以经典的价值就像王符《潜夫论·赞学》所言："索物于夜室者，莫良于火；索道于当世者，莫良于典。"一个人在黑暗的屋子里要找到东西，最好有灯火照明；要在当世求索人间正道，最好求助于经典。人生要有所作为，最好有经典相伴。

让经典伴随人生，需要重视少儿读经，强化青少年读经。少儿读经是中华文化的"银行储蓄"，中华文化最好的"货币"就是经典，年幼时将最好的"货币"存于他们心中，长大后一定会为其所用。然而，淡化读经由来已久。民国时期，语文学家夏丏尊在中学生宿舍发现，很多学生书架上摆放的是什么《大纲》，什么《概论》，什么《原理》，什么《通论》，唯独不见一部部的传统经典。在他看来，那些《通论》《概论》《原理》或《大纲》，只是由一部部典籍梳理总结出来的论点、结论，就像穿铜钱的钱索子，而一部部的经典则是一个个的铜钱。我们理应更加重视一个个铜钱，注重对一部部经典的学习。当代教育，不能仅仅注重那些钱索子，更应该重视经典教育，从蒙学读物开始，逐步进入"四书"等完整经典的学习。

三、国学经典教育的春天气息

近些年来，国学教育的春天气息越来越浓，中华经典文化教育的春天就要来了。2008 年北京奥运会之前，文化艺术顾问季羡林建议在开幕式上将孔子"抬出来"，因为他是中国传统文化的典型代表。2008 年 8 月 8 日晚 8 时，孔子果然被"抬出来"了：击缶而歌"有朋自远方来，不亦乐乎"，翻来覆去诵读《论语》名句。我非常震撼，连夜写成文章《乐学从善尚中贵和——解读奥运会开幕式中所吟诵的〈论语〉名句》，很快《中国教育报》全文刊发。2013 年 11 月 26 日，习近平总书记来到孔子研究院，首先关注这里的研究成果，对杨朝明教授主编的《孔子家语通解》《论语诠解》两本书他说要"仔细看看"。显然，我们这个时代到了应该尊崇像孔子这样的圣贤、像《论语》这样的经典的时候了！

习近平总书记将经典文化视为中华民族的根与魂，能积淀中华民族的精神追求，成为中华民族的文化基因，为中华民族生生不息、发展壮大提供丰厚滋养。认真阅读两办《意见》，可见里面若干条都是其讲过的原话。如果要落实好两办《意见》，一定要回到经典，还要好好学习总书记关于传统文化教育的讲话精神。如前所述，文化自信是总书记反复强调的。"9.24 讲话"所提到的出自经典的有利于破解世界难题的重要思想，是向世界传递中国重视经典文化的信息。中国化的马克思主义，一些重要的理论成果并不是马克思主义经典的集结，而是大量的中华传统文化的智慧，如中和、小康、大同、实事求是、以人为本、与时俱进等等。今后还需要大量地挖掘和阐发中国传统文化的智慧，特别是经典中的智慧。社会主义核心价值观，也要从传统经典文化中得到丰厚滋养。总书记在北京海淀区民族小学强调，从小培育和践行社会主义核心价值观，就必须挖掘阐发孔孟老庄之道、这些志士仁人、古圣先贤们的思想与价值，无论是修身处世治国理政，还是中国特色社会主义理论，或是"中国梦"的渊源，都离不开中华优秀传统文化的智慧和思想。"四个讲清楚"，最终强调中华民族优秀传统文化是最深厚的文化软实力，中国特色社会主义深深植根于中华传统文化的沃土当中。习近平总书记强调的、两办《意见》中也出现的"讲仁爱、重民本、守诚信、崇正义、尚和合、求大同"等思想，值得好好挖掘和阐发，理应成为社会主义核心价值观的重要源泉。

中国当代教育，要想有重大突破，也应该立足于弘扬中华传统文化，强化中华文化的本根教育，从优秀传统文化中获得丰厚滋养。当今研读经典的价值也在于此。在北师大谈到新编教材时，总书记反对"去中国化"，很不希望把古代经典诗词散文从课本中去掉，认为应该把传统的经典嵌在青少年脑子里，成为中华民族文化的基因。老师的脑海里也应该装一些经典，否则，脑子里空空如也，就无法引导学生去学习感悟经典，还可能以其昏昏而使人昏昏。

综上所述，不难看出总书记对教育的种种忧思，从中我们也可以领悟到教育的使命。中央寄希望于教育先行，依托教育界立起支点，撬动中华文化传承发展。今后中华文化的复兴，中华优秀传统文化传承发展这项重大工程的实施，必须贯穿国民教育始终，让教育先行，让学校成为主场。2017年1月25日，两办出台了《意见》。其实，在2014年3月26日，教育部就颁布并由国务院办公厅转发了《完善中华优秀传统文化教育指导纲要》（以下简称

《指导纲要》）。先颁布《指导纲要》的用意也十分明确，教育系统的责任重如泰山，任重道远；教育乃民族复兴的基业。中华传统文化教育是其中一个重要的基点。就像阿基米德所说，给我一个支点，我就能撬动地球。现在撬动中华传统文化的传承发展，理应靠教育。

就《指导纲要》内容而言，对中华优秀传统文化教育主要内容的解读与落实，要求我们崇尚经典，回到经典，阐释经典。首先是"家国情怀教育"，其重心是顾炎武《日知录》所昭示的"天下兴亡，匹夫有责"，也理应是《大学》所谓"身修而后家齐，家齐而后国治，国治而后天下平"。其次是"社会关爱教育"，重在"仁爱共济，立己达人"。《论语》以"爱人"释"仁"，《孟子》直言"仁者爱人"。"共济"在《论语》里面有"博施于民而能济众"。立己达人则是"己欲立而立人，己欲达而达人"的简约。最后是"人格修养教育"，涉及"正心笃志，崇德弘毅"，也是出自《大学》《论语》。"正心"是《大学》"八目"之一，"欲修其身者，先正其心"。"笃志"出自《论语》子夏所言"博学而笃志，切问而近思"一语。"崇德"在《论语》有两处专门论及。至于"弘毅"，则出自《论语·泰伯》"士不可以不弘毅，任重而道远"。这充分证明，要落实好《指导纲要》，不熟悉经典，恐怕很难完成这个使命。

四、关于一体化分学段有序推进中小学经典教育的探讨

教育部《指导纲要》的成功之处，还在于直面现实问题，尤其是针对传统文化教育的系统性和整体性明显不足、课程和教材体系很不完善、教师素质难以胜任文化传承需要等问题，提出了大中小学一体化推进的中华优秀传统文化教育。两办《意见》进一步明确一体化、分学段有序推进中华优秀传统文化教育的原则。综合两办《意见》和《指导纲要》，即要将国学经典教育贯穿于启蒙教育、基础教育、职业教育、高等教育、继续教育各领域，以幼儿、小学、初中、高中教材为重点，构建中华经典文化课程和体系。幼儿园，小学低年级、高年级，初中，高中，乃至大学各个学段，其教化逻辑大致是：从启蒙到情感，从认知到认同，由基于认同而自信，进而增强文化自觉与担当。

经典教化篇

关于分学段有序地推进经典教育，1904 年实施的《癸卯学制》值得我们借鉴。《癸卯学制》设定初等小学堂五年学"读经讲经"课先读《孝经》，接着学《论语》，然后进入《大学》《中庸》《孟子》以及《礼记》节本。高等小学堂四年，学习《诗》《书》《易》三经及《仪礼》之《丧服经传》。中学堂五年，则读《春秋·左传》及《周礼节训本》。不仅小学堂和中学堂皆有"读经讲经"主课，高等学堂也有，大学堂、通儒院则将经学列为专科。这种一体化格局，体现出由浅入深之序列，对落实两办《意见》提到的一体化分学段有序推进的原则具有重要借鉴意义。

近代以来，学科日益碎片化，传统经典课程体系分崩离析。近几年，根据中央统一部署，教育部统编教材正在融入更多的经典诗文。教育部委托国际儒学联合会审读《语文》《道德与法治》和《历史》教材。作为国际儒联宣传出版委员会主任，在滕文生会长的主持下，我参与组织并审读了这三科教材，同时约请钱逊、黄济、俞家庆、于述胜、杜成宪等先生分别审读把关。这里仅以《语文》教材为主谈点个人观感。小学《语文》选编古诗文 124 篇，约占整个总篇目的 30%；初中《语文》收录了古诗文 77 篇，约占总篇目的 40.5%，此外还设置了课外的古诗词诵读栏目。整体而言，现在中小学的《语文》教材，古诗文所占比例比原来有大幅度提高。初中段做得比较好的是综合性学习专题，该专题大多结合传统经典命题，比如说，"有朋自远方来""天下国家""孝亲敬老""以和为贵""君子自强不息"等等。

"蒙以养正，圣功也。"就小学《语文》而言，片段性地融入了《三字经》《百家姓》《千字文》《千家诗》《弟子规》《增广贤文》，也有古代的神话传说、历史故事等等。目前存在的问题是片段化的呈现以后，没有有效地引导学生读完整的书，而我们推出的国学经典教育体系是从蒙学开始全文学习这几部书。全文学习比节选学习要好得多。

"四书"传承价值，奠基人生。新编义务教育阶段《语文》教材当中"四书"的呈现值得关注。《语文》教材中《论语》呈现了二十三章。这二十三章《论语》意味着把整部《论语》约二十五分之一的章数纳入其中。这已十分难得，但呈现方式仍存在问题，如小学《语文》"古人读书法"一课，涉及《论语》中的读书法、朱熹读书法、曾国藩读书法。仅就《论语》中读书法的呈现而言，颇令人费解。一则是"敏而好学，不耻下问"，这本是孔子评价鲁国大夫孔文子的，是孔子回答子贡为何孔文子的谥号为"文"的。若不回到原文，会被误以为是孔子"敏而好学，不耻下问"，当然孔子也是如此，但原本并非直指孔子。至于是否为"读书法"，还另当别论。第二则是"知之为知之，不知为不知，是知也"，也有类似问题。还有一则是"默而识之，学而不厌，诲人不倦"，也让人不知所云。故此，强烈建议完整呈现《论语》全章，至少要引导语文教师回到《论语》文本去理解把握。至于《孟子》，教材中呈现的三则，也需要回到文本中。如典故"揠苗助长"，教学中需要将其与"养浩然之气"相联系。初中《语文》在课文之外呈现了《大学》的"苟日新，日日新，又日新"和《中庸》首章部分内容和"博学之，审问之，慎思之，明辨之，笃行之"。其他经典，如《诗经》《礼记》《尚书》《周易》《左传》都有所呈现。诵唱的《大同》歌，出现在八年级下册，令人欣喜。此外，史学、子学、集部的内容也有所呈现。与以往相比，经史子集呈现的内容不算少，教师如何教出味道，是有待解决的问题。

结合《指导纲要》和两办《意见》，系统而相对完整的蒙学和"四书"等经典教育，尤其是区域性推动经典教育，势在必行。我的总体思考是：就体系而言，要整体规划，分步实施，系统衔接，渐进有序；就内容而言，首务蒙书，"四书"为主，经史子集，百家兼顾；就课程而言，可设国学必修课，多学科渗透，日积月累，一以贯之；就师资而言，应全体教师参与研修感悟，注重辞章义理，经师人师合一；就方式而言，加强游学体验，贵在潜心研读，晨诵暮省，返本开智，让文物古迹及典籍文字都活起来；就协作而言，家校亲子，社区政府，校外教育，形成多元一体之合力；就效果而言，注重文化滋养，深感意味深长，能够终身受益，做"修己安人"的君子。

中央和教育部有了初步的顶层设计，也留下了发挥的空间和余地，各省理应跟进。山东省作为孔孟之乡，未负众望。2016年5月25日，山东省发布了《山东省中小学中华优秀传统文化课程指导纲要》。这个文件的规划大致是到位的，特别是课程主要内容以蕴含中华传统文化精华的一切经典为视域，以儒家文化为主，兼取诸子百家。这跟我们的一些想法有一致性。再就是各个学段各有课时，各有侧重和目标，并提出教材编写指导意见。小学阶段：每个学期16个课时，以儒家经典及蒙学经典中的格言章句诵读为主，开展经典启蒙教育。小学低年级选编儒家经典及蒙学经典中的格言章句为教学内容；小学高年级以儒家经典中的篇章语句为主要诵读内容，并从其他传统文化经典中汲取精华，按专题设计编写体例。初中阶段：每学期16课时，重视儒家文化的系统性。内容体系上，以仁、义、礼、智、信"五常"或孝、悌、忠、信、礼、义、廉、耻"八德"为道德纲目，通过经典专题教育，使学生比较系统地认知践行中华美德，明白为人处世之道，完善道德品质，培育理想人格。高中阶段：每学期18课时，对优秀传统文化经典进行系统研读、反思，了解传统经典的精髓，推陈出新，与时俱进，弘扬中华传统美德。以经典书目章节或主题设置教材编排体例。该《指导纲要》若能持续推进，狠抓落实，善莫大焉。

各地县市区旗，都有必要也有可能区域一体化推进国学经典教育。如，济宁市以国学经典师资培训为突破口，收到了一体联动的成效；临沂市河东区率先做了实际性探索。2014年，临沂市河东区教体局局长在国家教育行政学院听完课即找到我，强烈要求把河东区作为国学经典教育试验区。我试探性地给他提了唯一条件，就是他本人必须读经典。他答应了，先读了《论语》，又读了《道德经》，深有感触地说："如果早些年读这样的经典，就不是现在的样子。"这令我十分感动和钦佩，随后他们结合调研，通过论证，形成经典课程分学段一体化设置方案，发布了《河东区中小学国学经典教育实施意见》。该方案推行了近两年，成效明显。

值得一提的是，太原市万柏林区以更加得力的措施，持续探索推进国学经典教育。该区教育局局长在跟进教育部首期"立弘班"的过程中，形成了对区域一体化经典教育的高度认同。在调研论证的基础上，合作拟定并出台了《万柏林区中小学国学经典教育实施计划》。教育局特别成立了"国学教育培训中心"，让师资培训先行，以破解经典师资难题。

我们呼吁教育工作者人人研读、感悟《论语》。研读《论语》是必要的，读好《论语》是可能的。杨绛说她在小学、中学、大学期间也没有学到什么经典，后来自己恶补《论语》，且深有感悟。可见，只要我们肯下功夫，抱着温情与敬意，好好地善待我们的经典，礼敬圣贤，就一定会增强经典文化认同与自信。一体化分学段有序有效推进经典教育，时不我待，我们每个人理应成为其中的一员。

用传统文化滋养当代教育

——习近平主席"9·24讲话"引发教育界高度关注①

"只有坚持从历史走向未来，从延续民族文化血脉中开拓前进，我们才能做好今天的事业。"为深刻领悟习近平主席于 2014 年 9 月 24 日在纪念孔子诞辰 2565 周年国际学术研讨会暨国际儒学联合会第五届会员大会开幕会上的讲话精神，准确把握中华文化教化之道，让当代教育植根于中华文化沃土，国际儒学联合会宣传出版委员会和国家教育行政学院国学教育研究中心于 10 月 12 日在京举办专题座谈会，强调教育工作者应借"9·24讲话"东风，在新的起点上，共同致力于中华民族文化基因的传承。

一、对中华传统文化认识的新境界

习近平主席出席纪念大会开幕会，并面对来自世界五十多个国家和地区

---

① 本文发表于《中国教育报》2014 年 11 月 7 日。略有改动。

七百余位学者发表长篇讲话，实属罕见。他立足于中华五千年文明史，着眼于世界发展大势，深刻阐述中华优秀传统文化的精神内涵、时代价值和历史地位，精辟分析中华优秀传统文化对人文教化、治国理政以及维护促进世界和平与发展的重大意义。其所阐明的具有根本性、全局性、长远性的新观点、新理念、新论断，反映了中国共产党人对中国文化认识的新境界。教育工作者应借"9·24讲话"东风，在新的起点上共同致力于中华民族文化基因的传承。

从2013年11月在孔子研究院座谈会讲话中传递中央高度重视传统文化的态度，到今年5月在北京大学就中华优秀传统文化与社会主义核心价值观关系的深刻阐发，再到出席如此盛大的国际会议，并充分肯定儒学对中华文化和人类文明的重要贡献，阐明"和为贵""和而不同"的和平发展理念及其破解人类若干难题的价值，明确提出对待传统文化和不同文明应坚持的原则，强调延续民族文化的血脉才能开拓前进，充分挖掘优秀传统文化才能更好的开创未来，无疑具有重大意义。国际儒学联合会秘书长牛喜平认为，"9·24讲话"本身具有非常重要的象征意义，充分表明习近平对传统文化的敬意和重视，也反映了他对传统文化的深刻认知和价值认同，显示了国家的文化发展战略取向，体现了当代社会文化发展的需要。

国家教育行政学院原常务副院长兼党委书记俞家庆教授认为，"9·24讲话"借助国际儒联平台向世界宣示以儒学为代表的中华文化的独特价值，把两年以来有关传统文化的讲话结合起来看，就不难领悟习近平讲话的深刻意蕴。从山东曲阜到政治局学习，从北京大学到海淀民族小学，又到北京师范大学，从中国到欧洲，从各种大场合讲话到个别谈论，每次都有亮点和深意。

二、理性对待儒学和中华传统文化

如何理性对待儒学和中华传统文化，是百余年来国人众说纷纭并持续探讨的重大问题。"9·24讲话"多维度回应了这一世纪难题。习近平指出："孔子创立的儒家学说以及在此基础上发展起来的儒家思想，对中华文明产生了深刻影响，是中国传统文化的重要组成部分。儒家思想同中华民族形成和发展过程中所产生的其他思想文化一道，记载了中华民族自古以来在建设家园的奋斗中开展的精神活动、进行的理性思维、创造的文化成果，反映了中华民族的精神追求，是中华民族生生不息、发展壮大的重要滋养。中华文明，不仅对中国发展产生了深刻影响，而且对人类文明，进步作出了重大贡献。"

清华大学钱逊教授认为，"9·24讲话"全面回答了如何对待传统文化的问题。它从整个人类文明的发展历史和规律回答了这个问题——"人类已经有了几千年的文明史，任何一个国家、一个民族都是在承前启后、继往开来中走到今天的。"这就从根本上否定了可以割断和抛弃历史的观点。既不能决裂打倒，或者说丢掉根本摘取枝叶，又不能够全盘照搬照用，结论就是要坚持从历史走向未来，延续民族文化的血脉，要推陈出新，要结合新的实践和新的时代要求，有区别地对待，努力实现传统文化"创造性转化，创新性发展"，要把弘扬优秀传统文化和发展现实文化有机结合，"在继承中发展，在发展中继承"。这就为我们正确对待传统文化提供了准则。

"9·24讲话"强调："优秀传统文化是一个国家、一个民族传承和发展的根本，如果丢掉了，就割断了精神命脉。"由此，具体到如何对待传统文化，应是延续、继承、维护和发展，而不是鄙薄、否定或抛弃。在钱逊教授看来，优秀传统文化作为"灵魂"和"根本"，首先意味着要有延续性和继承性，要贯穿古今，不能割断，而且在将来也是要延续下去，今天和将来也不能割断。当今文化是在继承过去一切优秀文化基础上发展而来的，现在的根本精神也是古代民族精神的发展和深化；明天的中国也是继承了历史的中国和现代的中国而发展下去的。优秀传统文化作为"灵魂"和"根本"，还具有根本性和整体性。就像血脉，流通在整个身体里面，而且一以贯之地渗透于整个生命过程之中。传统文化犹如一棵大树，从根上砍了，其枝叶难以获取营养，就难以维持其生命力。

三、深入研究中华优秀传统文化的丰富内涵

中华文化博大精深，有跨越时空、超越国度、富有永恒魅力、具有当代价值的思想精华，积累和储存着丰富的智慧和力量，有待于深入挖掘与阐发。习近平特别提到文以载道、文以化人的教化思想，这也是一个非常明显的信号，要求我们继承、发展和弘扬中国优秀传统文化，要将其与治国理政结合起来。

基于此，我们有必要深入研究中华优秀传统文化的丰富内涵，梳理出传统文化的概念、体系，以凝聚共识，发挥其修齐治平的独特功能。在俞家庆教授看来，习近平在近期系列讲话中都提到了传统文化里的德目和核心概念。比如说在主持政治局集体学习会上就曾提出，要讲仁爱、重民本、守诚信、崇正义、尚和合、求大同，其中涉及儒家"仁爱""民本""诚信""正义""和合""大同"等核心概念；在布鲁日欧洲学院的演讲中提到先秦诸子百家的"孝悌忠信""礼义廉耻""仁者爱人""与人为善""天人合一""道法自然""自强不息"等范畴；"9·24讲话"确信，至少如下15种思想对解决人类共同面临的难题有所启示："道法自然、天人合一"，"天下为公、大同世界"，"自强不息、厚德载物"，"以民为本、安民富民乐民"，"为政以德、政者正也"，"苟日新日日新又日新、革故鼎新、与时俱进"，"脚踏实地、实事求是"，"经世致用、知行合一、躬行实践"，"集思广益、博施众利、群策群力"，"仁者爱人、以德立人"，"以诚待人、讲信修睦"，"清廉从政、勤勉奉公"，"俭约自守、力戒奢华"，"中和、泰和、求同存异、和而不同、和谐相处"，"安不忘危、存不忘亡、治不忘乱、居安思危"。这些思想值得我们学习、研究，值得我们借以分析传统文化的概念体系和逻辑架构，唯有如此，才能形成有中国传统文化特点的核心价值体系，才能使其真正深入到人们的头脑里面去，才能够使中华传统文化传承久远。

北京师范大学周桂钿教授注意到，"9·24讲话"讲到当今世界面临着许多突出的难题，比如，贫富差距持续扩大，物欲追求奢华无度，个人主义恶性

膨胀，社会诚信不断消减，伦理道德每况愈下，人与自然关系日趋紧张等，周教授认为其关键问题还是思想品德问题，而在包括儒家思想在内的中国优秀传统文化中，蕴藏着解决当代人类面临的难题的重要启示。

儒家文化注重"修齐治平"，"9·24讲话"也明确提及。在北京师范大学于述胜教授看来，要真正接续传统，汲取传统"修齐治平"思想，不妨以20世纪二三十年代出现的那一批学贯古今中西的大师（如钱穆、马一浮、熊十力）为"跳板"——在人们大都有文化自卑心态的时代，他们却有着强烈的文化自信和文化定力。他们的思考为继承和发展以儒家为代表的中国传统思想，以及回应五四以来在中国盛行的新思想和新思潮有着重要启示意义。

四、强化以经典为核心的中华文化本根教育

文以载道，文以化人。"9·24讲话"强调："当代中国是历史中国的延续和发展，当代中国思想文化也是中国传统思想文化的传承和升华，要认识今天的中国、今天的中国人，就要深入了解中国的文化血脉，准确把握滋养中国人的文化土壤。"还强调："中国人民的价值观和精神世界，是始终深深植根于中国优秀传统文化沃土之中的。"当代教育，要深入了解中国的文化血脉，准确把握滋养中国人的文化土壤；当代教育，都应该植根于中国文化的沃土，而获得丰厚的滋养。当代核心价值观教育，必须建立在传统文化的基础之上，需要花一番培根固本铸魂的功夫，尤其要深入挖掘和阐发"中华民族世世代代在生产生活中形成和传承的世界观、人生观、价值观、审美观"，进而洞见"中华民族最基本的文化基因"。

钱逊教授强调，既然传统文化具有延续性、继承性、根本性和整体性，我们当代中小学文化教育也要注意抓住根本，体现灵魂。就中小学而言，要加强语文、历史、品德课学习，甚至要开京剧或书法课，也要增加古代诗歌和散文在教材中的分量等。这些固然重要，但结合"9·24讲话"，尤其从思想文化是民族的灵魂、国家发展的根本来看，教育整体上需要把握一以贯之的根本和灵魂，需要教出中华文化的精神来，让学生从中增加对中国文化精神的

理解，而不是局限于传授具体的知识和技能。为此，学习经典和历史是基本的途径，我们需要知道怎么深刻领会经典，如何通过系列课程来接受、理解、传承。

毫无疑问，当代教育包括核心价值观的培育，必须强化以中华经典文化为核心的本根教育，注重经典价值的有效传承。割断精神命脉、缺失经典的教育，所培养的人势必成为无根的浮萍，无魂的躯壳。正是在这个意义上，习近平表示很不赞成把古代经典诗词和散文从课本中去掉，"去中国化"是很悲哀的，应该把这些经典嵌在学生脑子里，成为中华民族文化的基因。为此，根据中央领导指示和教育部来函，国际儒学联合会和国家教育行政学院国学教育研究中心最近对义务教育阶段新编语文、历史、道德与法治教材进行审读，期待更多的优秀传统文化内容融入教材，以有效滋养国民文化教育，也期待众多教育工作者坚持不懈地开展以经典为核心的中华文化本根教育。

经以载道文以化人　为新时代青少年培根铸魂

——兼论最低限度的国学教育①

继承中华民族数千年教化之道，习近平主席在 2014 年 9 月 24 日在纪念孔子诞辰 2565 周年国际学术研讨会暨国际儒学联合会第五届会员大会开幕会上发表的重要讲话明确强调"文以载道，文以化人"；倡导发挥"文以化人的教化功能"；要求挖掘和阐发中华优秀传统文化的"教化思想"。在"9·24 讲话"发表五周年之际，身处北京孔庙国子监彝伦堂，重温"文以载道，文以化人"的"教化"之道，对为青少年培根铸魂的新时代教育十分必要。

---

① 2019 年 10 月 12 日为纪念"9·24 讲话"发表 5 周年，北京市文物局、国际儒学联合会及北京市东城区人民政府在孔庙和国子监博物馆彝伦堂主办"儒学论坛"。本文系作者在"儒学论坛"上所作主题发言。

一、文以载道　文以化人

中国自古注重"文以载道"，"文"是文明程度的标志，是思想价值的体现，也是"道"的载体；同时注重"文以化人"，先哲们"观乎人文，以化成天下"（《周易·贲·象传》），以人文之道化育天下，以期带来文明幸福。《尚书·虞书·尧典》记载尧之"钦明文思安安"，盛赞尧处事恭敬，明察四方，有经天纬地之文，深谋远虑，为人宽厚而温和；《尚书·虞书·舜典》记载舜之"濬哲文明"，盛赞其智慧深邃，闪耀文德光辉；《尚书·虞书·大禹谟》记载禹之"乃武乃文"，赞誉大禹文经天地、武定祸乱之文德武功。

"大成至圣文宣王"孔子景仰"制礼作乐"的"文宪王"周公，推崇周朝"郁郁乎文哉"（《论语·八佾》）的礼乐制度。孔子本人赞《易》、序《书》、删《诗》、定《礼》、正《乐》、修《春秋》，可谓"删述六经，垂宪万世"。孔子编辑《诗经》的标准是"取可施于礼义"（《史记·孔子世家》）、"思无邪"（《论语·为政》），自称"吾自卫反鲁，然后乐正，《雅》《颂》各得其所"（《论语·子罕》）。孔子"志于道"，终身以传道、弘道为己任，培养"文质彬彬""修己以安人"的君子。"子以四教：文、行、忠、信"（《论语·述而》），列"文"为四教之首。孔子"以诗书礼乐教，弟子盖三千焉，身通六艺者七十有二人"（《史记·孔子世家》），文以化人之功由此彰显。

刘勰在《文心雕龙·原道》中，就"圣""文""道"三者的关系做了精辟概述："道沿圣以垂文，圣因文而明道"，即是说，"道"因为圣贤著书立说而流传千古，圣贤凭借著书立说而使"道"愈益彰显。刘勰在《文心雕龙·宗经》中还将"经"与"道""教"三者作了阐发："经也者，恒久之至道，不刊之鸿教也。"视"经"为恒久不绝的至善至美之大道，不可改易的卓越之教化。

古文运动之先驱柳冕主张文道并重，尊经而崇儒，美教化而兴王道。他提出："夫君子之儒，必有其道，有其道必有其文。道不及文则德胜，文不及道则气衰。"（《全唐文·答荆南裴尚书论文书》）强调"文章本于教化"（《全唐文·与徐给事论文书》），认为"经术尊则教化美，教化美则文章盛，文章盛则王道兴"（《谢杜相公论房杜二相书》）。韩愈提出"修其辞以明其道"（《争臣论》），自称"愈之所志于古者，不惟其辞之好，好其道焉耳"（《答李秀才书》），力图恢复中断了的儒家"道统"；其门人李汉主张"文者，贯道之器也；不深于斯道，有至焉者不也"（《〈昌黎先生集〉序》）；柳宗元主张"文者以明道"（《答韦中立论师道书》），又说："圣人之言，期以明道，学者务求诸道而遗其辞。……道假辞而明，辞假书而传。"（《报崔黯秀才论为文书》）

在古文运动家提出"文以明道"基础上，周敦颐提出"文以载道"。据《通书·文辞》："文所以载道也，轮辕饰而人弗庸，涂饰也。况虚车乎？文辞，艺也；道德，实也。笃其实而艺者书之；美则爱，爱则传焉。贤者得以学而至之，是为教。故曰：'言之无文，行之不远。'"此处所言之"道"，是"圣人之道"，"圣人之道，入乎耳，存乎心，蕴之为德行，行之为事业。"（周敦颐《通书·陋》）为"文"旨在弘扬儒家"圣人之道"，以服务于社会与政治教化；评价"文"之贤否的首要标准是其内容，若仅是文辞漂亮，却无道德内涵，则难以广为持久流传。

二、以经典圣道之教化为当代青少年培根铸魂

自古以来，"文"的核心是经文，"载道"不是目的，"明道"离不开教化，"文以化人"其效果应是成己成人，立己立人，达己达人；倡导"文以载道，文以化人"，其核心是实施经典圣道之教化，旨在作育"修己安人"之君子；新时代教育，尤应注重经典教化，深谙并传承圣道之道，致力于立德树人，为当代青少年培根铸魂。

"9·24讲话"强调："文以载道，文以化人。当代中国是历史中国的延续和发展，当代中国思想文化也是中国传统思想文化的传承和升华，要认识今天的中国、今天的中国人，就要深入了解中国的文化血脉，准确把握滋养中国人的文化土壤。"显然，当代中国教育，理应是中国传统文化教育思想的传承与升华；要认识今天的教育，就要深入了解中国的经典文化血脉，准确

把握滋养中国人的经典文化土壤；当代中国教育，应该深深植根于中国经典文化的沃土获得丰厚滋养。正如"9·24讲话"所强调："中国人民的价值观和精神世界，是始终深深植根于中国优秀传统文化沃土之中的。"由此不难推知，当代核心价值观教育，必须建立在传统经典文化的基础之上，需要花一番培根固本铸魂的功夫。

经典所承载的古圣先贤之道，在中华民族文化精神、价值引领及人格塑造中发挥着极为重要的作用。2014年9月习近平总书记考察北京师范大学时强调，教师的首要职责就是"传道"，"我很不赞成把古代经典诗词和散文从课本中去掉，'去中国化'是很悲哀的，应该把这些经典嵌在学生脑子里，成为中华民族文化的基因"。为此，需要教育工作者学好中华文化经典，信道、明道、传道，开展以经典为核心的中华文化本根教育，让经典里的文字真正活起来，发挥其超越时空的教化功能。

三、尊经崇圣，推行最低限度的国学教育

纵观中华文明史，有识之士已达成如此共识：国学的主流是儒学，儒学的核心是经学。"文以载道"与"文以化人"之"文"，首要的是儒家圣贤的学问，要以儒家经典为核心，尊经崇圣，把握蕴涵其中的圣贤之道。伴随着中华文化的复兴，针对国学教育的现实困境，最低限度的国学教育势在必行，即做到一二三四五六七：一首歌（《大同歌》）；两节日（"9.28教师节"，四月初二"中华母亲节"）；三百千（蒙学）；四子书（经学）；五常道（仁、义、礼、智、信）；六理念（仁爱、民本、诚信、正义、和合、大同）；七要点（文化情怀、文化认知、文化认同、文化自信、文化自觉、文化强国、民族复兴）。这里重点说明前四方面。

1. 一首歌，即共唱《大同歌》，确立共同理想信仰

《礼记·礼运》篇中，孔子提出了一个"天下为公"的大同社会蓝图。首先就"大同"社会作了纲领性论述。"大道"乃治理社会的最高准则。推行"大道"，必有"天下为公"之公制，必有"选贤与能"之公正，也必有"讲信

修睦"之公德。"大同"世界必恪守"人不独亲其亲，不独子其子"的仁爱之道，并基于此而使"老有所终，壮有所用，幼有所长"，对各年龄段的人群做出的适度安排，同样"矜、寡、孤、独、废、疾"这六种弱势群体都能得到赡养，并使男女两类人群都能安居乐业、各得其所。基于公心和仁爱之道，必货尽其用，人尽其力，安身立命，人心和顺，因而，阴谋诡计受到遏制，无任何施展余地，抢劫、偷窃和犯上作乱之事不会发生，也不用关上门来彼此防范，代之而兴的将是一个"外户而不闭"的和谐安定的局面。这就是两千多年前，中国圣贤对理想社会具体而形象的鼓舞人心的生动描绘，此正是中国圣贤指引的重民生、以人为本位、恪守诚信、崇尚公正道义、和合修睦而渐入大同之境的社会发展道路。概而言之，就是"仁爱、民本、诚信、正义、和合、大同"的核心理念。

　　"天下为公"的"大同"世界是世世代代中国人梦寐以求的社会理想。"大同"理想世代传承，历久弥新，为中国社会发展注入了不竭动力，如今既是立德树人的有益资源，也是社会主义核心价值观的强大基石，又是中华民族伟大复兴"中国梦"的思想渊源，也是构建人类命运共同体的思想渊源。自2013年9月28日第五期"国学经典教育"专题研修班在圣地尼山唱响《大同歌》，之后每期国学班每天必唱，开办的相关国学活动必唱，北京孔庙大成殿前也多次唱响《大同歌》。不仅如此，通过推动国学班和国学经典教育联盟校数以百万计的各地师生颂唱、抄写《大同歌》，多民族文字书法撰写，盲文、手语和各种形式的呈现，建"大同学堂"，开办"大同展"，让大同理想深入人心，并化作为之奋斗的毕生追求。共唱《大同歌》，简单易行，建议普遍实施，为青少年埋下共同理想的种子。

　　2. 两节日，即"中华母亲节"和"9.28教师节"，由此崇圣希贤

　　自20世纪80年代开始，中国人逐渐在五月第二个星期日过上了母亲节。久而久之人们发现，那是跟着美国人过的母亲节，远非世所公认。况且，中华民族历来不乏伟大的母亲形象，陶侃的母亲"封坛退鲊"、欧阳修的母亲"画荻教子"、岳飞的母亲励子从戎"精忠报国"的教子故事广为传颂，成为教子育英典范；亚圣孟子的母亲仉氏"孟母三迁""断机教子"的事迹尤为人们所推崇。自2006年，有识之士将夏历四月初二即孟子诞辰日确定为中华母亲节，并在民间逐步推广开，以此倡导孝亲敬老风气，颂扬母教母爱精神。

如果说上半年的"中华母亲节"源于亚圣孟子，那么，下半年的"9·28教师节"则源于"至圣先师"孔子。孔子诞生于鲁襄公二十二年夏历八月二十七日，即公元前551年9月28日。自孔子去世，尤其是自汉以来，每年此时祭拜孔子活动几无间断，有些国家和地区甚至将该日确定为教师节。中国作为万世师表孔子的故国，理应以其诞辰日作为教师节，赋予教师节以深厚的传统文化内涵。孔子诞辰日在尚未作为"教师节"之前，不妨将其作为"尊师日"，以景仰圣贤，弘扬中华民族尊师重教是优良传统。

3. 三百千，读蒙学读物，明"蒙以养正"

"三百千"等蒙学读物适合启蒙教育和初等教育，是中国传统教育的突出优势，也是进入《四书》的阶梯。"蒙以养正，圣功也。"应从蒙童的蒙昧状态就培养其真诚纯正的品质，开发其成就圣贤的潜质，功莫大焉。

明代理学家吕坤曾说过："初入社学八岁以下者，先读《三字经》以习见闻，《百家姓》以便日用，《千字文》亦有义理。"《三字经》乃融入中华文化精粹的三字歌诀，更是流传千年的劝学从善良言，具有独特的思想价值和文化魅力，不可不读。《百家姓》朗朗上口，便于日用，乃华人了解自我及家族宗脉源流、寻根法祖、慎终追远必备的文献蓝本。《千字文》乃蕴涵义理的千字绝妙文章，享誉千古的恒久日用之书，开卷必有益。《弟子规》乃圣人之训，属训蒙之文，最终劝人"勿自暴，勿自弃，圣与贤，可训致"，不妨熟读背诵。读《千家诗》，乃走入古代诗歌王国，可涵养文采，更能陶冶性情。读《声律启蒙》，通晓声韵格律，观赏中华文海这朵浪花，可让生活充满诗情画意。读了《增广贤文》会说话，读了《幼学琼林》走天下，读了《孝经》则明至德要道，本立而道生。

4. 四子书，读"四书"感悟"修己安人"之道

在诸多中华典籍中，最值得当代学人共同研读的莫过于"四书"。"四书"

经典教化篇

蕴涵的核心思想理念是当代教育培根铸魂的源头活水。"四书"所蕴含的儒家之道，乃成就"修己安人"的君子之道。据《论语·宪问》载：子路问君子，子曰："修己以敬。"曰："如斯而已乎？"曰："修己以安人。"曰："如斯而已乎？"曰："修己以安百姓。修己以安百姓，尧、舜其犹病诸？"其中，"修己以敬"最为根本，"修己以安人"是自然延伸，"修己以安百姓"则达于极致。但是说到"修己以安百姓"之时，孔子加了一句，此非一般君子所能及，即便尧舜那样的圣贤也未必能做得到、做得好。对大部分人来说，做一个君子，"修己安人"可也。朱熹对《大学》做了一个总结，"穷理正心修己治人"之道，用《中庸》之言则是"君子笃恭而天下平"，用《孟子·尽心下》的话说即是"君子之守，修其身而天下平"。

在这里向大家推荐陈立夫的《四书道贯》。孔子说过"吾道一以贯之"，这个"一以贯之"之道，就是曾子所言"忠恕"，即"尽己"而"推己"，"修己安人"而已。《四书道贯》把"四书"的内容几乎都贯彻到《大学》的"八条目"即格物、致知、诚意、正心、修身、齐家、治国、平天下体系中。这说明整个"四书"之道就是格致诚正修齐治平之道，概而言之，乃"修己安人"之道。教育工作者要"修己"，为人师表要学而不厌，要内省、克己、改过，修敬畏与仁爱之心；"安人"，要诲人不倦，有教无类，因材施教，启发诱导，尽显其才，培育君子人格。

唱响《大同歌》，确立理想信念；过好两个节，心中有圣贤；读好三百千，蒙以养正；研读"四书"诸经典，感悟蕴涵其中的圣贤之道，尤其是将仁、义、礼、智、信之五常道植根于心，进而体悟"讲仁爱、重民本、守诚信、崇正义、尚合和、求大同"的核心思想理念，就会以特有的文化情怀和敬畏之心，强化文化认知，增进文化认同，增强文化自信，提升文化自觉，担当文化强国重任，在民族复兴以及人类命运共同体构建之路上大有作为。

国学经典价值与高校通识教育 ①

为贯彻落实习近平总书记有关弘扬中华优秀传统文化系列论述和教育部《完善中华优秀传统文化教育指导纲要》精神，2016 年 8 月 20 日—29 日，教育部规划的首期高等院校"坚持立德树人弘扬中华优秀传统文化"专题研讨班先后在国家教育行政学院和尼山国学研修基地举办，来自全国 86 所高校主管人文社科工作的校级领导参加了本期研讨班。27 日上午，在尼山圣源书院至圣堂，于建福教授与四川大学国际儒学研究院院长舒大刚教授、湖南大学岳麓书院国学研究院院长朱汉民教授、山东大学儒学高等研究院副院长颜炳罡教授，以"国学经典价值与高校通识教育"为主题举行了别开生面的尼山会讲。

于建福教授： 大家上午好！中国古代有一种哲学论辩的形式称作"会

---

① 本文系作者与舒大刚、朱汉民、颜炳罡三位教授"尼山会讲"对话辑要，发表于《国家教育行政学院学报》2016 年第 12 期。

讲"。开书院会讲先河者是南宋大儒朱熹和陆九龄、陆九渊及吕祖谦，淳熙二年（1175年）在信州（今江西上饶）有过"鹅湖之会"。今天在圣地尼山举行的本次活动大致模拟会讲形式。这次请来了不同地域文化的著名专家，朱汉民教授代表"湖湘文化"，舒大刚教授代表"巴蜀文化"，颜炳罡教授代表"齐鲁文化"。中华文化极其博大，在座的各位院校领导无疑是所在地域文化的著名代表。其实我们每个人都是中华文化多元一体中的成员，都有责任来共同探讨一个时代性课题——"国学经典价值与高校通识教育"。

本次会讲大致以这样的顺序展开：首先由三位代表不同地域文化的教授解读国学经典价值。随后进入通识教育专题，解读通识教育是不是其他国家才有的，中国是不是也有类似于通识教育的理念或传统，当前通识教育要解决的关键问题是什么等问题。对于中国大学的通识教育，似应更多聚焦于中华经典。中华经典博大精深，我们可以结合大学核心课程，所要培养的大学生核心素养，适度地将经典纳入通识课程。习近平总书记强调："读优秀传统文化书籍，是以一当十、含金量高的文化阅读"；"应该把这些经典嵌在学生脑子里，成为中华民族文化的基因"。教育部《完善中华优秀传统文化教育指导纲要》里面也要求"深入学习中国古代思想文化的重要典籍，理解中华优秀传统文化的精髓"。大家都是高校负责人文社科的领导，有责任深入思考和探讨高校国学经典教育这一时代课题。会讲过程中大家都有发言机会，可以进行一些整体互动或思想交锋。现在进入第一个专题，就请舒教授先发言吧。

舒大刚教授：谢谢主持人。中国高校应像习近平总书记所要求的那样，"扎根中国大地办大学"，所以，中国的大学首先应该向大学生传授中国的学术文化，然后才是传授其他专业知识和技能。

所谓"国学"，实际上是指中国固有的学术，代表着中国传统文化中具有信仰、价值观、道德伦理、行为规范、知识体系、操作技能等有特殊内涵的学术。国学源远流长、内涵丰富。具体讲，国学是国家学术，关系国人的知识结构；是国家信仰，关系国民的精神家园；是国家道德，关系国民的基本素质；是国家价值，关系国人的处事态度；是国家礼仪，关系国民的行为举止；

是民族文化，关系国家的文化基因；是国家艺术，关系国民特有的技能。这些蕴涵在中国传统的儒学、经学、史学、文学等领域里。

近代以来，西学东渐之风盛行，国学受到了排挤，逐渐边缘化，尤其是它的知识体系，被西化的学科分类所肢解，其自身的整体性不能呈现出来。西化的教育使我们收获了科技成果，取得了有目共睹的物质成就，但也付出了精神和文化的代价。这也就是我们今天要重提国学的原因。国学与现代教育的结合，尤其是与通识教育结合，正当其时，而且必须形成长效机制。

朱汉民教授：刚才舒教授已把国学做了精准阐释。简言之，国学就是中国的传统学术。中华文明是唯一没有中断的文明，一直保留在中国人的思想观念、价值体系、行为方式中的中华文化传统没有中断，由一代代中国人积淀下来，成为数千年延续的文化传统。数千年延续的传统文化，一直影响着我们的价值观念、思维方式、行为方式。我们为什么强调国学经典？中国保留下来的各类典籍，有一些是社会主义核心价值观的载体。历史上这些经典承担着塑造中国人的心灵世界、建立我们的国家制度、形成我们的行为方式的重要使命。每一个人可以根据自己的个人爱好、专业需要选读不同典籍，但是经典却是每一个人必须要研读的，至少要熟读，要让经典思想融入我们的精神世界。经典如此重要，所以我们会聚这里探讨国学经典教育问题。当代中国的崛起，习近平总书记倡导的"中国梦"的实现，不仅是经济、军事、政治上的强大，更应是文明的崛起。作为一个延续了五千年的文明的崛起，必须首先要有一套支撑自己文明的精神，这一套精神就深藏在中华民族经典中，今天呼唤重读中华经典，意义非凡。

颜炳罡教授：中华文明是唯一没有中断的文明体系，这是世所公认的。中华文明最大的优势是"可大"而"可久"。为什么中华文明生生不息，得以延续，至今依然可大可久？其中必有中华文明可大可久之道。美国可大之道无人可以挑战，美国是否可久呢？200多年的历史还无法证明它的可久。作为中华文明，我们历史上积淀了五千年的可大可久的智慧，这种智慧在哪里？就在我们的国学当中。中国古代，国家办的学校叫国学。今天所言国学，是相对于西学而言的。我们把西学看作新学，把中国固有的学问看作旧学。无论是"中学为体西学为用"，还是"全盘西化"，或是中西"互为体用"，都是在探究中学和西学的关系，中学或国学这样的知识体系，需要应对西方知识体系的挑战。我们这个民族未来发展历程中，国学最大的价值和它扮演的角色就是中华文明的 DNA 的传递，是中华民族自我身份和角色的认同。国学可久可大的智慧，能否引导我们民族在这样一个时代，乃至于在未来，能够继续生存繁衍下去，我们这个民族能够不断走向强大的内在智慧和动力是什么，我想就是习总书记强调的文化自信。

于建福教授：感谢三位教授。给大家配发的《完善中华优秀传统文化教育文献选编》中引用了毛泽东 1915 年 9 月 6 日《致萧子升信》，其中多次用到"国学"这个概念。国学这个提法，在当代能不能普遍地为大家所接受？如果我们要接受这个"国学"概念，那么它跟"中华文化""中华传统文化""中华优秀传统文化"之间是什么关系？至于国学经典，其价值到底是什么？请教授们在刚才阐释的基础上再进行一些解读。

舒大刚教授：这里涉及国学的归属问题。西方学科不是根据全人类的知识，更不是根据中国学术文化来分类的，全面引进西方学科后，我们废弃了自己的学科，尤其是民国初年废掉经学科之后，我们的国学被肢解了：属于文学的内容归于文学，属于历史学的内容归于历史学，属于哲学的内容归于哲学。其实，中国的国学甚至经学远非文史哲所能概括。国学代表我们国家庞大的学术体系，包括知识结构、价值观、行为举止和礼仪风范。可是这些内容都被西方的学科冲击得支离破碎。至于国学一词之用，也是此一时彼一时。早先国学代表国家办的学校，所教的学术、思想、理念全是本民族的。近代西学东渐，强势文化进入，传统学术受到冲击，故须重谈国学话题，以捍卫本国学术的神圣性。如今，历经百年，我们对西方的思想、文化、学术、方法多有引进，而且出现了越来越多的中西合璧或中西融通。现在提国学不是要跟西学相抗衡，而是借鉴西方优秀内容和方法来发展中华优秀文化，并确立中国人自己的信仰。现在我们到底是提国学好呢还是提传统文化、或者优秀传统文化好呢？之所以提"优秀传统文化"，是在于告诉民众，不要不加区别地去全盘继承，而是要从传统当中继承优秀的内容，正是中华文化优秀的部分支撑了中华民族的长盛不衰。可以预期，国学这个概念会逐渐进入正规的文件，进入正规的学科分类。国学中的经典弥足珍贵。经典是知识的源头，智慧的源头活水，不会随着时间的推移而失去价值，只会让我们带着不同的方法，从不同的角度和观念来解读、来认识。没有圣贤的民族是落后的，没有经典的民族不可持久，可大可久的民族一定有自己长盛不衰的经典。

朱汉民教授：舒教授已经把于教授提出的问题延伸了。尽管现在各大高校成立了国学院、儒学院等国学研究机构和教学机构，但国学在我国正式教育体制内还没有明确的"身份"。国学进入教育体制的问题，国务院学位委员会曾进行过讨论和投票，但国学最终没有被列为独立的学科。这确实与大家对国学的认识有关。国学的存在是一个客观事实，它是传统中国数千年逐渐形成和发展起来的，国学就存在于中国的历史文献典籍里面，由古代的学校、书院一代代传播下来。近代中国的教育体制、知识体系全面学习、引入西学，同时放弃了我们延续了几千年的教育体制、知识体系。许多学者把经史子集称为国学，用以代表自身的知识文化传统。那么，国学和文化是一个什么关系呢？文化是一个更广泛的概念，中华文化既体现为我们的国学典籍，又有很多体现在我们的观念、行为举止里，还体现在文学艺术作品、各种博物馆、文物古迹里。通过知识化的形态、典籍化的形态，通过文字表述出来，记录在典籍里面才称得上国学。所以，国学就是经史子集的学问。

于建福教授：感谢教授们的精到解读。现在进入提问环节。

学员（中国矿业大学党委副书记张志坤）提问：鲁国是礼仪之邦，保有最完备的周礼，而楚国文明程度较低，但为什么鲁国能被楚国所灭？而后六国亡于秦，为什么"礼仪之邦"亡于"野蛮之国"？宋朝是中华文明发展的高峰时期，为什么宋朝却积贫积弱？儒学究竟是治国术，还是强国策？如果儒学不能富国强兵利民的话，那儒学的功能和价值在哪里？

舒大刚教授：这位老师的问题提得非常有水平。历史有两面性，学术也有两面性。如果我们单从儒家学术来看，实际上它攻守、文武都很完备。至于后人怎样去领会，怎样去执行，取得怎样的效果，则是另外一回事，这与儒学本身的内容和价值应相区别。儒学到底有没有治国强国的价值和意义？我讲个《论语》中的故事来说明一下：

有一天，孔子与四个弟子一起讨论各自的志向和治国方略。坦率而尚武的子路说，治理一个小国，周围都是大国相逼，我就是要强兵，要让全民英勇善战。接着是冉求，他说兵强了国防就有了保障，我就要发展经济，让百姓丰衣足食。接下来是公西华，公西华说你们强兵富国，那我就来抓礼乐文化，提高人们的精神境界。最后一位是曾点，他祈愿"莫春者，春服既成，冠者五六人，童子六七人，浴乎沂，风乎舞雩，咏而归"。孔子非常赞成曾点的境界，高兴地说："吾与点也！"儒家既重视军事——强兵，又重视经济——富国，还重视文化——礼乐，然后才能达到曾点那种与自然、天地融为一体，与朋友同乐的境界。孔子所谓"富之，教之""足食足兵"，都表明儒家不反对强兵也不反对富国，而且这四个弟子所言，恰恰代表一个政权必须经历的几个阶段：以军事巩固政权，以富强安定民心，以礼乐化人提升境界，而后人民幸福，天下大同。这是儒家完整的治国理念。

朱汉民教授：儒学是国学最核心的学术。法家追求富国强兵的硬实力。儒家追求以德服人、施仁政的软实力，代表一种久远的文明力量。从短期看，文明未必总能战胜野蛮，或者说软实力不一定能战胜硬实力，这是一种普遍现象。中国历史上秦之所以能在与六国争霸中脱颖而出，当然与其追求强兵的硬实力有关。秦始皇不用儒学，也看不起儒家，但是秦朝短命足以证明一个国家单靠强兵是不行的，须有可大可久之道。而可大可久之道，恰恰是在儒家的经典中。汉武帝采纳儒学，不是完全出于个人意志，主要是顺应了时代要求，中华文明的形态决定了汉朝只能接受儒家的价值和规则。宋被蒙古灭，许多人归因于宋代的文化，其实不然。在那个时代，蒙古人确能所向披靡，游牧民族可以取得短期的胜利，但论治国，则必须接受宋代的精神文明，必须采纳儒家可大可久之道。由此不难看出国学的价值和意义。

学员（中国科技大学党委副书记将一教授）提问： 我们说中华文明源远流长、内涵丰富，从来没有中断过。古希腊罗马文明作为欧洲文明的源头，至今也在不断继承和发展。我们在强调自己的文明没有中断的时候，其他国家的文明也没有中断；我们在强调自己复兴的时候，别的文明在保持着强势发展。这怎么解释？

颜炳罡教授： 我们所说的中华文明没有中断，指文明谱系的发明者、发源者以及主体的承载者是统一的。今天的希腊，还是柏拉图、亚里士多德的子孙吗？今天欧洲人主体是斯拉夫人，斯拉夫人原来生活在中亚地区。今天的埃及居住的是阿拉伯人，埃及文明已被阿拉伯文明所取代。中华民族的"六经"，是中华儿女创造的经典体系，直到今天，使用这套体系的仍然是中华儿女，我们是从这个意义上来说统一性和延续性的。

于建福教授： 有关国学、传统文化、国学经典价值的探究，已经明晰了。现在我们转入下一议题——基于国学经典的通识教育。请朱教授开始发言。

朱汉民教授： 谈到通识教育，我在各位面前有点班门弄斧。各位都是教育家，而按照现有学科分类，我不过是个专业教师。当下，通识教育确实应当受到每位老师的关注。通识教育是20世纪美国教育家们主要针对现代化的专业教育或职业教育的缺陷而明确提出的。专业教育主要是对学生的谋生技能、专业知识的培养，以便让学生尽快融入分工细密的现代化社会，胜任某一份职业。然而教育不仅是职业培训，而更应该是培养人的全面发展。教育的功能就是文化传承，大学教育就是把文化传播给下一代，让其由自然人变成文明人。针对现代大学专业教育的缺陷，所以有学者提出了 Liberal Education 或 General Education，20世纪八九十年代，台湾教育界将其翻译为"通识教育"或者"博雅教育"，翻译本身就把中国文化的通识、通才、通人、博通古今包含其中。博就是博学，雅就是儒雅、雅正，就是培养一个很有德行而儒雅的人。博雅教育、通识教育已成为世界诸多大学的共识，各大学也在不断推动通识教育的进步。中国大学的通识教育是从素质教育的角度来展开的，以弥补专业教育的缺陷。湖南大学作为当时教育部文化素质教育的一个试点，也参与其中。

中国传统教育中，儒家的"教"就是教化、教育。儒家兴庙学，将学校和孔庙联在一起，现在的岳麓书院边上就有孔庙。中国传统教育强调人的教育。孔子重成人之教，他心中最完整的人叫"成人"，成人要智、仁、勇兼修，还要博学于文，还要有礼乐文明的熏陶，这样才成为博雅、完整的人。博雅教育、通识教育在中国有非常丰富的文化资源，这与我们今天探讨的话题密切相关。中国传统国学经典本身就是为了培养君子或圣贤，培养完整的人，培养有德、有智、有勇，有外在的文化熏陶、礼乐文明的人。这样的教育是被摆在首位的。我们今天需要从中汲取智慧，因为国学经典教育就是博雅教育的核心。

舒大刚教授：通识教育是"成人"的教育，也是针对专业分科教育而设置的。早期为了建设的需要，我们搞了很多专业教育，培养了许多专家、工程师、院士，这都是需要的。但问题是，我们的科学家，我们的院士，出去交流的时候，对自己国家的历史文化不甚了解，留下了不少缺憾。即使是著名的科学家、院士，若是缺了本民族文化涵养，缺了通识教育的话，终究是不完美的。

通识教育应该让国民掌握国史，了解自己的民族文化；作为公民，对社会公德、公共秩序应该熟悉并遵守；作为成人，对道德、心性，有必要的修养；作为君子，对优雅的学术、思想、技能要掌握；作为社会精英，对整个民族文化要自觉领悟和展示。通识教育不是简单地学一点古文，背几首古诗，而是将经典文化内化为自己的技能和修养。国学要完成的，通识教育要完成的，就是在技能上、修身上有一种浸润，做到内化于心、外显于行。国学教育应该完成国家认同、文化认同、价值观认同、信仰认同，此外还要使人有幸福的体验。现在许多大学生过得很痛苦，也很脆弱。通识教育就应该完成完整的人格培养，使人具有承受能力，如果顺风顺水，不要骄傲；即使失落受挫，也不要颓废。

颜炳罡教授：现在我们的专业教育，给以技能知识，教学生如何做工，但是背后的工匠精神，不是专业技能所能解决的。即使有了工匠精神，如何与人与社会打交道？如何处理个人身心关系乃至复杂的社会关系？这些都不是专业技能所能赋予的。所以今天特别需要通识教育、博雅教育、人文素养教育。何谓儒家之"儒"？"通天地人曰儒，通天地而不通人曰技"。不知道人，不了解社会，就只能是个技匠，就不能成为儒者。传统的儒者应该是通才，耻一物而不知。今天的通识教育功能有三：志向的笃定，情操的陶冶，人格的养成。孔子说："士志于道，而耻恶衣恶食者，未足与议也。"大学生应该有超越于物质生活之上的追求，有对理想、对道的追求。儒家要求士大夫"穷不失义，达不离道"，"穷则独善其身，达则兼善天下"。培养学生士的操守非常重要。"士不可不弘毅，任重而道远。仁以为己任，不亦重乎？死而后已，不亦远乎？"这是儒家追求的精神境界。应该弘扬中国传统的士大夫精神，即坚忍不拔的意志和宏大的心胸，知道以仁道、以天下为终生使命。孔子说"兴于诗，立于礼，成于乐"，通识教育应该落实到人格的养成。君子的标准是什么呢？"君子坦荡荡，小人长戚戚"，"君子周而不比，小人比而不周"。受此熏染，合作意识、善与人相处的性格就会凸显。

于建福教授：刚才三位教授阐述了通识教育的提出、发展、内涵与意义。通识教育是中国教育的古老传统。孔子强调"博学于文，约之以礼"。《易经》提到："君子多识前言往行。"《论衡》称"博览古今为通人"，"通人胸中怀百家之言"。在梅贻琦看来：通识之用，润身而自通于人，通识为本，而专识为末，"社会所需要者，通才为大，而专家次之，以无通才为基础之专家临民，其结果不为新民，而为扰民"。钱穆指出："经学之可贵，不为它是最古的，而为它是会通着子、史、集三部的。"《中庸》提出的"博学，审问，慎思，明辨，笃行"作为中山大学校训仍在沿用。如此看来，当代专业教育的背景下强调通识教育，意义重大，而且通识教育或博雅教育，想必已为大家所接受。国外不少高校特别强调在通识教育中加入名著研读。芝加哥大学赫钦斯主张学习人类"伟大的著作"，大力推进"名著课程计划"，将经典融入核心课程。耶鲁大学设有人文艺术课程；哈佛大学设有通识核心课程。他们倡导阅读的经典是多元的，涉及多民族的经典。国外有些高校也读中国的经典，有的重视《论语》，有的注重《孟子》，有的关注《老子》，有的涉及《庄子》，有的或兼而有之。成功的通识教育必然要重视经典。我们接下来把议题转到"通识教育如何充分体现经典"之上。习近平总书记在北大的讲话中强调高校"不要数典忘祖"，要"扎根中国办大学"。这也意味着，中国大学的通识教育，必须高度重视中华经典的呈现，中华文化基本的价值蕴涵在经典当中，这里面有中华民族的根与魂，我们要通过研读、感悟经典来传承价值。请专家们继续就此进行深入解读。

舒大刚教授：我来接着于教授的话题说。开展通识教育，首先要确立目标。中外历史上成功的教育，都有人格培养的目标。古希腊培养的是智者，要能说会道，善于辩论，博古通今。他们主张的"七艺"，就重视修辞语法、辩论技巧的教育。欧洲中世纪培养的是骑士人格，即有正义感，崇敬女性，保护弱者，爱惜名誉，甚至不惜以鲜血和生命捍卫荣誉。这对中世纪的文化产生了重要影响，尤其是产生了一大批骑士文学，甚至影响到现在英国的绅士教育。英国绅士人格教育是紧接着骑士人格教育的。绅士人格教育的目标，在于培养绅士风度，即举止文雅，打扮庄重，尊重女性，爱护老幼。日本武士道人格教育，讲究忠义、武义、正义，对主人忠诚，为了主人的利益赴汤蹈火。英国的绅士人格、日本的武士人格都有对中国君子人格的吸收。

君子人格是中国传统教育的目标。"文质彬彬，然后君子。"文是外在优雅的表现，质是自己内在的修养，即文和武、礼和义结合得非常好，知识全面，兼通礼乐射御书数，有坚定的意志，明确的方向，尊崇天道，通天地人。中国历史上的读书人，首要的目标是做"内圣外王"的君子，丰富的知识、优雅的外在、坚强的毅力、崇高的信仰，这是内在的修养；修己以安人，修己安百姓，这是外王。成就君子人格，需要学习经典。孔子早期推行的是《诗》《书》《礼》《乐》，晚期加上《易》《春秋》形成"六经"。这"六经"略显古老难懂，而且历代注疏汗牛充栋，不好分辨。我推荐大家研读"四书"和《孝经》。《孝经》不是简单讲怎样尽孝或恭顺，而是讲怎样立身行道，讲由君子而贤人而圣人的过程。《孝经》开篇就讲"始于事亲，中于事君，终于立身"，"立身行道，扬名后世，以显父母"，有始有终。《孝经》对天子、诸侯、卿、大夫、士、庶民都有规定。现在大学开展经典教育与通识教育，讲授"四书"和《孝经》最为重要。自汉以来，《论语》和《孝经》就是读书人的必修经典。

朱汉民教授：通识教育、经典教育，无疑是现代教育重要的组成部分，目的是要学习专业技能之外的多种知识，形成人与人相通的价值观念。强化中国传统文化与国学教育，并不会影响现代中国人参与世界性的沟通。中国经典谈的是中华民族的文化之道，同时也是全人类共同的相处之道。儒家经典里面包含了人与人之间、国家与国家之间、民族与民族之间的相处之道。中国经典中"协和万邦"的理念，就有益于现代民族国家之间的和谐相处。

确立正确的经典观念，是经典教育的重要问题。经典的形成和演变经历了漫长的历史过程，儒家士大夫根据时代变化而不断重新解释经典。经典中有许多恒常不变的思想，但也有一些会随着时代发展而发生变化。历史上的一些大儒，不仅善于回归传统经典不断汲取传统智慧，而且能不断开拓新的适应时代的思想。我们要以文化自信，接续文化传统，接续文化命脉；同时，我们要不断挖掘传统文化经典中与时俱进的东西，不断开拓出适应时代的新思想，建构出带有本民族文化特点的一套新的文明形态。中华民族的崛起，一定会是一种带有自身价值观念的文明形态的崛起，而且这些文明形态一定是深藏在我们的经典之中的。

颜炳罡教授：十年前，某跨国公司年会上，山东大学一位毕业生对我说，很后悔没有参加我的《论语》读书会"，他在纽约，被问到是否读过《小学》《大学》，他很遗憾地回答："上过小学、大学，没有读过《小学》《大学》。"他觉得无地自容。我们有多少大学管理者、大学师生读过《大学》？读过《小学》？这曾经是国人必读之书，很遗憾现在极少有人读了。这就是现在我们高等学校教育的缺陷。那么，什么样的经典是必读的呢？现在分科越来越多，不可能让每一个学生通读"十三经"。我认为，"四书"最值得读。朱熹当年说，把"四书"搞通了，何书不可读？何理不可究？这恰是通识教育要解决的问题。"四书"当中《论语》最为关键，学国学起码要把《论语》读了。通读"四书"更好，加读《孝经》亦有必要。所以，国学经典应该有必修课。上海一所民办学校的校长，每年在新生开学后的前两周，请我去讲《论语》课。他们学校，《论语》是必修课，没有这两个学分就不能毕业。学校可以选择《论语》，或选择"四书"，传授给学生，这样或许能够帮助学生实现志向的笃定，情操的陶冶，人格的养成。

于建福教授：我赞同三位教授的卓见。中国高校开展通识教育，必须高度重视对"四书"的研读，深切感悟"四书"的一贯之道，提升育人品质。现在进入最后的互动环节。

学员（德州学院副院长王金利教授）提问：我认为通识教育不能局限在高校，还应在中小学甚至幼儿园开展。大学通识教育和基础教育应该有所侧重，有所分工。中小学教育应该侧重成人教育，大学教育应该侧重成才教育。在西方文化非常强势的背景下，我们仅仅以"四书"和《孝经》来培养君子人格，能否取得成功呢？

舒大刚教授：我赞成传统文化教育分层次、分阶段推进。汉唐以来，学生最开始学的就是《孝经》，从最实际的开始，怀着一颗感恩的心，善待父母兄弟姊妹，再推而广之，及"老吾老以及人之老，幼吾幼以及人之幼"。进入大学阶段，学的是治国平天下之道。可见古代教育是有阶段性的，读经典都是分层次、分阶段的。现在从小学生、中学生、大学生到研究生，甚至博士生都需要补课，好在从中央到地方都高度重视传统文化教育的展开。

贵阳孔学堂让我们组织编写一套从幼儿园到大学的读本。这套读本就是按分阶段推进的理念进行编写的。我们首先把传统文化的核心价值提炼出来，然后再把体现这些核心价值的经典选出来编入书中。小学阶段加强认知，所以用图文并茂的方式进行解读。如所选"孝悌忠恕勤"，对个人品德培养十分重要；"温良恭俭让"对培育家庭美德、相处之道十分重要；"恭宽信敏惠"，对职业操守、社会角色承担非常重要；"仁义礼智信"，对社会公德的培养十分重要。初中阶段，结合社会主义核心价值观精心筛选文本。高中阶段，则要求学生系统阅读儒家经典。到了大学，则放眼全部的民族文化经典，包括儒、释、道各家经典。如此分级分层次来实行以经典为核心的通识教育，乃大势所趋。

朱汉民教授：我认为，除了大学的通识教育，中小学的经典教育、人格养成更为重要。少年儿童长于记忆，所以经典教育要从中小学开始。小学生应"学其事"，心智成熟的高中生、大学生要"明其理"。我在牛津、剑桥大学交流时，发现他们的学生进入大学前先要申请一个学院，再另外申报一个专业系。学院承担通识教育，不同专业的学生在同一个学院接受相同的通识教育，专业教育则在系里完成。香港中文大学也采用这种制度，他们将承担通识教育的学院叫书院，恰好合并了钱穆先生创办的新亚书院。我曾把岳麓书院的教育目标确定为"志于成人"，这符合孔子提出的"成人"之教。香港中文大学也希望大学生的通识教育由书院来完成，然后专业教育到专业系里完成。这种在中西结合的制度上的探索，合乎中国传统书院的通识教育理念。当然，在当代书院里，倡导中国传统经典教育，也能不排斥西方经典，现代人应该立足于本民族文化，也应该参与其他民族的文化交流。

学员（海南大学副校长傅国华教授）提问：提到传统文化、国学经典，人们会与保守联系起来。请问创新思维、批判性思维怎么通过经典教育来培养呢？

朱汉民教授：国学经典与创新并不矛盾。我举一个书院的例子，清代岳麓书院山长王文清提出一个"读经六法"，包括：正义、通义、余义、疑义、异义、辨义。显然，这里所讲到的疑义、异义、辨义，就是强调学者对经典也应该有怀疑精神，敢于对经典提出异义，敢于辨义地批判。

颜炳罡教授：孟子说："尽信书，则不如无书。"经典不是用来迷信的，是用来涵养人格的。经典的诠释历来是与时俱进的，当今也需要推陈出新。

于建福教授：中华传统文化尤其是经典文化中，蕴涵着丰富的创新思维

经典教化篇

和不可多得的质疑精神。《论语》中孔子主张"温故而知新",倡导"疑思问","毋意、毋必、毋固、毋我",《易经》强调"革故鼎新",《大学》所谓"苟日新,日日新,又日新",《中庸》主张"慎思之,明辨之",《孟子》认为"尽信书,则不如无书",等等,值得高校在通识教育中深入挖掘与阐发,实现反本开新。按习总书记的话说,"善于继承才能善于创新",要"在继承中发展,在发展中继承","努力实现传统文化的创造性转换、创新性发展,使之与现实文化相融相通,共同服务以文化人的时代任务"。

通过以上探讨,可以初步达成这样的共识:国学经典是古圣先贤智慧的结晶,具有跨越时空、历久弥新的时代价值;当代中国高等教育必须深深植根于经典文化的沃土,获得丰厚的滋养;要强化通识教育,必须强化以"四书"为核心的传统文化经典教育,但这并不意味着排斥其他经典;要有顺序地、相互衔接地按小学、中学、大学分层次来设计,正如教育部《完善中华优秀传统文化教育指导纲要》提到的,大中小学一体化系统推进中华优秀传统文化教育,其中必然包含国学经典教育。如何将经典融入高校的通识教育,培育健全人格,恰是分管人文社科工作的领导们所要继续思考和共同努力推进的,这项工作任重而道远。会讲到此结束,衷心感谢三位专家的精彩讲解和回应,也感谢各位的积极参与。

植根经典文化沃土　挖掘校训育人价值①

　　纵观中国近代以来的大学校训，可谓林林总总，尽管算不上"繁花似锦"，也难称得上"群星璀璨"，但就总体而言，挖掘和传承中华经典文化价值，是中国大学校训的鲜明特性。中国大学校训多源于传统经典文化，深深地植根于中华经典文化的沃土并获得丰厚滋养，其中蕴涵着丰富而深邃的育人智慧。

一、传承中华经典文化价值是中国大学校训的根本特性

　　五千年源远流长的中华文明积淀了深厚的文化传统，形成了浩如烟海的文化典籍，这些文化典籍，是中华民族文化中的核心元素，理应成为大学教育的宝贵资源。耐人寻味的是，中国各类院校的校训其立意多源于传统经典文化，深受中华经典文化的滋养，呈现出中华经典文化价值传承取向。换言之，我国博大精深的经典文化，为大学校训的提出和确立提供了肥沃的土壤，校训所蕴含的教育真谛，不难从中华经典文化中寻觅。显然，传承中华经典

---

① 本文发表于《光明日报》2014年9月30日。略有改动。

文化价值是中国大学校训的根本特性。就我国已有大学校训的经典文化价值传承取向而言，具有如下特点：

第一，某些校训直接取自某一部经典之嘉言，或是同一部经典中嘉言的有机组合。复旦大学校训"博学而笃志，切问而近思"，就直接源于《论语·子张》子夏之言，用以表达复旦学人的学术品格与志趣。东南大学的校训"止于至善"，则直接出自《大学》，企望师生达于进德修业之佳境。由孙中山为广东大学（现中山大学）题写的校训"博学，审问，慎思，明辨，笃行"，出自《礼记·中庸》"博学之，审问之，慎思之，明辨之，笃行之"。该校训注重"学""问""思""辨"功夫，并谋求在此基础上有"行"之果，从而成就事功。清华大学的"自强不息，厚德载物"的校训，源于《易传》乾象"天行健，君子以自强不息"和坤象"地势坤，君子以厚德载物"，旨在启迪人们效法"天道"而"自强不息"，效法"地道"而"厚德载物"，进而达成理想人格。诸如此类，举不胜举。

第二，不少校训出自多部经典，是多部经典名句的融合。1903年陈宝琛为福建东文师范学堂所制定"化民成俗其必由学，温故知新可以为师"校训，融合《礼记·学记》和《论语·为政》两句名言，深切表达了教育兴国理念，同时传递为学为师之道：不温故而开新，只能是无源之水；只温故而不能开出新知，知识就没有发展而停滞，这是为学或为师者都应懂得的道理。厦门大学的校训"自强不息，止于至善"中的"自强不息"源于《易传·乾象》，"止于至善"源于《礼记·大学》，既体现出历久弥新的民族精神，又体现着内圣外王的大学之道。

第三，众多校训传承着院校自身的文化命脉，是传统经典文化价值的凝练。众所周知，云南师范大学是在国立西南联大师范学院基础上发展演进而来。尽管历史风云变幻，云南师大至今仍沿用"刚毅坚卓"校训，坚信《尚书正义》所谓"刚能立事"，《论语·泰伯》所言"士不可以不弘毅，任重而道远"，《左传·宣公二年》所倡"杀敌为果，致果为毅"，《后汉书·马援传》所言"穷当益坚"，《诗经·大雅》所谓"实坚实好"，《论语·子罕》所谓"如有所立卓尔",薪火相传,联大精神得以延续,文化命脉得以维系。显而易见,传承院校自身文化命脉的校训,实有典籍出处,同时蕴涵着中华传统文化典籍之价值。

二、承载经典文化价值的校训蕴涵着丰富而深邃的育人理念

颇具中华经典文化价值传承取向的校训,必然蕴涵着丰富而深刻的育人理念。由中国传统文化中寻觅、凝聚而成,揭示教育的真谛,承载着学校历史传统和理想追求的具有浓厚文化底蕴的校训,必然薪火相传,凝聚着一代代教育工作者教育新人、引领文化的心血和智慧,浓缩着一批批学子孜孜求知、探求真理的信念与勇气,体现了学校教育的价值追求,对师生道德文章发挥着潜移默化的熏陶作用。承载经典文化价值的校训所蕴涵的育人理念主要体现在如下几方面:

第一,勉励大学人博学善学好学且乐学,学、问、思、辨、行兼顾,务求"知行合一",经世致用。中华民族素有尚"学"尚"行"传统,与此传统相一致,大学校训多涉及"博学""笃学""励学""乐学",强调"敦行""力行""笃行""行笃敬",按为学之序,努力兼顾"学"与"问""思""辨""行",力求"经世致用"。暨南大学"忠信笃敬"校训,勉励师生言行一致,成就君子品质。北京师范大学"学为人师,行为世范"校训强调"学"与"行"的统一,激励教师成为学生效仿的典范,而且鞭策学子求学不息,担负教书育人之天职。

第二,激励大学人"实事求是",不懈探究知识,追求真理。深受传统经典文化的影响,中国大学不少校训注重格物致知,"尚实"而"求是"。中国人民大学和天津大学等院校的校训"实事求是",浙江大学等院校校训所包含的"求是"之语,无不植根于中华经典文化,旨在弘扬中国本土化治学精神,以明道穷理为永恒主题。

第三,营造思想自由、兼容并包的优良文化氛围。中华文化经典历来尚中贵和,主张"和而不同",确信"万物并育而不相害,道并行而不相悖"。

蔡元培在《〈北京大学月刊〉发刊词》中所倡导的"囊括大典网罗众家",所期望遵循的"思想自由之通则"和"兼容并收之主义",之所以一直为不少学人所信奉,主要是因其中传承了中华经典中蕴涵的"中和"理念,而且能针砭时弊,凝聚共识。某些校训包含的"厚德载物""博大精深""含弘光大",就是期望大学人度量宽厚,"躬自厚而薄责于人",具备大度包容的气质和丰富而深邃的内涵。

第四,唤起大学人自强不息、时中日新的精神。中华民族生生不息,得益于"自强不息"的民族精神;中华民族的伟大复兴,依然需要人们具有刚毅的性格,权变时中的智慧,刚健有为的精神,要求大学找准定位,担当应负使命。西南联大到云南师范大学所秉承的"刚毅坚卓"校训,正是中华民族刚健有为、自励自强、昂扬向上的精神追求的体现。清华大学、厦门大学校训所涉及的"自强不息"之所以受到学界高度认同,主要是因其作为中华经典文化精神,体现了健全人格所必备的品质。在中华经典文化教育发展中,富有"与时偕行"的品质,具有权变时中的理性精神,由此而促进大学时中日新。

第五,启迪师生遵循大学之道,修身为本,修己安人,实现理想人格。中华经典强调修身为本,以天下为己任,努力达成"修己安人"的理想人格。基于此,大学校训注重道德教化和人格涵养,常用"厚德""明德""崇德""修德""立德""弘德""德合自然",期望"止于至善"。完善的人格需要有精神境界和价值追求,特别需要讲"正气",有"风骨"。两岸"东吴人"之所以依然倡导"养天地正气法古今完人","山大人"之所以信奉"气有浩然",都与中华经典所主张养"至大至刚""配义与道""非义袭而取之"的"浩然之气"密切相关,更为重要的是,能够由此彰显历久弥新的特有文化魅力和润物无声的潜在育人价值。

三、校训传承经典文化价值之启示

基于中华经典的大学校训,在大学自身发展过程中,经过历史的积淀,历久弥新，任凭风云变幻，仍能守望一以贯之之道。出自经典，蕴涵永恒价值的校训，作为一种内在的精神成果，长期作用于学校育人的全过程，耳濡目染，润物无声，发挥着独特的潜移默化的"正能量"作用。为进一步突显校训特色，切实传承校训蕴涵的经典价值，实有必要关注如下问题：

首先，植根经典文化，凝练院校校训。显然，中华传统经典是构建校训并使校训更具文化魅力的源泉。挖掘中华经典智慧，吸收中华文化精髓，结合时代精神和本校文化传统，凝练和解读院校校训，是建设民族性多样化特色化校训的优先选择。要解决某些校训雷同和肤浅现象，无疑需要从中国传统文化尤其是经典智慧的挖掘上下功夫。

其次，增强校训经典名句的认知与认同，并凝聚共识。蕴涵中华经典智慧的校训，内涵深刻，意味深长。大学不是只将其刻在石头上，拓在石碑上或是喊几句口号就能体现其育人价值，而是要让全体"大学人"能够真正认知和认同，了解其经典出处，把握其寓意，在此基础上，广泛凝聚共识。

再次，贵在身体力行。蕴涵中华经典价值的校训，有赖于学人内化于心的同时，能共同自觉践行，自觉将校训理念作为约束自身言行的准则。要解决校训形同虚设的状况，则需要大学人形成愿景与合力，以身作则，人人身体而力行之。

此外，要深入挖掘与阐发校训经典内涵，深刻领悟大学育人之道。发挥校训传承经典文化价值的功能，必须深入开展经典研读，深入挖掘与阐发校训经典内涵，回归教育本真，同时要融古通今，强化使命担当，深刻领悟修己安人的大学教育之道，养成健全人格，达到"至善"境界。

滋养学人　培根铸魂

——"清源国学讲堂"二十二讲回望 [1]

　　21世纪初，人类文化自觉初见端倪。就中国而言，文化自觉贵在"各美其美"，国人必当对本民族优秀传统文化"略有所知"并抱有起码的"温情与敬意"，教育行政管理干部尤应如此。2012年9月27日，孔子诞辰2563周年前夕，国家教育行政学院以国际儒学联合会为学术合作单位，成立"国学教育研究中心"。中心的成立，恰逢其时，任重道远。成立之日，国际儒学联合会与国家教育行政学院面向在学院研修的教育行政管理人员，合作主办"清源国学讲堂"，并由国家教育行政学院国学教育研究中心和国际儒学联合会宣传出版委员会承办。如今，"清源国学讲堂"已成功举办二十二讲（以下简称"二十二讲"），5000多人次教育行政管理干部和骨干教师聆听讲堂，获取国学熏陶与滋养。兹就此作简要回望。

---

① 本文发表于《国际儒学研究》第24辑，华文出版社2017年5月版，收入时略有改动。

一、国学讲堂冠名"清源"，寓意深刻，立意高远，意味深长

国学讲堂以"清源"冠名，一因举办地国家教育行政学院位于北京市大兴区清源社区，南临清源路，北有清源北路，与北京石油化工学院一路之隔，东与北京印刷学院一墙相接；二因当今国学依然迷雾重重，见仁见智，亟待正本清源，从根本上立正，从源头上清理，否则难以根深叶茂，也不可能源远流长；三是借用朱熹诗句"问渠那得清如许，为有源头活水来"中"清""源"二字，寓意古圣先贤为学处世风范及其留下的经史子集思想精华，是当今学人亟待汲取的文化之源。宋人胡宏说："水有源，故其流不穷；木有根，故其生不穷。"（《知言》）即是说，水因为有源头，所以其流才不会穷尽；树木因为有根本，所以生长才不会穷尽。孔子弟子有若也说："君子务本，本立而道生。"（《论语·学而》）凡事都要求其根本，要开源固本，追根溯源，才能抓住其本质，才能求得生存发展之道。中国教育事业的发展也是如此，必须从博大精深的中华优秀传统文化中探寻源头活水，发掘智慧源泉，阐发价值理念；中国教育行政管理人员的研修莫不如此，必须植根于中华文化的沃土之中，获得丰厚的滋养。

以教育干部培训为事业主体的国家教育行政学院成立国学教育研究中心并举行"清源国学讲堂"，将使学院的干部培训工作更具有文化品位，更具有科学内涵。国家教育行政学院副院长李文长教授指出，该中心的成立对教育领导干部提升思想境界，理解教育真谛，遵循规律办教育，具有现实意义。国际儒学联合会秘书长牛喜平指出，成立国学教育研究中心，开设系列的"清源国学讲堂"，是富有远见和智慧的决定；相信教育管理干部国学素养的提高，必将有效地传导至各级各类教育管理部门，从而使国学普及收到事半功倍之效。尼山圣源书院常务副院长王殿卿教授认为，国学教育研究中心的成立和"清源国学讲堂"的创办，标志着中国教育要更加重视国学，更加自觉主动地推动中华文化复兴，这是落实十七届六中全会的具体行动，是对孔子诞辰 2563 周年的最好纪念。时年 92 岁高龄的著名教育家、北京师范大学黄济

经典教化篇

教授为中心和讲堂题词："学古而不泥古，尊儒兼顾百家"，并登台释义，明确了中心和讲堂应恪守的理念。

二、主办双方优势互补，精诚合作，确保取得实效

国际儒学联合会成立于1994年，是由中国、韩国、日本、美国、德国、新加坡、越南等国家和中国香港、台湾地区与儒学研究有关的学术团体共同发起的国际性学术组织。其宗旨是研究儒学思想，继承儒学精华，弘扬儒学精神，以促进人类之自由平等、和平发展与持久繁荣。其主要职责是以"组织、协调、服务、推动"的方式，联系和团结世界各地的儒学团体、儒学学者和儒学工作者，实现儒学的研究、传播、普及三项任务。国际儒学联合会成立之时，江泽民总书记亲切接见了与会主要代表。每五年一届的会员大会，都有党和国家重要领导人出席。尤其是2014年9月24日，习近平主席出席在北京人民大会堂举行的纪念孔子诞辰2565周年国际学术研讨会暨国际儒学联合会第五届会员大会开幕会并发表重要讲话。国际儒学联合会以其得天独厚的学术资源优势，为"清源国学讲堂"提供了海内外专家力量。国际儒联秘书长牛喜平在开讲致辞时代表叶选平会长和滕文生常务副会长对国学教育研究中心的成立和"清源国学讲堂"开讲表示祝贺；表示将与国家教育行政学院精诚合作，高质量推动"清源国学讲堂"持续开展。四年来，滕文生会长经常在会长办公会上询问近期"清源国学讲堂"开设情况；会长助理曹凤泉与牛喜平秘书长、金美华副秘书长、秘书处及编辑出版部相关人员多次亲临"清源国学讲堂"现场关注和支持；国际儒学联合会教育传播普及委员会副主任、中华孔子学会副会长、中华母亲节促进会执行会长凌孜女士代表国际儒学联合会出席第四讲"清源国学讲堂"并致辞。国际儒学联合会传播普及委员会副主任王殿卿教授也对国学教育研究中心的成立和"清源国学讲堂"的开讲表示祝贺并寄予厚望。"二十二讲"主讲人大多与国际儒学联合会直接相关，有的是荣誉顾问（如杜维明、钱逊），有的是顾问（如楼宇烈、周桂钿、王殿卿、郭齐家、吴光），有的是副会长（如牟钟鉴、安乐哲、李瑞智、董金裕、张

学智），有的是副理事长（如杨朝明、凌孜、朱汉民），有的是执行委员或理事（如张践、郭齐勇、王渝生、田辰山），也有其他著名文化学者（如傅佩荣、李汉秋、鲍鹏山）都为讲堂做出了贡献。

　　国家教育行政学院是 1955 年经毛泽东主席批准而创办的，是教育部直属的独立设置的教育管理干部培训院校。自成立以来，学院一直沐浴党的阳光雨露，持续推进中华文化传承。1957 年 4 月 29 日，毛泽东、朱德、邓小平等党和国家领导人亲切接见了学院毕业生；1999 年 5 月 18 日，江泽民总书记为国家教育行政学院题词"讲学习，讲政治，讲正气，努力做好干部教育培训工作"；2014 年 9 月 24 日，国家教育行政学院第 11 期"国学经典教育"专题研修班全体学员和国学经典教育联盟代表，在北京人民大会堂聆听习近平主席在纪念孔子诞辰 2565 周年国际学术研讨会暨国际儒学联合会第五届会员大会开幕会上的讲话。2019 年 11 月 16 日，国学教育研究中心组织国学经典教育联盟代表，在北京人民大会堂聆听国家副主席王岐山代表习近平主席发表的重要讲话。学院自成立之日起，在董纯才、张承先等院长领导下，成为中华优秀传统文化的传承弘扬的重要力量。时任院长陈宝生在 2017 年 3 月 3 日下午全国政协十二届五次会议开幕前的两会"部长通道"首个接受记者提问，他将优秀传统文化进校园看成是一个"固本工程""中国人打底色的工程"。近些年来，学院愈益重视中华优秀传统文化在干部研修课程中的呈现，面向地市县教育局长、督学和院校管理人员及骨干教师持续开设国学经典教育研修专题，面向高校中青年干部培训班开办"四书"导读课。校园文化中融入了内涵丰富的国学元素，落成于 1998 年的校长大厦敬业厅的"中国历代教育家"铜雕，呈现孔子、孟子、荀子、董仲舒、韩愈、朱熹、颜元、严复、康有为、梁启超、蔡元培、陶行知、徐特立、吴玉章等教育家，呈现甲骨文、八卦、辟雍、杏坛、稷下学宫、太学、国子监、岳麓书院、京师大学堂、北大小红楼、延安抗大等背景文化，体现了学院对中华传统文化教育思想价值的自信与自觉传承。呈现在校园中的"孔子杏坛讲学""止于至善""中和位育""养浩然之气"，涉及《论语》《大学》《中庸》《孟子》四书，孔子、曾子、子思、孟子四圣，体现了学院对儒家经典和圣贤之道的自信与自觉传承。"孔子见老子"画像，记载了儒、道两大创始人最初相会的生动情景，加上国学馆中的孔子和老子剪纸像，表明儒、道的交流、会通与互补关系。所立"上善若水"石碑，表明学院对《道德经》及道家智慧的崇尚。在注重"各美其美"的同时，也重视"美人之美"，校园落成的"容闳留学碑"，就体现了学习借鉴其他文明优秀成果的理性自觉。"道之兴"则民族兴。复兴中华大道，必"正本清源"，必从博大精深的中华文化中挖掘并汲取源头活水。校园的"国学底色"，为全国教育行政管理干部研修营造了浓浓的文化氛围，让学员在漫步校园时获得文化熏陶。国学教育研究中心的成立，"清源国学讲堂"的开设，国学经典教育联盟的形成，尤为学院国学教育增添助力。2012年9月27日开讲之日，学院副院长李文长教授在致辞中表示，学院"国学教育研究中心"将筹划组织、持续开展"清源国学讲堂"，逐渐汇聚一批致力于国学研究的有识之士，宣传和推广国学研究成果，促进当代文化教育建设的正本清源，学院将努力成为促进建设社会主义文化强国的有效阵地。学院原党委书记兼常务副院长俞家庆、黄百炼、马俊杰、侯慧君等教授都曾到场支持，并协调学院相关部门确保讲堂工作顺利推进。

国家教育行政学院与国际儒学联合会之间的学术合作由来已久。早在2007年11月1日至3日，国家教育行政学院就与国际儒学联合会共同主办、马来西亚孔学研究会和北京东方道德研究所协办"第三届儒家伦理与东亚地区公民道德教育论坛"。来自中国、韩国、新加坡、马来西亚、菲律宾、印度尼西亚等国和中国香港、澳门、台湾等地区的50多名专家学者到会。国际儒学联合会常务副会长杨波主持开幕式，国际儒学联合会常务副会长刘忠德，国际儒联副会长、马来西亚孔学研究会会长陈启生和国家教育行政学院院长先后致辞。国际儒学联合会教育传播普及委员会副主任王殿卿教授主持主题演讲，国际儒学联合会荣誉顾问、中宣部常务副部长徐惟诚教授，中国伦理学会会长陈瑛教授、台湾中央大学中文系主任杨祖汉教授、香港中文大学新亚书院刘国强教授等先后做了主题演讲。与会领导及海内外专家学者围绕

"儒家伦理·公民道德教育与和谐文化建设"这一主题进行了广泛而深入的交流探讨，在海内外产生了积极影响。以国际儒学联合会为学术支持而成立的国学教育研究中心，由国际儒学联合会会长滕文生兼任中心荣誉主任。国学教育研究中心恪守黄济先生题写并到会解读的"学古而不泥古，尊儒兼顾百家"和滕文生会长题写的"己欲立而立人，己欲达而达人"的理念，承办学院与国际儒联合作举办的"清源国学讲堂"，已举办22讲；形成《完善中华优秀传统文化教育文献选编》；举办"提升文化自觉自信　完善中华优秀传统文化教育——学习习主席讲话和中央精神座谈会""学习习近平'9·24讲话'座谈会""中华文化本根教育论坛""尼山国学经典师资论坛""大中小学一体化推进国学经典教育论坛"；在教育部规划的高校中青班开设《四书》导读课，在地市县局长班开设传统文化课；以圣地尼山为国学研修基地，成功举办60多期"国学经典教育"专题研修班；成功举办三期教育部规划的"坚持立德树人弘扬中华优秀传统文化专题研讨班"；举办大中小学和海外华人圣地游学活动；与国际儒学联合会合作组编《中华传统文化经典教师读本》和《中华传统文化经典诵读本》，扎实推进国学经典教育，取得了显著成效。

三、授课专家水准高，知名度高，讲题聚焦国学重大问题

特邀为"清源国学讲堂"授课者，均为享誉海内外的著名儒学专家；每一讲所确定的讲题，涉及面广，都是教育行政管理者需要关注并急需破解的重大问题，具有较强的针对性和时效性。

"清源国学讲堂"首场演讲由大陆著名儒学专家、国际儒学联合会理事、武汉大学国学院院长郭齐勇教授主讲"国学及其核心价值"，有针对性地回应了何谓国学的难题，确信国学核心价值会成为构建社会主义核心价值观的基石，由此拉开了讲堂序幕。第二讲，国际儒学联合会副会长、澳大利亚著名汉学家、邦德大学李瑞智教授与国际儒学联合会理事、北京大学东北亚研究所副所长刘金才教授、北京外国语大学东西方关系中心主任田辰山教授共同主讲"21世纪儒学的复兴与西方文化"，在聆听中外对话中了解了儒学复兴

的趋势,增进了教育学人的中华文化自信。第三讲,国际儒学联合会副会长、首届"孔子文化奖"获得者、美国哈佛大学荣休教授、北京大学高等人文研究院院长杜维明教授与国际儒学联合会理事、浙江省儒学学会执行会长、浙江省社会科学院吴光教授对话"百年儒学的命运与前景",透过中国百年儒学的命运,唤醒教育工作者致力于中华文化传承的使命感和担当精神。第四讲,国际儒学联合会顾问、中国政法大学国际儒学院副院长、北京师范大学周桂钿教授和国际儒学联合会副理事长凌孜女士主讲《群书治要》——中国古代政治智慧的集萃",引领教育工作者感悟中国古代政治智慧,实现治国理政的"古镜今鉴"。第五讲,国际儒学联合会副理事长、孔子研究院院长杨朝明教授讲授"孔子思想与儒学精髓",让教育学人加深了对孔子和儒学思想精髓及教化之道的理解和把握,同时了解了习近平总书记2013年9月26日在孔子研究院座谈会上讲话的主要精神。第六讲,国际儒学联合会副会长、2015年度"孔子文化奖"获得者、台湾政治大学董金裕教授主讲"富而后教——谈儒学教育的个人体会与前瞻",分享了儒学教育的台湾经验,引领学者感悟圣贤教化理念。第七讲,国际儒学联合会副会长、2012年度"孔子文化奖"获得者、中央民族大学牟钟鉴教授以"重铸君子人格推动移风易俗"为题,阐明了当代君子必备的素养及其存在的价值,倡导重建礼仪之邦与君子之国。第八讲,中华两岸和平促进会会长、台湾中央大学教授冯沪祥讲解"从国学看'中国梦'",让大家确信:国学是实现"中国梦"之学,实现中华民族伟大复兴的"中国梦"是中华民族的梦,是中华儿女的美好愿景。第九讲,齐鲁文化研究院院长王志民教授讲授"齐鲁经典文化与中华文明",引导大家增进民族经典文化认同,共建中国人的精神家园。第十讲,国际儒学联合会副会长、2014年度"孔子文化奖"获得者、美国夏威夷大学哲学系安乐哲教授主讲"儒学对人类未来之价值",让人们确信儒学对摆脱人类困境中的强大优势,中国崛起对世界秩序的重建,尤其是中国传统的文化资源对于人类文明的进步,具有重要价值。第十一讲,国际儒学联合会顾问、北京东方道德研究所荣誉所长王殿卿教授对"中华文化与立德树人"的解读,让"立德树人"反本开新,找到中华文化的"根"和"魂"。第十二讲，国际儒学联合会荣誉顾问、清华大学钱逊教授主讲"关于中华传统文化教育的几点认识"，启迪教育学人以应有的温情与敬意，持续探索中华文化的教育之路。第十三讲，国际儒学联合会教育传播普及委员会主任、中国人民大学张践教授对"中华孝文化与修齐治平之道"的解读，引领教育学人明了中华孝文化的真谛，深切感悟孝道与安身立命的关系。第十四讲，国际儒学联合会顾问、北京师范大学郭齐家教授主讲《大学》之道及其价值传承"，让在场的高校管理者真切体悟古老的"大学"之道，在传承中重塑当代大学精神。第十五讲，国际儒学联合会顾问、北京大学楼宇烈教授讲授"中华文化精神与高校文化自觉"，强调中国人的价值信仰是"敬天法祖，尊师重道"，引导大学管理者领悟中华文化真精神，增强中华文化主体性。第十六讲，国际儒学联合会理事、中国科技馆原馆长王渝生教授主讲"国学与科学"，引领大家重新认识国学如何推进科学技术发展，使人确信中国传统科学优秀基因可以不断带来当今科学前沿和高新技术研究的新突破。第十七讲，国际儒学联合会顾问、浙江省儒学学会会长吴光教授主讲"儒学经典历史传承与当代核心价值"，强调中华经典蕴涵的"仁道"和"五德"（义礼信和敬），可作为修身立德、治国理政的文本依据与精神指导。第十八讲，台湾大学哲学系傅佩荣教授主讲"国学的天空 学者的使命"，从为官、为师、交友、孝亲的角度解读孔子，阐释儒家思想精神及其现代意义，引领当代学者亲近国学，担当文化传承使命。第十九讲，国际儒学联合会副理事长、岳麓书院国学院院长朱汉民教授主讲"理学的人生追求与生命智慧"，倡导以"心忧天下""民胞物与"的博大胸怀，追求"孔颜乐处"，彰显"圣贤气象"。第二十讲，国际儒学联合会副会长、北京大学张学智教授讲授"阳明心学精神与智慧"，结合王阳明历经艰辛而又光辉传奇的人生轨迹，倡导阳明心学"知行合一"的精神与"启寐破迷"的智慧。第二十一讲，中国民协原节庆委员会主任、中华母亲节促进会会长李汉秋教授主讲"民族节日体系与中华母亲节之设立"，以高度文化自信倡导构建完善的中华民族节日体系，主张将教师节改在孔子诞辰日，将孟子诞辰日定为中国母亲节。第

经典教化篇

二十二讲，中国孔子基金会学术委员、上海开放大学鲍鹏山教授讲授"读《论语》学以成人"，解读《论语》中的为己之学和成人之道，强调以修身做人为本，淡化功利和浮躁之气。

四、听讲的学员类别多，层次高，善与授课专家互动探讨

"清源国学讲堂"开设有普通高校领导干部进修班，高等职业院校领导干部进修班，高校中青年干部培训班，省域高校中青年干部培训班，全国省地督学培训班，全国地市教育局局长研修班，全国县市教育局局长培训班，基础教育改革动态专题研修班，全国学前教育管理者高级研修班，多期"国学经典教育"专题研修班，教育部统一规划的三期"坚持立德树人弘扬中华优秀传统文化"专题研讨班，听众以同期在学院研修的教育行政管理人员为主，此外包括首都各类院校和科研院所的著名专家学者，首都高等院校师生代表、学会团体代表、大兴区政协代表和教育行政部门代表、媒体代表以及学院专兼职教师。受众面达5000多人次，涵盖大陆各个省份，一千多个地市县，两千多所大中小学和幼儿园。

如切如磋，如琢如磨。每次课上，大家都利用难得的机遇，饶有兴致地与国学专家切磋对话，真正做到了参与讲堂。如郭齐勇教授深刻阐释"何谓国学""国学中的经典价值""国学经典价值的传承"等问题之后，便就学员提出的国学的内涵、核心价值的提炼、孔子学院、新版《现代汉语词典》中西文词汇的收入等问题做了精彩回答。李瑞智等先生针对大家关注并提出的近现代西方发展超过东方、近期中美日三国关系走向及将在何种程度上影响中国经济发展等现实问题，从儒学思想角度，以对话解读方式，和大家分享了自己的认识体会。杜维明、吴光教授就听众提出的"怎么看文明的冲突和文明的对话"，"如何看待五四新文化运动的主流与潜流"，"现在大陆的儒学处在什么样的地位，如何争取比较好的前景"，"怎样在中国大陆提升儒家基本价值的认知程度，为此要解决的最核心的问题是什么"，"研读《大学》是否应成为读书人的起码要求"，"在当今国际化背景下通过什么样的途径可

以做好现代儒学的对内传授和对外传播"诸问题，进行了富有洞见、引人入胜的回应。董金裕教授对孔子之道和国学之教的解读，引发学员们纷纷就关心的问题，如孔子诞辰日设立为中华教师节问题，儒家与道佛诸家的关系问题，与主讲人展开热烈交流。牟钟鉴教授就大家关心的"'国学'与'中华传统文化'的关系""国学何以涵养君子人格"等问题，进行深入探讨。冯沪祥教授就大家感兴趣的国学复兴与两岸统一等问题，展开热烈互动。王志民教授就经典阅读等问题，与大家展开充分交流。安乐哲教授就听众关心的多元文化交流对话与互鉴等问题，作了精到回应。楼宇烈教授就"三从四德""唯女子与小人为难养也""学而优则仕""天不变道亦不变"等言论加以澄清。在提问环节，讲堂主持人的引导不可缺少。举行首期高等院校"坚持立德树人　弘扬中华优秀传统文化"专题研讨班期间，面对渴望经典阅读的高校分管人文社科的校级领导，讲堂主持人分别询问牟钟鉴、郭齐家、楼宇烈三教授："若高校领导人儒道佛各必读一部经典，您推荐那一部？"就儒家经典而言，三位教授中两位推荐《论语》，一位推荐《大学》及《中庸》；就道家经典而言，三位教授无一例外，都推荐了《道德经》；就佛家经典而言，两位教授推荐《金刚经》，一位教授推荐《坛经》。但愿教育行政管理者能最低限度地研读一部经典，哪怕是仅有1751字的《大学》。

五、讲堂注重学礼，必有经典诵读、《大同》歌颂唱，学员耳濡目染，获益良多

讲堂注重学礼，每期必有经典诵读。国学教育研究中心选取与该"讲堂"主题相对应的经典名句，然后请国际儒学联合会顾问、国家教育行政学院副教授何光荣先生书写，讲堂开始前相关人员领诵经典。如，结合"21世纪儒学的复兴与西方文化"的讲授，选取《论语》《中庸》和《易传》的经典内容，体现"和而不同""万物并育而不相害，道并行而不相悖""天下同归而殊涂，一致而百虑"的精神；结合"百年儒学的命运与前景"的讲授，选取《礼记·经解》"入其国其教可知也"的片段，作为诵读内容；结合"重铸君子人

格推动移风易俗"主题,则选取《孔子家语》"人有五仪"(圣人、贤人、君子、士人、庸人)章作为诵读内容;结合"齐鲁经典文化与中华文明"主题,则选取《隋书·经籍志》作为诵读内容;结合"儒学对人类未来之价值",则选取《孟子》"圣人百世之师"章作为诵读内容。

唱响《大同》歌始于"清源国学讲堂"第六讲。正值"至圣先师"孔子诞辰2565年前夕,董金裕教授应邀解读"孔子之道和国学之教"。学院时年92岁高龄的何光荣先生为本期讲堂题写"国无德不兴,人无德不立",并亲临讲堂为大家做义理阐释。随后,学员集体诵读并颂唱《礼记·礼运》"大同"——"大道之行也,天下为公,选贤与能,讲信修睦,故人不独亲齐亲,不独子其子……故外户而不闭,是谓大同"。董金裕教授与大陆学人共同唱响《大同》歌后,倍感亲切而意味深长,这或许是两岸中国人和平发展的最大公约数。冯沪祥作为中华两岸和平促进会会长,解读的恰恰是"从国学看'中国梦'",当与大陆学人共唱《大同》歌之时,更加确信实现"大同梦"是两岸中华儿女乃至人类的共同愿景。美国著名学者安乐哲教授与中国学人恭恭敬敬共唱《大同》歌之后,探讨"儒学对人类未来之价值",显然,这《大同》理想恰恰指向人类美好的未来。如此考究的学礼,对当代学人而言实属罕见,对教育行政管理者而言亦颇感新鲜,对学员而言,也是难得的文化体验。时过境迁之后,不少学员回忆当年诵读颂唱经典的情景,依然难忘,觉得"大同"理应纳入国人的价值信仰体系,其耳濡目染、润物无声之效可见一斑。当两岸学人或中外学人共同唱响《大同》歌之时,"天下为公、世界大同"的理念则已显现出跨越海峡、跨越国界、超越时空的文化魅力。

九年间陆续举办二十二讲的"清源国学讲堂",引发了诸多媒体的关注。《光明日报》《中国教育报》《教育学报》《中国德育》、人民网、光明网、新华网、国际儒学网、中国孔子网、国家教育行政学院网、本根教育网等都进行了相关报道。国际儒学联合会滕文生会长在第五届会员大会作报告时,向世界各国各地理事和会员积极评价持续举办的"清源国学讲堂",并将其纳入长远规划。

"清源国学讲堂"为诸多教育行政管理者和教师搭建了认知国学、感悟经典、体验中华文化的有益平台。尽管每次讲堂只能实现有限目标，也许其影响面不够广泛，但其发挥的效能不可低估。讲堂常让不少教育行政管理者和教师深感国学经典这坛封存已久的"千年老酒"依然清醇芳香，令人意犹未尽，欲罢不能。毫无疑问，中华文化传承首要责任人在于教育干部，关键问题在于破解师资匮乏的难题。若干案例证明，深度影响一位局长，就有可能带动一个区域国学的开展；深度影响一位校长，就有可能带动一所学校的国学教育；成功培养一名国学教师，就有可能让一两个班级畅游国学天地。长此以往，国学教育或成星火燎原之势。

　　当代中国教育，必须正本清源，必须深入挖掘中华文化的源头活水，必须致力于延续中华民族的文化血脉，必须将当代教育深深植根于优秀中华文化的沃土，而获得丰厚的滋养，为中华民族伟大复兴源源不断地提供智力支持和价值支撑。教育界无疑需要志存高远，顶层设计，系统规划，以经典教育为核心，持续扎实有序推进，让更多的教育行政管理者和教师确立对中华经典文化礼敬的态度，增进对中华文化价值的认知、认同与自信，提升文化传承的自觉，反本开新，护根铸魂。

经典教化篇

中华优秀传统文化融入高校思政课的
价值与路径 ①

　　中华优秀传统文化是中华民族的精神命脉，是中国特色社会主义的丰厚滋养，是涵养社会主义核心价值观的重要源泉。中华优秀传统文化融入高校思想政治理论课，是形成中华优秀传统文化传承发展体系的重要环节，是党和国家赋予新时代高等教育的重大使命；是提升中华文化自信、形成中华优秀传统文化传承发展体系、扎根中国大地培根铸魂、涵养社会主义核心价值观、落实立德树人根本任务、培养担当民族复兴大任的时代新人的重要举措；也是推动高校思政课建设内涵式发展的必由之路。

---

① 本文与于超博士合作发表于《中国高等教育》2020 年 z3 期。

一、中华优秀传统文化融入高校思政课的新时代呼唤

1. 中华优秀传统文化是中华民族的根和魂，中华优秀传统文化融入思政课乃势所必然

中国共产党自成立之日起，就自觉肩负起传承发展中华优秀传统文化的历史责任，成为中华优秀传统文化的忠实继承者、弘扬者和建设者。尤其是进入新时代以来，习近平总书记强调："优秀传统文化是一个国家、一个民族传承和发展的根本，如果丢掉了，就割断了精神命脉。"以习近平同志为核心的党中央高度重视中华优秀传统文化传承发展，并引领中华优秀传统文化与思政课的融合，培养担当民族复兴大任的时代新人。2014年3月，国务院办公厅转发了教育部《完善中华优秀传统文化指导纲要》，提出了"促进思想政治教育与中华优秀传统文化教育的紧密结合"的重大命题，为将中华优秀传统文化融入高校思想政治教育提供了政策环境和推进路径。2017年1月，中共中央办公厅、国务院办公厅印发了《关于实施中华优秀传统文化传承发展工程的意见》，要求把中华优秀传统文化全方位融入包括思想道德教育和高等教育在内的各领域；2019年8月，中共中央办公厅、国务院办公厅印发《关于深化新时代学校思想政治理论课改革创新的若干意见》（以下简称《改革创新意见》），就中华优秀传统文化融入高校思想政治教育做出部署。2019年11月，中共中央、国务院印发的《新时代爱国主义教育实施纲要》要求"传承和弘扬中华优秀传统文化"并"办好学校思想政治理论课"；"坚决反对亵渎祖先、亵渎经典、亵渎英雄"；"自觉抵制损害国家荣誉、否定中华优秀传统文化的错误言行"。

2. 扎根中国大地办大学，为当代大学生培根铸魂乃当务之急

习近平总书记强调："历史和现实都表明，一个抛弃了或者背叛了自己历史文化的民族，不仅不可能发展起来，而且很可能上演一场历史悲剧。"在中国高等教育现代化的漫长历程中，我们先后效法日欧美苏办学模式和经验，但同时出现照抄照搬、忽视中国文化教育传统、脱离国情和实际的情况，尤

其是西方价值观的渗透带来了思想的混乱和扭曲。2014年习近平总书记在考察北京大学时发出了"扎根中国大地办大学"的时代强音。2016年12月习近平总书记在全国高校思想政治工作会议上强调："我国有独特的历史、独特的文化、独特的国情，决定了我国必须走自己的高等教育发展道路，扎实办好中国特色社会主义高校。"这就要求高校思想政治理论课植根于中国历史文化的沃土而获得丰厚的滋养。2018年全国教育大会上，习近平总书记进一步要求"扎根中国大地办教育"，要求学校努力发挥在中华优秀传统文化教育中的突出优势，为青少年培根铸魂。《改革创新意见》明确将"扎根中国大地办教育"纳入指导思想。据此，中国高等教育必须深深扎根于中国大地，立足于中华优秀传统文化，走上了摆脱"西方化""美国化"的中国特色现代化道路；中国高校思想政治理论课必须坚定中华文化立场，致力于培养担当民族复兴大任的时代新人。

二、中华优秀传统文化融入高校思政课的价值取向

1. 中华传统美德融入高校思政课，是立德树人、培育社会主义核心价值观的需要

中华文化崇德尚善，注重见贤思齐、自强不息、敬业乐群、扶危济困、见义勇为、孝老爱亲等传统美德，立德为本，以树人为百年大计。2016年12月在全国高校思想政治工作会议上，习近平总书记指出："要坚持把立德树人作为中心环节，把思想政治工作贯穿教育教学全过程，实现全程育人、全方位育人，努力开创我国高等教育事业发展新局面。"立德树人的根本在于培育和践行社会主义核心价值观，而中华传统美德与社会主义核心价值观共同构成了中国特色社会主义的思想道德基础。核心价值观是一个民族赖以维系的精神纽带，是一个国家共同的思想道德基础。社会主义核心价值观是对中华优秀传统美德的传承和升华，培育着我们民族共同的情感和价值、共同的理想和精神。习近平总书记主持召开文艺工作座谈时强调："中华优秀传统文化是中华民族的精神命脉，是涵养社会主义核心价值观的重要源泉，也是我

们在世界文化激荡中站稳脚跟的坚实根基。"中华优秀传统文化是涵养社会主义核心价值观的重要源泉，社会主义核心价值观"继承了中华优秀传统文化"。高校思政课要培育大学生讲道德、尊道德、守道德，追求高尚的道德理想，就需要把传承和弘扬中华优秀传统文化同培育和践行社会主义核心价值观统一起来，像《新时代爱国主义教育实施纲要》所要求："要坚守正道、弘扬大道，反对文化虚无主义，引导大学生树立和坚持正确的历史观、民族观、国家观、文化观，不断增强中华民族的归属感、认同感、尊严感、荣誉感。"

2. 中华人文精神融入高校思政课，是以文化人、培育全面发展的人才的需要

中华文化注重"文以载道、文以化人"的人文精神和教化之道。习近平总书记在全国高校思想政治工作会议上强调"要更加注重以文化人以文育人"。高校思政课的以文化人需要中国特色社会主义文化的强力支撑。中国特色社会主义文化源自中华优秀传统文化，熔铸于革命文化和社会主义先进文化，植根于中国特色社会主义伟大实践。中华优秀传统文化，积淀着中华民族最深层的精神追求，代表着中华民族独特的精神标识，是中华民族的文化基因。中国共产党始终以继承和弘扬民族优秀文化、复兴中华文化为己任，倡导文化民族化，强调文化自力更生才能文化自信。革命文化与社会主义先进文化是党领导人民在革命、建设、改革中植根于中华优秀传统文化创造而来。中华优秀传统文化与革命文化、社会主义先进文化共同构成了培育全面发展的人才的文化根基。中华优秀传统文化与革命文化、社会主义先进文化一样，不是高校思政课"拿来讲"的内容，而是内在本有的内容。中华优秀传统文化融入高校思政课是高校思政课以文化人的内在必然要求，也是培育全面发展人才客观需要。

3. 中华文化核心理念融入高校思政课是修己安人、培养担当民族复兴大任的时代新人的需要

习近平总书记反复强调，要充分挖掘和阐发中华核心思想理念中"讲仁爱、重民本、守诚信、崇正义、尚和合、求大同"的时代价值。这一核心思想理念就是"修己以安人"的君子之道和"天下观"。这就要求高校思政课传承中华传统文化核心思想理念，致力于培养"修己以安人"的君子人格，充满浓浓家国情怀和天下胸怀的时代新人。正如习近平总书记所强调：要"正确认识时代责任和历史使命，用中国梦激扬青春梦，为学生点亮理想的灯、照亮前行的路，激励学生自觉把个人的理想追求融入国家和民族的事业中，勇做走在时代前列的奋进者、开拓者"。高校思政课要依据时代与实践需要，崇尚仁爱精神，强化民本意识，讲信修睦，崇尚正义，追求和谐，引导学生把爱国情、强国志、报国行自觉融入坚持和发展中国特色社会主义事业、建设社会主义现代化强国、实现中华民族伟大复兴的奋斗之中。既使中华民族最基本的文化基因在新时代大学生身上延续与发展，又让每一分子成为践行与传播中华文化核心思想理念的主体，以此把跨越时空、超越国界、富有永恒魅力、具有当代价值的文化精神弘扬起来，让中华文化同各国人民创造的多彩文化一道，为人类提供正确精神指引。既实现当代大学生修己安人，担当民族复兴大任，又实现中华民族的修己安人，贡献人类命运共同体之构建。

三、中华优秀传统文化融入高校思政课的价值实现

1. 把中华优秀传统文化融入教材与课程体系

《改革创新意见》强调加强思政课教材体系建设，"研究编制中华优秀传统文化、革命文化、社会主义先进文化、科技创新文化及总体国家安全观等进课程教材指南，编制中华民族古代历史和革命建设改革时期英雄人物、先进模范进课程教材图谱"。这就要求将中华优秀传统文化融入高校思政课教材体系，不仅要在教材中增加可以垂范的榜样和鲜活的事例，而且要在纵向上增加历史知识，在横向上增加本民族的知识。历史知识是解决时代问题的底蕴，民族知识是应对外来文化冲击的根基。将中华优秀传统文化融入高校思政课的知识体系当中，就是要建构一套既有纵向深度又有横向宽度的高校思政课知识体系，帮助新时代的大学生在世界文化激荡中站稳脚跟。

中华优秀传统文化为高校的每一门思政课提供深厚的根基与滋养。例

如，知廉耻、明是非、懂荣辱、辨善恶的伦理德育智慧与"法安天下，德润人心""德刑相辅""儒法并用"的德治与法治精神；浩瀚史册中对历史经验的总结，对兴衰、成败、安危规律的剖析，对正邪、荣辱、义利的史家评判；"天人合一""天下一家"的共同体认，"修己安人"的处世哲学，"大同理想"的社会追求，"周虽旧邦，其命维新"的革命哲学以及朴素的唯物主义哲学、辩证法等中华民族在长期实践中培育和形成的独特的思想理念，无论过去和现在都有其永不褪色的价值，为"思想道德修养与法律基础""中国近现代史纲要""马克思主义基本原理概论"等课程提供取之不尽的学理支撑与阐发素材。从毛泽东到习近平，每一位人民领袖都有着深厚的传统文化素养。高校思政课要理解透、讲清楚"毛泽东思想和中国特色社会主义理论体系概论"就必须深入中华优秀传统文化典籍，读其所读，想其所想。

"形势与政策"既是一门单独的课程也是高校每一门思政课都要予以关注的重要问题。习近平总书记强调，当代中国人的思维，中国政府的治国方略，浸透着中国传统文化的基因。当代中国是历史中国的延续和发展，观察历史的中国是观察当代的中国的一个重要角度。要把握形势发展与政策应对的规律，就要认识当今形势与政策背后的文化根源，回望历史，深入了解中国的文化血脉，准确把握滋润中国人的文化土壤。从认识历史中，把握形势，从体悟民族文化中，理解政策。引领大学生研究与思考我国和世界发展面临的重大问题，立足中华优秀传统文化，着力提出能够体现中国立场、中国智慧、中国价值的理念、主张、方案。

《改革创新意见》要求，在高校思政课中设定"中华优秀传统文化"课程模块，开设系列选择性必修课程，开列"中华优秀传统文化典籍书单"。中华优秀传统文化经典中含有隽永的美、永恒的情、浩荡的气，具有思想的穿透力、审美的洞察力、形式的创造力，奠定了中华民族文化传承与发展的基线。高校思政课设定中华优秀传统文化课程模块和开设相关课程都必须依托于对中华优秀传统文化经典内容的系统学习与转化。开列给大学生的中华优秀传统文化典籍书单中应该有《春秋》《史记》《资治通鉴》等帮助学生知古鉴今、古为今用的史书；有《诗经》《楚辞》《红楼梦》等帮助学生陶冶情操、增加才情的文学经典；有《论语》《大学》《中庸》《孟子》等帮助学生改进思维、把握规律和培养健全人格的伦理学和教育学经典。书单要照顾不同基础与需求的大学生，既要开列《易经》《尚书》《道德经》等学理相对深奥的哲学经典，也要开列在中小学尚未接触的开蒙养正的读物。典籍名单的开列要切实增强优秀传统文化课程同思政课建设的协同效应，助力于构建全面覆盖、类型丰富、层次递进、相互支撑的高校思政课课程体系，使中华优秀传统文化的研学与大学生的思想政治教育同向同行。

2. 把中华优秀传统文化融入校园与课堂文化

高校要形成一种尊崇本民族优秀传统文化，注重提升思政修养的氛围。从坚定文化自信、坚持和发展中国特色社会主义、实现中华民族伟大复兴的高度，重视中华优秀传统文化全面融入校园文化建设，采取切实举措运用中华优秀传统文化发挥高校校园文化道德树人、文化育人的功能。例如，制定体现文化内涵、历史底蕴、民族精神、社会担当、国家期许的校训、校风等。

高校要理直气壮开好思政课，思政课上要理直气壮地讲好中华优秀传统文化。对于这点高校思政课教学中必须旗帜鲜明、毫不含糊。日益开放、复杂、广泛的高校思政课文化环境尤其需要运用优秀传统文化来加强思想渗透力、凝聚价值共识。高校通过组织实地参观、实物呈现、多媒体技术等多种方式将各种形态的优秀传统文化资源引入校园、引入思政课课堂，使高校思政课获得一个同向且有力的文化环境。尤其中华优秀传统文化中的典故、礼仪、诗歌、曲艺等蕴含着丰富的思想政治教育资源。这些资源可以开发运用于各种潜移默化的教育方式当中。近年来，中央电视台推出了《中国成语大会》《中国诗词大会》《经典咏流传》等一系列富涵优秀传统文化底蕴又深受广大观众喜爱的节目。这些综艺节目运用优秀传统文化立德树人的隐性教育方式，规避了过多说教可能引起的抵触，以人民群众喜闻乐见的形式展现优秀传统文化的魅力，同时发挥了优秀传统文化的育人价值。高校思政课可以借鉴这样的教育方式，通过经典诵读、诗词歌咏、曲艺欣赏等开展形式多样、健康向上、格调高雅的校园与课堂文化活动，激发学生参与和体验的热情，不仅使他们成为优秀传统文化活动的参与者、受益者，而且成为优秀传统文化活动的倡导者、策划者和主办者。

3. 把中华优秀传统文化融入高校思政课教师核心素养

教师是人类灵魂的工程师，承担着神圣使命。习近平总书记指出，传道者自己首先要明道、信道。高校教师要坚持教育者先受教育，努力成为先进思想文化的传播者、党执政的坚定支持者，更好地担起学生健康成长指导者和引路人的责任。习近平总书记尤其重视思政课教师的队伍建设，他强调思政课作用不可替代，思政课教师队伍责任重大；其在全国高校思想政治工作会议提出的"四个统一"，是新时代对高校思政课教师的核心素养提出的基本要求：坚持教书和育人相统一，坚持言传和身教相统一，坚持潜心问道和关注社会相统一，坚持学术自由和学术规范相统一。

中国传统教育与高校思政课都要求教师不仅要为"经师"而且要做"人师"，教师以"学高身正"引领学生"亲师信道"。教师不仅要以学术造诣开启学生的智慧之门，而且要以人格魅力引导学生心灵，要具备为学生传道、授业、解惑的综合性品质。在习近平新时代中国特色社会主义思想指导下，2018年1月中共中央、国务院印发《关于全面深化新时代教师队伍建设改革的意见》对教师中华文化素养、思想政治素质、高尚师德弘扬，提出了明确要求。高校思政课教师核心素养的加强，需要依托中华文化素养，发挥中华优秀传统文化的特质与优势，提升思想政治素质，加强师德建设。这样才能牢牢把握"有理想信念，有道德情操，有扎实学识，有仁爱之心"的教师培养方向，为培养"四有好老师"提供有力的思想与文化根基。

必须加强面向全体教师尤其是思政课教师的中华优秀传统文化教育培训。运用中华优秀传统文化提升高校思政课教师的核心素养，就要将其全方位融入教师的政治教育、情怀教育、思维教育、视野教育、自律教育与人格教育当中。将"杀身成仁，舍生取义"的道德信仰，"四大选择"背后的传统文化支撑融入政治教育，教育高校思政课教师坚定政治信仰，在大是大非面前保持政治清醒；将"天下一家""精忠报国"的爱国情怀与"知行合一"的实践精神融入情怀教育，教育高校思政课教师心系家国天下，关注并投身于造福国家和人民的伟大实践；将"自强不息""苟日新，日日新，又日新"的革故鼎新精神融入思维教育，教育高校思政课教师不断以开放的胸怀与心态加强学习与思考问题，尤其是加强辩证唯物主义和历史唯物主义的学习与思考，加强对习近平新时代中国特色社会主义思想的学习与思考；将"海纳百川，有容乃大"的容纳精神融入视野教育，教育高校思政课教师贯通古今中西，拓展知识视野、国际视野、历史视野；将"戒慎乎其所不睹，恐惧乎其所不闻"的"慎独"精神融入自律教育，教育高校思政课教师时时、事事、处处严格自我要求；将"其身正不令而行""正身直行，众邪自息"的正身精神融入人格教育，教育高校思政课教师加强人格修养，学为人师，行为世范，以高尚的人格示范、教育学生。

开启中华文化本根教育的游学之旅

——以北京石油化工学院"文化素质教育活动"为例①

　　中华优秀传统文化是高校人文素质教育的重要资源。中国共产党作为中华优秀传统文化的忠实传承者和弘扬者，在不久前举行的十七届六中全会明确提出"文化大发展大繁荣"的国家战略，发出了"弘扬中华文化努力建设社会主义文化强国"的动员令，明确提出"发挥国民教育在文化传承创新中的基础性作用，增加优秀传统文化课程内容，加强优秀传统文化教学研究基地建设"的使命。如何培养高度的文化自觉和文化自信，有效地对大学生进行中华优秀传统文化教育，使其成为中华优秀传统文化的自觉传承者和积极弘

① 本文与王荣霞博士合作并发表于《高校教育管理》2012年第2期。基金项目：全国教育科学"十一五"规划国家一般课题"儒学核心价值与当代核心价值研究"（课题批准号：BEA 100036）。

扬者，成为当代先进文化及文化强国的合格建设者，是当代大学教育面临的重要课题。利用中华文化尤其是儒学沃土中蕴藏着的丰厚资源，采用研修与游学结合、寓学于游的教育方式，积极而有效地开展中华文化本根教育，以利于大学生人格完善、社会责任感的培养和正确价值观的形成，是一件富有远见并带有根本意义的大事。本文以北京石油化工学院"儒家文化寻根之旅"为案例，对大学生游学活动进行总结和审视，以期对完善当今高校人文素质教育有所裨益。

一、大学生人文素养需要植根于中华文化土壤里，成长中的"卓越工程师"尤须如此

中国高等院校一定要有中华优秀传统文化之根，中国的大学生必须深深植根于中华传统文化的沃土，得到熏陶和滋养。培养既具有鲜明的中华文化气质和深厚文化底蕴、又具备扎实的专业知识的全面发展的高素质人才，是中国高等院校肩负的神圣职责。然而，长期以来，在教育实践中，由于过分看重知识教育的工具价值，过于强调知识和技能的传授和训练，忽视对学生人文素养的熏陶，轻视民族传统优秀文化的传承，致使相当一部分学生人文素养堪忧，担当"传道授业解惑"的教师的人文素养也不容乐观。仅就大学生而言，有的对本民族的文化缺乏基本的认知和认同，对中华优秀文化缺乏起码的温情和敬意，有的则对真善美的价值缺乏执着与追求，甚至不知道基本的道德规范和做人的道理。这种无根的教育已成为困扰当代教育的难题。

"问渠哪得清如许，为有源头活水来"。中华民族在五千年的发展历程中，创造了辉煌的物质文明，也留下了丰富的文化遗产。如此灿烂辉煌而源远流长的中华文化是中华民族生生不息、团结奋进的不竭动力，是中华民族精神的源头活水。正如十七届六中全会通过的《中共中央关于深化文化体制改革推动社会主义文化大发展大繁荣若干重大问题的决定》指出："优秀传统文化凝聚着中华民族自强不息的精神追求和历久弥新的精神财富，是发展社会主义先进文化的深厚基础，是建设中华民族共有精神家园的重要支撑。"对于

本民族文化的珍视是中华民族屹立千年的基石，民族文化也理应成为当代青少年教育的宝贵资源。一个人只有耳濡目染，深切了解和感知祖国的悠久历史和灿烂文化，才能树立高度的文化自信，才会真正意识到自身肩负的责任。当今时代，中国社会正处于经济高速发展、社会急剧转型、中外文化全面交流的崭新时代，难免会出现种种思想混乱现象。特别是青年学生，他们正处于价值观形成的关键时期，如果不能在这一时期固其本根，给予充足的精神营养，就难以使他们成为建设现代化中国的栋梁。

以培养未来工程师为己任的北京石油化工学院，作为一所工科院校，认真研究培养具有深厚人文素养的工程师的有效培养模式，尤其是在引导学生熟悉中国典籍，加深国学修养方面做了积极探索。学校特别强调继承中国古代"知行合一"的优良传统，鼓励和要求学生"读万卷书，行万里路"，开拓视野，树立人文关怀和人文精神，同时促使学生立足现实，与祖国现代化建设紧紧联结在一起。"儒家文化寻根之旅"作为该校大学生素质教育基地策划的系列文化素质教育活动之一，就是该校为加强中华优秀传统文化教育，提升大学生人文素养而进行的有益探索和尝试。

西有泰岳、东临沧海、北有黄河、南有圣人的齐鲁大地，是中国古代文化的发祥地之一，鲁国故地，素有"孔孟之乡""礼仪之邦"之誉。前往齐鲁大地修学，漫步"至圣"孔子和"亚圣"孟子之圣迹，就地聆听儒学名师教诲，探寻儒家文化之源流，必将得到不少教益和启示。几经切磋琢磨，反复酝酿和论证，"儒家文化寻根之旅"于2011年7月初顺利成行。寻根之旅的核心成员是来自学校各个院系22名大二年级的学生，他们或是选修过《论语讲读》和《孟子讲读》课程，或是参加学校"人文知识大赛"并取得了优异成绩，对孔子、孟子及其思想有了初步了解，多数对中华文化有着浓厚的兴趣和深深的敬意。教育者必先受教育，寻根团队也包括25名来自教学一线的任课教师和管理人员。

二、探寻儒学源头活水，滋养学者人文情怀

孔子开宗立派，首创儒家学说，然而，追根溯源，其思想的一个重要源头可上溯到中国古代政治思想的开山鼻祖——周公。"孔子修成康之道，述周公之训，以教七十二子"（《淮南子·要略》），正所谓"孔子习周公者也"（《扬子法言·学行》）。基于此，寻根之旅从探访孔子所崇拜的周公之庙开始。想当年，孔子怀着温情与敬意，"入太庙，每事问"（《论语·八佾》），盛赞"周公之才之美"，感慨"周之德，其可谓至德也已矣"（《论语·泰伯》），表示"周监于二代，郁郁乎文哉！吾从周"（《论语·八佾》），感叹"甚矣吾衰矣！久矣吾不复梦见周公"（《论语·述而》），由此足可以想见孔子对周文化尤其是周公满怀的敬佩之情。沿着先师足迹，寻根团队怀着崇敬之情过"棂星门"，静观东西两边刻有"经天纬地""制礼作乐"的石坊；入"成德门"，康熙御碑前体会古代帝王对周公的由衷敬仰；进"达孝门"，元圣殿前瞻仰周公塑像，欣赏"明德勤施"雕龙金字巨匾和由乾隆帝手书的"官礼功成宗国馨香传永世，图书象演尼山绕绪本先型"之楹联，感悟周公"敬德保民"的民本思想和"制礼作乐"的丰功伟绩。

知孔子其人必先知其身世，寻访圣人诞生之地。告别周公庙，寻根团队驱车来到距曲阜市区30公里的孔子诞生地——尼山，下榻在尼山脚下的尼山聖源书院。尼山拥有许多反映孔子生平和文化的历史遗迹和人文景观，这里虽无三山五岳之雄奇，却因孕育了圣人孔子而久负盛名。寻根团队在尼山孔庙拜祭先师和七十二贤，启圣王殿前追忆郰大夫的赫赫战绩及其启圣之功；颜母祠前感念颜徵在含辛茹苦抚育孔子之艰难；智源溪畔寻找仁德化身和智慧源泉；观川亭上试听"逝者如斯夫，不舍昼夜"的慨然长叹；中和壑（尼山砚沟）边体会孔子渴求万事万物达于和谐境界的中道观；夫子洞（坤灵洞）前感念"祷于尼丘得孔子"（《史记·孔子世家》）及"凤生虎养鹰打扇"之美谈。回到尼山圣源书院，寻根团队聆听了儒学研究专家、尼山圣源书院执行院长刘示范教授的专题讲座——《夫子洞前学孔子》。刘教授介绍了孔子的生平

事迹及其所处时代、思想及其影响，带大家重温《论语》。他深入浅出、生动活泼的讲解，使听者仿佛走进历史的隧道，亲聆圣贤的教诲，也让大家在尼山圣地加深对孔子的认识。观山之意不在山，在乎寻古沐圣灵。伫立于五老峰前，站在山枣丛针刺倒长、"扳倒井"井壁倾斜和柏之似笔的神奇之地，师生们惊叹于五老峰的瑞气，尼山的灵性，感悟孔子从山水和自然当中汲取灵感，创立儒家学说，开创私学之先河，推进了人类文明进程。茫茫宇宙，星有明灭，唯有圣贤的思想与之永恒！

孔府孔庙，留下了孔子讲学和生活的圣迹；孔林，孔子安息之处。从出生地到葬身处，这是一个完整的人生轨迹，记载了孔子73年人生岁月的不朽历程。孔子被尊崇，在孔庙一座座门坊招牌上得到活灵活现的体现。"棂星门"，寓意孔子犹如天上文星而感召天下文人学士集学于此；"圣时门"，借孟子之言称颂孔子是最顺应时代的圣人；"弘道门"，指孔子弘扬了尧舜禹汤文武周公之道；"大成门"，昭示孔子是集先贤之大成之人；"金声玉振坊"，借孟子之言赞美孔子集古圣先贤之大成；"太和元气坊"，表明孔子的思想如同天地化育万物；"德配天地坊"，彰显孔子的道德像天地一样伟大；"道冠古今坊"，意味着孔子思想古往今来一以贯之。步于其间，不时涌起一种深沉凝重的民族自豪感。寻根团队大成殿前祭拜先师，东西两庑瞻仰历代先贤先儒，成化碑前感念历史留下的遗憾，"诗礼堂"中领悟"诗礼传家"的意蕴，"鲁壁"旁遥想历史风云几多变幻。驻足于杏坛之前，追忆授徒三千的盛况，仿佛看到孔子"循循然善诱人"令弟子"欲罢不能，既竭吾才"的场景，想见颜渊的温雅贤良，子路的忠厚率直，子贡的聪颖善辩，曾皙的潇洒脱俗，确有当年司马太史"余祗回留之不能去云"之感。游走于圣迹殿内，感念孔子不辞辛苦周游列国"累累若丧家之犬"的无奈和凄凉，在清贫与困厄中仍"弦歌不绝""习礼于大树下"的执着，情不自禁地吟诵圣迹殿内留下的那首《大哉孔子》赞歌："孔子以前，既无孔子；孔子以后，更无孔子。孔子孔子，大哉孔子！"寻根团队在孔府里体会"天下第一家"的特殊地位和非凡气派，感悟一句句沉淀千年的治家箴言；孔林里膜拜于"大成至圣文宣王"墓前，徘徊于"子贡庐墓处",思索儒学之厚、礼学之深,感动于弟子与孔子留下的深厚情谊。拜谒孔府、孔庙、孔林,犹如与一页页风干的历史对话,深深地震撼着心灵。齐鲁的水土养育了孔子,也滋养了孔子博大精深的思想体系。两千多年来,人们尊孔,敬孔,也不乏批孔甚至倒孔,孔子的思想却依然影响着人们,历久弥新。生活于"礼崩乐坏""世道衰微""上无道揆、下无法守"的动荡不安、新旧交替时代的孔子,心忧天下、修己安人的担当精神深深触动着每一位寻根学人。

"泰山岩岩,鲁邦所瞻",这是孔子晚年所删定的《诗经》对泰山的赞叹。孔子"登泰山而小天下",借助泰山之力而开阔眼界和胸襟;孔子临终所唱"泰山其颓乎!梁柱其摧乎!哲人其萎乎"的最后歌声,竟然将自己的生死与泰山相联系。难怪明代严云霄在《咏孔子庙》中曾有"孔子圣中之泰山,泰山岳中之孔子"之誉。沿着孔子"过泰山""登泰山"的足迹,寻根团队来到五岳独尊的泰山和泰山学院。泰山学院是我国唯一以"泰山"命名的大学。该校深受厚重的泰山文化的滋养,形成了鲜明的泰山文化特色。寻根团队在泰山学院副院长、著名旅游策划专家、泰山研究院院长王雷亭教授的带领下,参观了湖光山色、美丽如画的泰山学院校园,听取了著名泰山文化学者、泰山研究院副院长周郢老师的学术讲座《天下泰山》。周郢老师娓娓道来,向大家讲述了泰山从儒学圣山到帝王之山的历史。他满怀深情的诠释,加深了大家对泰山深厚文化内涵的理解,也强化了大家迫切登游泰山的心情。登泰山,艰苦而快乐,不仅检验了师生的体力,磨炼了师生的耐力,更见证了不离不弃的真挚友谊及"泰山石敢当"的担当与威力。寻根团队从岱庙出发,一路攀登,过孔子登临处,越中天门,登十八盘,到南天门,至瞻鲁台,夜宿泰山顶。从山脚到山顶,三里一旗杆,五里一牌坊,摩崖碑刻林立,宫观庙宇点缀,登游其中,宛如穿越中华五千年的历史长河。大山因圣人的光顾而成为文化的巅峰,五岳独尊;圣人因大山的滋养而成为文化的巨人,千古独步。"会当凌绝顶,一览众山小"。当热汗被天风拂干,激情被理性冷却,沉静思考,感悟宇宙的浩茫、自然的博大、时空的倏忽、自身的渺微;进而慨叹生命的意义和价值，激励自己在有限的生命历程中不懈攀登。

三、寻根之旅意味深长，本根教育任重道远

中华文化是中国人的根，弘扬根植于中华大地的文化精粹，呵护和传承中华民族五千多年形成的核心价值观、核心精神理念、核心道德信仰，应成为当代大学生人文素质教育的根基。以孔子思想为基础的儒家文化，作为几千年来中国传统文化的重要内容，积淀着千百年来中华民族的群体智慧和对人生的关怀，对中华民族品格和特性的形成产生着至关重要的影响。它作为一种文明成果，是今天进行大学生素质教育得以借鉴的宝贵遗产。石本无火，相击乃迸发灵光；水本无华，相荡乃生成涟漪；圣迹本属文化遗产，游学能唤醒"沉睡着的力量"。游学就是与圣贤晤面和对话，分享其思想、情感，受其智慧的启迪，获取心灵的滋养。

孔子生活在春秋末年的鲁国，他既属于那个时代，更属于生于斯长于斯的鲁国。探究孔子和儒家文化，既要考虑其时代性特征，又要注意其地域性印痕，只有这样，对孔子和儒家文化的认识才会更客观，更接近真实。儒家文化寻根之旅以"走近孔子——探源儒家文化"为主线，通过"以学为主，学游结合，学为先导，游为延伸"的活动方式，实地实事地探访鲁国故城遗址和周公庙、孔子诞生地尼山、泗水源头泉林、曲阜孔府、孔庙、孔林以及美丽如画的泰山学院和五岳独尊的泰山，期间贯穿以学术讲座，交流讨论，对师生展开深层次的文化浸濡。活动将师生置于先师孔子亲自触摸过的山水间体验儒家思想，净化心灵，在凸现孔子及其儒家文化基本特点的同时，做到与齐鲁大地人文资源的有机结合，从而把"山水圣人"的旅游之地变成了学习传统文化的"道场"，使师生在游学体验的过程中，对中华文化增添了一份温情和敬意，同时体悟了生命，陶冶了情操，增长了知识，提升了境界。诚如在交流讨论中一位老师所说，"本次活动是一趟寻根之旅，一趟文化之旅，也是一趟心灵之旅，孔子一生不畏艰难，上下求索，'学而不厌，诲人不倦'的崇高人格和教化力量深深震撼着我们！亲临儒学圣地，感悟儒家文化的魅力，

既是普及传统文化知识，更是对师生情感、态度和价值观的熏染。大家在游学过程中，接近中国人的精神故乡，增强了自身的使命感和责任感"。

成功的人文教育，必"读其书，知其为人"，必"知人论世"。"颂其诗，读其书，不知其人，可乎？是以论其世也。"（《孟子·万章下》）正如余嘉锡在其《目录学发微》中所解释："吾人读书，未有不欲知其为何人所著，其平生之行事若何，所处之时代若何，所学之善否若何者。此即孟子所谓知人论世也。"读万卷书学而时习之，行万里路实践出真知。自古以来，中国人就有"游学"的传统，游学活动以其特有的魅力备受古今学者文人的青睐。从游学洛邑考察周文化的孔子，到游历稷下学宫讲学的孟子荀子，从寻访人文史迹的司马迁，到游遍山川实地取材的郦道元，无不在游学中汲取中华文化的精髓，实地体验其丰富内涵。可以说，游学活动为古今学者文人成就梦想、施展才华提供了广阔的舞台。儒家文化寻根之旅通过实地实事的"耳濡目染"的游学活动，使参与其中的师生对以孔子为代表的儒家文化之渊源有了直观认知，对儒家文化的精髓有了深切感悟，其人文情怀在"润物无声"中得到了熏陶和涵养。

唐代魏征在《谏太宗十思疏》中强调："求木之长者，必固其根本；欲流之远者，必浚其泉源；思国之安者，必积其德义。"利用中华文化沃土中蕴藏着的丰富的具有深厚文化底蕴的资源，积极而系统地开展中华文化本根教育，是一件富有远见卓识、带有根本意义的大事。儒家文化游学活动是一种效果直观而持久的素质教育模式，是教育过程中最生动活泼而行之有效的一个环节。将大学生置于中华民族大的"时空观"的教育体验活动中，能产生潜移默化的作用，有利于大学生人格的完善、社会责任感的培养和正确价值观的形成，为其终生发展奠定坚实的基础。"知人论世"的方法可解决读其书不知其人的缺憾，"实地实事"的特点可调剂现在重理论轻实践的弊端，"知行合一"的性质可弥补"死读书"的弊端，人格培养的功能可对症当今人文关怀的欠缺。同时，儒家文化游学活动有利于提高教师素质，增强其育人智慧，有利于丰富学校教育的内涵。本次儒家文化寻根活动主要组织者、人文社科学院院长闫笑非教授深有体会地说："今天的很多老师，在青少年时代没有受到很好的民族传统文化教育，在他们成为老师后怎么能够教育学生有深厚的文化底蕴呢？不是不想教，是不会教。文化游学活动是给老师和学生补上这一课的最佳载体。"

"凡事预则立，不预则废。"在寻根之旅启程之前，每名师生都要根据活动安排做好前期准备。每天活动结束后，主讲《论语讲读》《孟子讲读》《中国新诗阅读》课程的老师都要组织大家座谈，就地畅谈收获，及时交流心得。会计学专业费晓宇同学感叹："中华民族的优秀传统文化，积淀着智慧结晶，映射着理性光辉，充溢着浓厚的人文色彩，我为祖国优秀的传统文化感到自豪。"公共事业管理专业李杨同学谈到："寻根之旅让我大开眼界，学到了许多书本上学不到的东西，也让我明白了'腹有诗书气自华'的含义。"国际经济与贸易专业陈泽同学则说："此次活动，对于我而言收获的不仅是文化本身的知识积累，更重要的是经过此次活动我对自己的生活态度有所反思，有所感悟。"市场营销专业吕凯士同学说："我要以孔子为榜样，把行为守礼、做事守义、处事守仁、好学多知和交友守信作为自己修身的标准。"英语专业潘九丞同学表示，现在很多"90后"对孔子的了解只局限在书本，希望以后能有更多的机会参加诵读经典和文化寻根之类的活动。

游鲁国故地，如品读一部经典名著，愈品愈觉意味深长。这不仅是对孔子的追思与缅怀，更是为了学习和继承他以天下、国家为己任的价值取向，以天下苍生为念的人文情怀和积极入世的进取精神。齐鲁大地还有许多历史遗迹：轩辕黄帝就出生在曲阜寿丘，之后上古"五帝之一"的少昊葬身于此，如能拜谒，则能亲近中华民族人文初祖；周代宋国始祖微子，被孔子誉为"殷有三仁"之一，寿终后葬于今微山岛西北部高岗上，如能拜谒，或能体味仁慈贤明、勇于直谏的微子品格；孔子弟子遗迹——颜庙及陋巷就在离孔府孔庙不远处，若能拜谒，或能加深感悟"孔颜乐处"；若自曲阜城驱车南行，拜谒孟子故里凫村、孟府、孟庙、孟林，或能"观其发越"，加深理解"孔孟之道"之意蕴。本次文化寻根活动尽管仅是一次有限尝试，但其将大学生素质教育植根于中华沃土中的游学相伴、寓学于游的教育方式，将大学生置于中华民族大的"时空观"的教育体验活动中，能产生润物无声、潜移默化的育人效果，也为当代大学生人文素质教育提供了鲜活案例。大学生文化素质教育基地负责人郭文莉院长在纪念孔子诞辰2562周年经典诵读活动的讲话中强调：学校举办一系列文化素质教育活动，是希望老师们以孔子为师，以经典为友，为人师表，诲人不倦；希望同学们读好书、做好人，热爱中国传统文化；希望大家做有德之君子，做好学之学子，做博学之才子，为民族文化传承和创新做出自己的贡献。

胡锦涛在庆祝清华大学建校100周年大会上指出："全面提高高等教育质量，必须大力推进文化传承创新。高等教育是优秀文化传承的重要载体和思想文化创新的重要源泉。要积极发挥文化育人作用，加强社会主义核心价值体系建设，掌握前人积累的文化成果，扬弃旧义，创立新知，并传播到社会、延续至后代，不断培育崇尚科学、追求真理的思想观念，推动社会主义先进文化建设。"这对完善当今高校人文素质教育和"卓越工程师"培养，具有十分重要的指导意义。毫无疑问，大学生人文素养需要植根于中华传统文化土壤里，成长中的"卓越工程师"尤须如此，积极而系统地开展中国传统文化本根教育，打造具有中华文化气质和素养、具备崇尚科学和追求真理思想的卓越工程师，将是工科院校持续发展的方向和动力。

道洽大同篇

"大同"社会理想的思想渊源、精神内涵与实现路径 [1]

人类不可以没有梦想，社会不可以没有共同理想，中华民族历来富于崇高理想，"大同"即是世世代代中国人梦寐以求的社会理想。中华民族对理想社会的追求聚焦于"大同"。"求大同"贯穿于中国历代对于理想社会追求的全过程。在五千多年中华文明史上，社会理想"大同"有着古老而丰厚的思想渊源，有着博大而深刻的思想内涵，有着切实可行的实现路径。

一、神农黄帝尧舜禹谋"大同"理想社会的范例

"大同"理想社会的完整表述出自《礼记·礼运》。这一理想社会的提出，有着行迹可寻的实践范例，有着古老而史料可查的思想渊源。"大同"理想社

① 本文与于超博士合作完成，系参加中宣部文化名家暨"四个一批"人才自主选题资助项目"中华优秀传统文化教育研究"课题的部分研究成果，曾参与纪念孔子诞辰 2570 周年国际学术研讨会交流。

会的雏形，可追溯至三皇五帝尧舜禹时代。中国早期典籍呈现的三皇五帝尧舜禹的事迹，为"大同"理想社会的整体预设提供了不可多得的实践范例，奠定了坚实的思想根基。兹以典籍中记载的神农、黄帝、尧舜禹之治天下，加之以《诗经》等典籍中先民对"乐土""乐国"之期冀谈"大同"理想社会。

1. 神农黄帝谋"大同"理想社会的范例

《淮南子·主术训》描述了"神农之治天下"的策略与情景，向人们展示了一个"大同"治世的范例。神农炎帝治理天下，"神不驰于胸中，智不出于四域"。其精神沉静而不躁动，智慧藏匿而不显露，只是"怀其仁诚之心"。神农怀着一颗仁爱真诚之心，治天下，感天下，做到"养民以公"，以所怀公心养育民众；"因天地之资而与之和同"，即凭借着大自然的资助，而与天地自然融会一体；"其化如神"，他的治法对民众的教化功效极为神奇，管辖范围各处"莫不听从"，无不归附，民风自然淳朴，百姓朴素稳重、正直诚实，没有纷争而财务富足，法律宽厚，刑罚轻缓，监狱空虚。国家不需要严刑峻法，只需要简明的典章制度，"天下一俗，莫怀奸心"，谁也不必怀有奸诈之心。此与"天下为公"的"大同"景象多有契合之处。

《文子·精诚》借老子之口，描绘了"黄帝之治天下"的政治举措与社会气象："昔黄帝之治天下，调日月之行，治阴阳之气，节四时之度，正律历之数。别男女，明上下，使强不掩弱，众不暴寡，民保命而不夭，岁时熟而不凶，百官正而无私，上下调而无尤，法令明而不暗，辅佐公而不阿，田者让畔，道不拾遗，市不预贾。故于此时，日月星辰不失其行，风雨时节，五谷丰昌，凤凰翔于庭，麒麟游于郊。"轩辕黄帝治理天下时，顺应自然节律，匡正乐律，制定历法，从而使男女有别，上下行为有序，强弱众寡互不相害，民众生命有保障，每年庄稼成熟而没有凶灾，百官端正而无私，官民协调而不抱怨，法令明确而不昏暗，辅佐公正而不曲从迎合，耕田者互让田界，路不拾遗，市场管理规范。所以在这个时代，日月星辰正常运行，风调雨顺，五谷丰登，凤凰飞翔在庭园，麒麟游戏于郊野，社会一派祥和景象。此与《礼记·礼运》所描述的"大同"世界非常相似，可两相参阅。

2.尧舜禹谋"大同"理想社会的范例

《尚书·尧典》因表彰尧、舜选贤禅让、任德使能、教化天下的德政故事，而备受历代读书人推崇，其中所记故事也历来被视为唐、虞"天下为公"的"大同"盛世的缩影。开篇所言"钦明文思安安，允恭克让，光被四表，格于上下"，是言帝尧能恭敬节俭，明察四方，善理天下，深谋远虑，品性忠纯，温和宽容，恪尽职守，又能让贤，恩泽四方，思虑周至天地。随之所言"克明俊德，以亲九族。九族既睦，平章百姓。百姓昭明，协和万邦。黎民于变时雍"，不仅描述了帝尧施仁政所凭借的德能，而且描绘了理想社会的面貌。帝尧能弘扬美好品德，使家族亲密和睦；家族和睦以后，又辨别彰明天下百姓；辨别彰明天下百姓后，又协调万邦诸侯，天下百姓因此也随着变得友善和睦。

《六韬·盈虚》描绘了帝尧治理天下的策略与情景，与《尧典》之意大致相合，皆从帝尧的修身讲到其所治之下的大同社会。帝尧治理天下时，约束自己的欲望，抑制自己的贪念，自身生活俭朴，轻徭薄赋，不误农时，用清静无为之策治民理政；官吏中，忠正守法的就升迁其爵位，廉洁爱民的就增加其俸禄；民众中，孝敬长者、慈爱晚辈者就给予敬重，尽力农桑者就予以慰勉；区别善恶良莠，表彰善良人家，提倡心志公平，端正品德节操，用法制禁止邪恶诈伪；对自己所厌恶的人，如果建立功勋则同样给予奖赏，对自己所喜爱的人，如果犯有罪行也必定进行惩罚；赡养天下鳏寡孤独之人，赈济遭受天灾人祸之家。因此，"万民富乐而无饥寒之色，百姓戴其君如日月，亲其君如父母"。其中已然蕴含甚至揭示了大同社会实现的路径在于以修身为本，达至天下大同。

3.《管子》：三代帝王治世旨在"天下归心"

关于上古帝王治世的这一路径，《管子·形势解》中也有精要总结："古者三王五伯，皆人主之利天下者也，故身贵显而子孙被其泽。桀、纣、幽、厉皆人主之害天下者也，故身困伤而子孙蒙其祸。故曰：'疑今者察之古，不知来者视之往。'神农教耕生谷，以致民利。禹身决渎，斩高桥下，以致民利。

汤武征伐无道，诛杀暴乱，以致民利。故明王之动作虽异，其利民同也。故曰：'万事之任也，异起而同归，古今一也。'"《形势解》总结圣王治世"异起而同归"，皆以"利民"为旨归。在揭示这一旨归的过程中，有意无意之间已经呈现圣王修身的两个维度：在纵向上德泽子孙，在横向上有益于民众。将这两个维度进行无限的充量，即是生生不已与天下大同。当然对这二者的阐释并非《管子》所欲呈明的，然而其在行文的过程中已经为我们呈现了这样的理路。三代之治志于"天下为公"，旨在"天下归心"。《六韬·文韬·文师》载：文王问太公"何若而天下归之？"太公认为"天下非一人之天下，乃天下人之天下也"，这可作为对《礼记·礼运》"天下为公"的精到阐释。太公强调：仁之所在，天下归之；德之所在，天下归之；义之所在，天下赴之；道之所在，天下归之。简言之，讲仁义道德则"公"，"同天下人之利者，则得天下"。

4.《诗经》等典籍中先民对"乐土""乐国"之期冀

《诗经》为"大同"理想社会的整体预设奠定了坚实的思想根基。中国先民早已怀有对美好生活的向往，对未来社会的憧憬，这可追溯到最早的诗歌总集——《诗经》。《诗经·魏风·硕鼠》批判了不劳而获、令人厌恶的"硕鼠"，表达了劳苦民众对"乐土""乐国""乐郊"的渴望与追求。"适彼乐土""适彼乐国""适彼乐郊"的构想，体现了先民简洁纯朴的情感与社会理想。这一宝贵思想世代传承，成为后世人们追求和实现理想社会的萌芽，此可谓"大同"思想的源头活水。《诗经·大雅·民劳》首章："民亦劳止，汔可小康。惠此中国，以绥四方。无纵诡随，以谨无良。式遏寇虐，憯不畏明。柔远能迩，以定我王。"《民劳》首章诗倾诉了百姓生活的疾苦，提出了"爱民"的主张，而且这种"爱民"是怀柔远处，优抚近地，远近之人均使归附，而不分国界地域。在"爱民"理念的推行中，逐步实现"惠此中国，以绥四方"，这正是儒家仁爱所体现的差序结构，由近及远，实现"柔远能迩"的大同境界。这些理念中孕育着中华民族"大同"理想的基本格局。

二、《论语》中孔子与弟子不懈探求的"大同"之世

孔子祖述尧舜，宪章文武，重诗书礼乐之教，孜孜以求于大同之世，《论语》中孔子盛赞"春风沂水"，所追求的"老安少怀""博施济众""近悦远来""均和而安""天下归仁"，无不蕴涵"大同"的理想因素。

1. 春风沂水

《论语·先进》篇末章详述孔子与四位弟子畅谈人生理想的情景，表达了其对太平盛世的向往。子路、冉有、公西华三子皆欲得国而治，所言或狂或狷或过谦，各有所重，各有所失，故为夫子所不足取。表面看，是三子之志不符合他们各自的地位与能力，但归根结底，三子之失皆在开口便言"舍己为人"。舍己而言为人，其气象必然拘泥于"事为之末"，即离开"成己"去谈"成人"，一切事就失去了根本，故为孔子所不认同。曾点所言之志乃"莫春者，春服既成，冠者五六人，童子六七人，浴乎沂，风乎舞雩，咏而归"。夫子喟然叹曰："吾与点也！"曾点所言之志看似小，小到让人怀疑这是否能称得上"理想"。可是，细细品读发现，儒家文化的妙趣与格局即在其中。曾点从自身出发，只是叙说自己与成人、少年们沐浴春风，沐浴沂水，咏而归。朱熹对此篇语录有过这样的评述："曾点之学，盖有以见夫人欲尽处，天理流行，随处充满，无少欠阙。故其动静之际，从容如此。而其言志，则又不过即其所居之位，乐其日用之常，初无舍己为人之意。而其胸次悠然，直与天地万物上下同流，各得其所之妙，隐然自见于言外。视三子之规规于事为之末者，其气象不侔矣，故夫子叹息而深许之。"如朱子之言，每个人都与天地万物上下同流，各得其所，悠然、怡然地与世界同呼吸、共命运；且"即其所居之位"，就是从人自身说起，不可舍己而谈为人，也不可离所处的名位而谈理想，此即是"壹是皆以修身为本"，此即是"素位而行"，进而修己以安人。在程子看来，"孔子与点，盖与圣人之志同，便是尧、舜气象也"。清代张履祥在《备忘录》中就四子所言做过巧妙的解读："初时师旅饥馑，子路之使有勇知方，所以戡定祸乱也。乱之既定，则宜阜俗，冉有之足民，所以阜俗也。

俗之既阜，则宜继以教化，子华之宗庙会同，所以化民成俗也。化行俗美，民生和乐，熙熙然游于唐虞三代之世矣，曾皙之春风沂水，有其象矣。夫子志乎三代之矣，能不喟然兴叹？！"子路平定祸乱，冉有富足百姓，公西华淳朴风尚，曾点自然游于"民生和乐"的三代了。各人的志愿成为到达太平盛世的各个阶段，此说固属想当然耳，但读来颇有意思。曾皙之志，反映了尧舜禹三代治世"化行俗美，民生和乐"的盛世景象。这与孔子的志向相契合，故能引发孔子赞叹。孔子唯独赞许曾皙，表明孔子志在"天下归仁"，百姓得安，天下大同，而不是一时一事之成就。

2."老安少怀"

朱子在解读侍坐章时说道"孔子之志，在于老者安之，朋友信之，少者怀之，使万物莫不遂其性"，也即《论语·公冶长》所言："老安少怀。"《论语·公冶长》载：颜渊、季路侍。子曰："盍各言尔志。"子路曰："愿车马衣裘，与朋友共，敝之而无憾。"颜渊曰："愿无伐善，无施劳。"子路曰："愿闻子之志。"子曰："老者安之，朋友信之，少者怀之。"

这也是孔子与弟子畅谈人生理想的一章。子路与颜渊皆有感于仁道，然而格局尚有局限。子路表达了不计功利的"与朋友共"之意，却没有能为人们展现出这份"与朋友共"可产生的效验，即钱穆评其"未见及物之功"。颜渊所言"愿无伐善，无施劳"即是不违背仁，可是颜渊的不违仁，从发动处看不出是人之自然流露，"未免出于有意"（朱子引程子之语）。其效验可以让人想象，但是却无法呈现万物各遂其性的意境，即钱穆所言"未见物得其所之妙"。至于夫子所言之意境，则"如天地之化工，付与万物，而己不劳焉"（朱子引程子之语）。钱穆亦讲"孔子则内外一体，直如天地之化工，然其实则只是一仁境，只是人心之相感通，固亦无他奇可言"。钱穆详细阐释了孔子的"老者安之，朋友信之，少者怀之"："此三'之'字，一说指人，老者我养之以安，朋友我交之以信，少者我怀之以恩也。另说，三'之'字指己，即孔子自指。己必孝敬，故老者安之。己必无欺，故朋友信之。己必有慈惠，故少者怀之。《论语》多言尽己工夫，少言在外之效验，则似第一说为是。然就如第一说，老者养之以安，此必老者安于我之养，而后可以谓之安。朋友交之以信，此必朋友信于我之交，而后可以谓之信。少者怀之以恩，亦必少者怀于我之恩，而后可以谓之怀。是从第一说，仍必进入第二说。盖工夫即在效验上，有此工夫，同时即有此效验。人我皆入于化境，不仅在我心中有人我一体之仁，即在人心中，亦更与我无隔阂。同此仁道，同此化境，圣人仁德之化，至是而可无憾。"钱穆从尽己工夫与外之效验的一体解读了孔子"老者安之，朋友信之，少者怀之"所表达出的人我一体之仁，可谓得其要义。这种一体感通境界的一体实现之道，孔子于阐释"博施济众"时即言明。

3. "博施济众" "立己达人"

"博施济众"见于《论语·雍也》孔子与子贡的一段对话：

子贡曰："如有博施于民而能济众，何如？可谓仁乎？"子曰："何事于仁，必也圣乎？尧、舜其犹病诸！夫仁者，己欲立而立人，己欲达而达人。能近取譬，可谓仁之方也已。"

家累千金的子贡极有仁爱之心，请教孔子如何看待"博施于民而能济众"之举，其想周济百姓之心，难能可贵。孔子教其"能近取譬，可谓仁之方也已"，从近切入，从己身切入，方得入"博施济众"之门。在朱熹看来："近取诸身，以己所欲譬之他人，知其所欲亦犹是也。然后推其所欲以及于人，则恕之事而仁之术也。于此勉焉，则有以胜其人欲之私，而全其天理之公矣。"孔子所谓"己欲立而立人，己欲达而达人"也正是这"能近取譬"之道。即要想自己站得住，也要帮助人家一同站得住；要想自己行得通，也要帮助人家一同行得通。凡事能就近以自己作比，设身处地地为别人着想，推己及人，可以说就找到了行仁的路径了。在钱穆看来："孔子好学不厌，是欲立欲达。诲人不倦，是立人达人。此心已是仁，行此亦即是仁道，此则固是人人可行者。" "立己达人"的效果表现就包括"近悦远来"。

4. "近悦远来"

《论语·子路》："叶公问政。子曰：'近者说，远者来。'"叶公向夫子问政，夫子用六个字进行了精要地概括——"近者说，远者来"，意为近的人生活和乐，远方的人慕名前来，这就是政治。这六个字对施政的功效与路径描绘得可谓精妙。从境界上讲，近者要和乐，同时惠及远人，自然远近皆和乐；从路径上讲，由近及远，推己及人。既然要推己及人，自然要先"修己"，在政治上，就是自己本国、本地区首先要施善政。怎么施善政呢？"均和而安"。

5. "均和而安"

《论语·季氏》："丘也闻有国有家者，不患贫而患不均，不患寡而患不安。盖均无贫，和无寡，安无倾。夫如是，故远人不服，则修文德以来之。既来之，则安之。"孔子不担心国家穷，担心的是分配不合理，不担心人口少，担心的是不安定。分配合理就没有贫困，人与人和睦就不必担心人口少，社会安定了就不会发生动乱。没有贫困，和谐安定的社会，自然是人们所向往的。为政者要解决物质资源的分配与社会的稳定问题，这两个问题处理好了，则近悦远来，来者则安。

孔子阐释"均和而安"的原因是季氏将伐颛臾，冉有和季路向孔子汇报此事。孔子讲仁政，而军事是政治的延展，孔子讲求"文事武备"，其自身在处理国政的时候也是这样做的。可是，战争毕竟是一种"大凶"的为政方式，属于政治中的下下之选，毫无疑问，孔子不喜欢战争这种方式，痛恨一切不讲道义的战争。"战争"是所有渴望安宁的人不想看到的，植根于农业文明的中国人更是喜欢安定，不喜漂泊，不喜动荡，更不会好战。孔子的"反战"思想正是中国人和平精神的体现，正因为反战，孔子才强调"武备"，这是捍卫和平所必需的。孔子为"季氏将伐颛臾"痛斥两位得意门生，也可见其恨战之切。

孔子还强调远人不服要修文德以来之，提到了"既来之，则安之"，意为远人来到我们这里，我们就要帮助他们安顿下来。这是孔子"近悦远来"思想的延展，回答了"远来"之后须"安之"。己安而人来，人来则安之。这是"天下一家"的思想，是"天下大同""民吾同胞"精神的体现。说中国人"好客"，其实不够恰当，中国人不仅好客，而且与所有人亲如一家。中国先哲们追求与天地万物相合，与天地万物为一。这种"大同"理念下的中国人，岂有不好客之理。远来之人，即是远亲，自然要安"之"。

三、《礼记·礼运》总论"大同"及其实现路径

《孔子家语·相鲁》所述孔子自身仕鲁后倡导并践行"大同"理念，这为其系统阐述"大同"理念奠定了实践基础。孔子年过五十，方得初仕，担任鲁国中都宰，得以初步施展政治抱负。孔子"制为养生送死之节"，使百姓生活有保障、死后得安葬；倡导"长幼异食，强弱异任，男女别涂，路无拾遗，器不雕伪"，即按年龄长幼分食不同食物，据能力大小担任不同职务，男女各行其道，路上所遗之物没人会拾取而据为己有，所用器物不求浮华雕饰；"为四寸之棺，五寸之椁，因丘陵为坟，不封不树"，死人装殓的棺木厚四寸、椁木厚五寸，依着丘陵修墓，墓上不建高坟，不在坟墓周围种植松柏。上述制度"行之一年，而西方之诸侯则焉"，可谓一年小成，为各诸侯国所效法。鲁君定公盛赞孔子之善举，希望"学子此法以治鲁国"。孔子非常自信地回应："虽天下可乎，何但鲁国而已哉！"于是，鲁定公任命孔子做了司空。孔子任内"乃别五土之性，而物各得其所生之宜，咸得厥所"，即根据土地性质，将其分为山林、川泽、丘陵、高地、沼泽五类，各种作物都种植在适宜环境里。孔子遂由司空升任大司寇，"设法而不用，无奸民"，虽设有法律但却无犯法者。

先秦诸子百家论争中包含了丰富的"大同"理想因素，而就"大同"理想作具体预设与直接阐述者，莫过于孔子。孔子在《礼记·礼运》中就中华"大同"理想及其实现路径作了完整表述，其中提出了孔子孜孜以求的"天下为公"的大同社会蓝图：

> 大道之行也，天下为公。选贤与能，讲信修睦，故人不独亲其亲，不独子其子，使老有所终，壮有所用，幼有所长，矜寡孤独废疾者，皆有所养。男有分，女有归。货恶其弃于地也，不必藏于己；力恶其不出于身也，不必为己。是故，谋闭而不兴，盗窃乱贼而不作，故外户而不闭，是谓大同。

1.“大道之行也，天下为公，选贤与能，讲信修睦”可视为“大同”社会的纲领性论述

“大道”乃治理社会的最高准则。推行“大道”，必有“天下为公”之公制，政权及社会财富属于社会全体成员；必有“选贤与能”之公正，社会管理者应按“贤”和“能”的标准推举产生；必有“讲信修睦”之公德，“信则民任焉”（《论语·尧曰》），为政者讲诚信，就会得到民众的支持，社会成员间建立起良好的互信关系，则会上下左右和睦，以诚信消除欺诈，崇尚和睦而止息争斗，使社会保持和平安宁。故曰“公则说”（《论语·尧曰》）。有“天下为公”之公制，“选贤与能”之公正，“讲信修睦”之公德，必然带来民众和乐。

所谓“天下为公”，是说“天下”不专属于一人或一家，而是为大众所共有，即所谓“公犹共也。禅位授圣，不家之”（郑玄注，孔颖达疏：《礼记正义·礼运》）。相传尧舜禹时代实行“禅让”制，不以天下为己有，不实行“家天下”世袭制。“尧知子丹朱之不肖，不足授天下，于是乃授权舜。授舜，则天下得其利而丹朱病；授丹朱，则天下病而丹朱得其利。尧曰‘终不以天下之病而利一人’，而卒授舜于天下。”（《史记·五帝本纪》）《唐虞之道》明确将“禅让”制度与“利天下”的观念相联系：“尧舜之王，利天下而弗利也。禅而不专，圣之盛也。利天下而弗利，仁之至也。”帝尧禅位于姚姓的舜，帝舜禅位于姒姓的禹，以“公天下”为取向的“禅让”制，体现了古代帝王“不以天下之病而利一人”的高贵品质。“治天下也，必先公，公则天下平矣。”（《吕氏春秋·孟春纪·贵公》）为政者必公正无私，若偏私或偏袒，则会失去天下。“夫有公心，必有公道；有公道，必有公制。”（《傅子·通志》）出于公心，行于公道，进而确立公正的典章制度，则天下归心。如此“天下为公”之“禅让”制，为先秦儒家、墨家、纵横家所推崇，为后世文人学士所乐道。

基于“天下为公”的政治主张，必然要重视“选贤与能”之公道和“讲信修睦”之公德。为政者需要具有起码的公道公正之心，要以天下为己任，崇尚信义，团结和睦，使更多人安居乐业，各安其位，各尽所能，各得其所。“选

贤与能"是言识人用人，"讲信修睦"是言自身修为。"选贤与能"之"贤"，重在人格优异，"能"则重在业务能力。用人之道重贤者能者，正是"天下为公"的体现。"天无私覆也，地无私载也，日月无私烛也，四时无私行也。"（《吕氏春秋·去私》）正因如此，尧有十子，却将天下授予舜，舜有九子而禅位于禹。舜帝继位首务"选贤与能"，将禹、契、皋陶、伯夷等贤能者分别委以重任，百官各司其职，其自身则"恭己正南面"，垂拱而治，故为儒家所推崇。《论语·子路》载孔子主张"举贤才"，强调为政必"其身正"，《论语·颜渊》载孔子主张"率以正"，从而使上行下效，加之"举直错诸枉"，自然会使政通人和。《孔子家语·儒行解》就"举贤援能"所论甚为精辟，其中"儒有内称不避亲，外举不避怨"之说，与春秋时期晋国的中军尉祁黄羊"外举不避仇，内举不避子"之举相一致，孔子盛赞"祁黄羊可谓公矣"（《吕氏春秋·去私》）。孟子主张"尊贤使能，俊杰在位"（《孟子·公孙丑上》），认为"不仁而在高位，是播恶于众也"（《孟子·离娄上》），贻害无穷。荀子认为"尚贤使能，则民知方"（《荀子·君道》），主张"无德不贵，无能不官"（《荀子·王制》），若"德不称位，能不称官"，则"不祥莫大焉"（《荀子·正论》）。墨子作《尚贤》篇，提出尚贤乃"为政之本"，"举公义，辟私怨"为举贤之本，称"官无常贵，而民无终贱，有能则举之，无能则下之"，主张从各阶层中选拔真才实学之人。北宋二程所谓"天下之治，由得贤也；天下不治，由失贤也"（《河南程氏文集·上仁宗皇帝书》），表明得贤或失贤，关乎天下治乱。

"讲信修睦"言修身的落实与功效。"讲信"是尽己之实，即忠的落实，即修身的落实，故必"主忠信"（《论语·颜渊》）。"修睦"是亲亲，是致和。《广韵》："睦，亲也。"《说文》："睦，敬和也。""修睦"即孔子强调的"修文德以来之。既来之，则安之"（《论语·季氏》）。此乃孔子"近者说（悦），远者来"（《论语·子路》）思想的延展。因施善政仁政，近人"被其泽"而生活和乐，远人"闻其风"则慕名前来，"远来"之后须"惠及"而"安之"。己安而人来，人来则安之，这就是"天下一家""四海之内皆兄弟""民吾同胞"精神的体现。

2. 由"故人不独亲其亲"至"不必为己"，阐述"大同"世界恪守的仁爱之道，揭示了大同社会的本质特征和实现路径

"大同"社会的本质特征是讲仁爱，推己及人，"不独亲其亲，不独子其子"。"不独子其子"的前提是"亲亲"之爱。适如孔子所言："立爱自亲始"（《孔子家语·哀公问政》），"仁者，人也。亲亲为大"（《中庸》）。"亲其亲"必兼具"养"和"敬"，兼具"物质"和"精神"两方面。此如孔子所谓："今之孝者，是谓能养，至于犬马，皆能有养；不敬，何以别乎？"（《论语·为政》）"立敬自长始"（《孔子家语·哀公问政》），"幼吾幼"亦必兼具"养"和"教"，即要兼具"物质"和"精神"两方面。大同社会的仁爱之道绝不限于此，而是每个人都能把奉养父母并抚育子女的心意扩大到其他社会成员身上，让全社会亲如一家。"人不独亲其亲"，即孟子所言"老吾老以及人之老"；"不独子其子"，即孟子所言"幼吾幼以及人之幼"。二者皆是孔子"能近取譬"这一"仁之方"的体现，即要做到"己欲立而立人，己欲达而达人"（《论语·雍也》）。

由"使老有所终"至"不必为己"，皆是基于"人不独亲其亲，不独子其子"而表现出来的人我一体感通的"安仁"境界，即是"博施济众"。这意味着人人都能受到社会的关爱。"老有所终，壮有所用，幼有所长"，是基于仁爱之道，对各年龄段人群所做的适度安顿。老者得以安享天年，壮者能为社会所用而施展才华，幼者能受到教育而身心健康成长。此与孔子所言"老者安之，朋友信之，少者怀之"（《论语·公冶长》）之志相吻合。同样基于仁爱之道，对"矜、寡、孤、独、废、疾"弱势群体，要保障其生活，即让鳏夫、寡妇、孤儿、无子女的老人以至伤残者、疾患者都能得到赡养。孔子急处境困窘者之所急，主张"周急不继富"（《论语·雍也》）；提供黍米于弟子并使其接济"邻里乡党"；朋友死，无所归，则"与我殡"（《论语·乡党》）。基于仁爱之道，愿男女都能安居乐业。"男有分"，就是说男子都有适合自己的职业或职位，能安心地工作，各尽其责；"女有归"，就是女子都有家庭归宿而各得其所。古代男耕女织，妇女在家也要从事蚕桑，这样家庭才能丰衣足

食。男女婚配及时，各安其位，互敬互助，则有和乐之家。

基于公心和仁爱之道，必货尽其用，人尽其力。"货恶其弃于地也，不必藏于己"，这是说物质尽管丰富，但应珍惜劳动产品，不得浪费资源或财物，应无自私自利之心，不必把别人的劳动成果据为己有。"力恶其不出于身也，不必为己"，这是说人们在共同劳动中以不出力或少出力为耻，以不劳而获为耻，人人都能竭尽全力地工作，却没有"据为己有"的念头。这主要是就人们的思想观念和道德水准而言的，因为只有树公心、去私心，才能实现货尽其用、人尽其力。

3. 由"是故谋闭而不兴"至"是谓大同"，是将现实社会与理想的"大同"社会做对比，意味着人们境界崇高，社会和谐安宁

在理想的大同社会，由于公正公平公有共享，广泛施行仁爱之道，人们安身立命，人心和顺，因而阴谋诡计受到遏制，无任何施展余地，抢劫、偷窃和犯上作乱之事不会发生。季康子"患盗"，孔子答以"苟子之不欲，虽赏之不窃"（《论语·颜渊》）。为政者自身素养极为重要。在孔子及其弟子看来，孝悌乃为仁之本，其为人也孝悌，则鲜有"犯上作乱"者。君子崇尚仁政，在此前提下，民众也不用关上门来彼此防范，代之而兴的将是"外户而不闭"的安居乐业、和谐安定的局面。"均无贫，和无寡，安无倾"（《论语·季氏》）。孔子所最为担忧的不是国家贫穷，而是分配不合理，分配合理就没有贫困，民众关系和睦就不必担心人口少，社会安定了就不会有混乱局面。和谐安定的社会，自然是人们所向往的。这就是两千多年前，中国圣贤对理想社会具体而形象的鼓舞人心的生动描绘，此正是中国圣贤指引的重民生、以人为本位、恪守诚信、崇尚公正道义、和合修睦而渐入大同之境的社会发展道路。

总而言之，在孔子看来，只要推行唐虞治世"大道"，就可以建立起"天下为公"的"大同"社会。在《礼记·礼运》中，"大同"社会是相对"小康"社会而言的，两相比较，"大道之行"的"大同"社会和"三代之英"的"小康"社会的根本区别，在于"天下为公"或"天下为家"，"大同"社会强调天下是天下人之天下，为全天下人所共有，不像"小康"社会那样"天下为家"，为一姓一家所拥有；"大同"社会推行"选贤与能"之机制，治理天下之人，是天下人公选出来的"贤"者和"能"者，不像"小康"社会那样"大人世及以为礼"，即视天子诸侯的子弟世代承袭为理所当然，以至像桀、纣之类暴君危及天下；崇尚"讲信修睦"的人际关系和仁爱共济的精神境界，"人不独亲其亲，不独子其子"，不像"小康"社会那样"各亲其亲，各子其子"；各尽其力的劳动态度，没有私产，人们各安其位，各尽其能，各得其所，都过着幸福美满生活，不像"小康"社会那样"货力为己"，需要"设制度""立田里"，"以功为己"；形成良好道德风尚，出现鼓舞人心的安定局面，阴谋诡计就断了门路，盗劫偷窃作乱害人之事不会发生，各家大门只需从外面合上，不必关闭，不像"小康"社会那样常常"谋作兵起"，"城郭沟池以为固"，为政者想方设法来维持社会秩序。

《礼记·礼运·大同》强调，每个人尤其是为政者，必须从自身做起，以"修身"为本，怀有一颗仁爱之心，修己以安人，促进人和、家齐、国治、天下平，使社会运行有序、团结安定，这与《大学》所谓"身修而后家齐，家齐而后国治，国治而后天下平"是高度一致的。诚然，孔子时代所谓"齐家"的"家"，不限于现代意义上"家庭"的概念，而是当时诸侯国大夫"百乘之家"的封地。"国"乃诸侯国，古代行政管辖区，"天下"也不同于现代意义上"世界"的概念，而是指周天子的天下。尽管如此，儒家"大同"和"修齐治平"之道，描绘了未来社会的蓝图，提出了实现这一蓝图的方略，带来了深远影响，具有普遍意义。

中华大同之路与民族复兴"中国梦"及人类命运共同体①

以孔子为代表的儒家勾勒出的"大同"理想社会，反映了民众对美好生活的向往，为古圣先贤所推崇，也为近现代志士仁人所崇尚，成为中华民族世代传承的中华"大同"梦，为中国古代和近代社会发展注入了不竭动力；"大同"社会为共产党人的共产主义理想提供了文化基因，中国马克思主义者吸收了"大同"和"小康"的概念，并赋予其新的内涵。中华"大同"梦与新时代"中国梦"及"世界梦"相融相通，为人类社会提供了美好愿景，成为构建"人类命运共同体"的思想源泉。一部五千多年中国历史，就是中华民族生生不息、不懈追求"大同"的"追梦史"。

---

① 本文与宫旭博士合作完成，载《齐鲁学刊》2019 年第 2 期。原题目是《天下为公　道恰大同》，此处用其副标题。

一、从古代延续到近代的"大同"追梦史

在以孔子为代表的儒家提出"大同"理想的先秦，出现了各种各样有关理想社会的期许。老子向往"小国寡民"社会，设计了一幅没有欺压，人人平等，人人劳动，人人"甘其食，美其服，安其居，乐其俗"（《老子》）的理想社会蓝图。与孟子同时代的楚国人许行，依托远古神农氏"教民而耕"之言，主张"种粟而后食"，"贤者与民并耕而食，饔飧而治"（《孟子·滕文公上》），期望人人平等，自食其力，劳有所得，没有剥削和欺诈，贤者以饮食馈客之礼而治理天下。《尉缭子·治本》倡导"使民无私"的"善政"，认为"民无私则天下为一家，而无私耕私织，共寒其寒，共饥其饥"，进而"安民怀远""无天下之乱"。不同类型的社会理想，奠定了后代中国社会发展的基础。儒家的"大同"理想比诸子百家的理想更详尽、更完整，对中国社会产生的影响更加深远，成为千百年来中国人为之不懈奋斗的理想信念，成为中国社会进步的思想动力。

东汉末期张鲁在汉中行五斗米教，教人互助互爱，"诚信不欺诈"，"人人平等，自食其力"，反对"强取人物"，主张"信道行善，德行为先"，设立"靖庐"做病人思过修善之所，建立"义舍"，"量腹取足"，使汉中成为民众心中的一方乐土。（参见《三国志·张鲁传》）

东晋陶渊明少年时受传统儒家经典的影响，"不为五斗米折腰"辞官解印，仍怀有兼济天下苍生之志，其《桃花源记》描绘出"土地平旷，屋舍俨然。有良田、美池、桑竹之属。阡陌交通，鸡犬相闻。其中往来种作，男女衣着，悉如外人；黄发垂髫，并怡然自乐"的世外桃源，幻想出一处同现实世界隔绝的人间乐土——桃源洞。那里没有剥削、压迫和战争，人们处于和平、宁静的环境之中，过着无忧无虑的田园生活，为后世幻想远离现实社会苦难的民众所憧憬。《桃花源记》在中国大同思想发展史上留下了浓墨重彩的一笔。

北宋理学家张载继承发挥了先秦儒家的大同说，表述了自己的社会理想："乾称父，坤称母，予兹藐焉，乃混然中处。故天地之塞吾其体，天地之

帅吾其性，民，吾同胞，物，吾与也。大君者，吾父母之宗子。其大臣，宗子之家相也。尊高年，所以长其长；慈孤弱，所以幼其幼。圣合其德，贤其秀也。凡天下疲癃残疾，惸独鳏寡，皆吾兄弟之颠连而无告者也。"（张载：《正蒙·乾称》）此与"横渠四句"同一旨趣：为天下开太平！

南宋词人康与之言及"此间居民虽异姓，然皆信厚和睦"，"凡衣服、饮食、牛畜、丝纩、麻枲之属，皆不私藏，与众共之，故可同处"，"计口授地，以耕以蚕，不可取衣食于人耳"，描绘了讲信修睦，自食其力，劳动成果平均分配的社会景象。

明代思想家吕坤所作《呻吟语》是专论人生修养、处世原则、兴邦治国、养生之道的典籍。其中《治道》篇提出："六合之内，有一事一物相陵夺假借，而不各居其正位，不成清世界；有匹夫匹妇冤抑愤懑，而不得其分愿，不成平世界"，其所追求的"清平世界"，也是对"大同"世界的探求与渴望。从文景之治到贞观之治，从开元盛世到康乾盛世，中华民族从未停止追求"大同"理想的脚步。

时至近代，在西方的自由、平等、博爱观念及空想社会主义思想的影响下，社会呈现了多形态的理想追求，但占主导地位的依然是"大同"理想。无论是革命者还是改良者，都力图唤醒民众对"大同"理想的记忆，为挽救中华民族的危机、实现强国目标和天下"大同"的理想进行了艰辛探索。洪秀全就曾以"大同"思想激励民众，其所作《原道醒世训》载"遐想唐、虞、三代之世，有无相恤，患难相救，门不闭户，道不拾遗，男女别涂，选举上德"的"大同"之世，其中还全文引用《礼运》篇中有关"大同"文字。其施行的《天朝田亩制度》试图建立"务使天下共享"，"有田同耕，有饭同食，有衣同穿，有钱同使，无处不均匀，无人不饱暖"的理想社会。

在中国近代"大同"理想中占主导地位的是康有为和孙中山。康有为自称1884年就开始"演大同主义"，次年就"手定大同之制，名曰《人类公理》"，《大同书》成书于1902年其避居印度时。《大同书》依据《春秋》公羊三世说和《礼运》篇中的"小康""大同"说，表述了人类历史进化的三个阶段，认为只有破除给人类带来无限苦难的"九界"（国界、级界、种界、形界、家界、产界、乱界、类界、苦界），人类社会才能由"据乱世"步入"升平世"，即"小康之世"，最后由"升平世"进入"人人相亲，人人平等，天下为公，是谓大同"的"太平世"，即"大同之世"。"大同始基之据乱世。大同渐行之升平世。大同成就之太平世"。《大同书》尽管受到佛教、基督教的教义、卢梭的天赋人权论、欧洲空想社会主义的影响，但其主导思想仍是儒学的"不忍人之心"的仁爱观。尽管康有为在《大同书》中勾画出一幅人类社会的美好蓝图，客观上反映了苦难民众的美好愿望，但由于康有为期望用缓慢的改良来实现"大同"，加上当时社会条件的限制，其理想难免成为乌托邦。正如毛泽东所言："康有为写了《大同书》，他没有也不可能找到一条到达大同的路。"①

民主革命先行者孙中山深受传统"大同"观念的影响，他极力倡导"天下大同"的民生主义理想，视"大同"社会为"人类进化之目的"。孙中山多次题写"博爱"和"天下为公"赠与革命同志，多次抄写"大同"全文，制定黄埔军官学校的训词是"三民主义，吾党所宗，以建民国，以进大同"。在孙中山的政治思想中，"天下为公"与"世界大同"是紧密联系的同义词。他在演讲中多次谈及"公天下"与"家天下"的区别，认为中国古代的尧舜孔孟是"大同"理想的楷模："两千多年前的孔子、孟子便主张民权。孔子说：'大道之行也，天下为公。'便是主张民权的大同世界，又'言必称尧舜'，就是因为尧舜不是家天下。尧舜的政治，名义上虽然是用君权，实际上是行民权，所以孔子总是宗仰他们。"② 在孙中山看来，"民生主义就是社会主义，又名共产主义，即是'大同主义'"，"真正的民生主义，就是孔子所希望之大同世界"；"我们要将来能够治国、平天下，便先要恢复民族主义和民族地位；用固有的道德和平做基础，去统一世界，成一个大同之治，这便是我们四万万人的大责任。"③ "我们今日在没有发达之先，立定扶倾济弱的志愿，将来强

①《毛泽东选集》（第四卷），人民出版社 1969 年版，第 1360 页。

② 孙中山：《三民主义》，岳麓书社 2000 年版，第 77 页。

③ 孙中山：《三民主义》，岳麓书社 2000 年版，第 68 页。

盛时候，想到今日身受过了列强政治、经济压迫的痛苦，将来弱小民族如果受这种痛苦，我们便要把那些帝国主义销灭，那才算是治国、平天下"。① 孙中山的"大同"理想，首要的是"治国"，即在一国范围内，按照"民有""民治""民享"的要求，实现中国的独立、自由、富强与均富，最大限度地为人民提供福祉；在世界范围内"天下为公"，则是"扶倾济弱"，帮助其他被压迫民族谋求各自的独立、自由和富强，实现世界各民族的完全融合与和平共处，进而实现"平天下"的目的。

二、与"大同"理想一脉相承的民族复兴"中国梦"

《礼记·礼运》勾勒出的大同理想社会，反映了民众对美好生活的向往，对中国古代社会产生了巨大影响，也为近现代的志士仁人所崇尚，进入21世纪，中华民族伟大复兴的中国梦与"大同"理想一脉相承。

中国共产党创始人之一的李大钊，运用马克思主义唯物史观就"大同"理想向现实转化的具体途径作了初步探索，使"大同"概念成为共产主义理想社会的中国式表达。1923年，李大钊在《平民主义》一文中指出："现在世界进化的轨道，都是沿着一条线走，这条线就是达到世界大同的通衢，就是人类共同精神联贯的脉络。"② 周恩来的早期文论亦怀有"大同"之志："相跻于大同之境，种界破，国界灭，相趋于和平之途；利私之竞争消，真我之面目见，而三子之所希冀者，达矣。但人同此心，心同此理。人类之产生，距今亦千万年矣。仁灵之具无或差异，其达于大同之境、和平之途，宜矣。"③ 毛泽东早年深受儒家大同理想之熏染。1917年8月23日在《致黎锦熙信》中提到："开其智而蓄其德，与之共跻于圣域。彼时天下皆为圣贤，而无凡愚，可尽毁一切世法，呼太和之气而吸清海之波。孔子知此义，故立太平世为鹄，而不废据乱、升平二世。大同者，吾人之鹄也。立德、立功、立言以尽力于

---

① 孙中山：《三民主义》，岳麓书社2000年版，第68页。

②《李大钊全集》（第2卷），河北教育出版社1999年版，第157页。

③《周恩来早期文集》（上卷），中央文献出版社1998年版，第150页。

斯世者，吾人存慈悲之心以救小人也。"① 其中明言以"大同"为理想社会目标。这为其接受马克思主义和共产主义埋下了文化基因。"太平世界，环球同此凉热"正是以毛泽东为代表的早期共产党人造福人类的意愿和对"大同"社会的呼唤。中华人民共和国成立前夕，毛泽东对即将诞生的人民共和国充满期待，即"经过人民共和国到达社会主义和共产主义，到达阶级的消灭和世界的大同。"② 中华人民共和国的成立，社会主义制度的确立，为国家富强、民族复兴、人民幸福开辟了崭新的道路。

"小康"作为一种社会模式，最早在《礼记·礼运》中得到系统阐述，是仅次于"大同"的理想社会模式。千百年来，"小康"思想在中国民间根深蒂固，成为普通百姓的生活向往。党的十一届三中全会以后，邓小平立足于中国国情，提出了"小康社会"这一富有中国特色的概念，来描述中国的现代化状态。党的十二大把"小康"作为主要奋斗目标和我国国民经济和社会发展的阶段性标志。党的十三大正式将实现小康列为"三步走"发展战略的第二步目标。党的十五届五中全会提出，从新世纪开始，我国将进入全面建设小康社会，加快推进社会主义现代化的新的发展阶段。党的十六大报告中，进一步明确"我们要在本世纪头二十年，集中力量，全面建设惠及十几亿人口的更高水平的小康社会"。

十八大以来，以习近平同志为核心的党中央，致力于实现"全面小康"，习近平并就"小康"概念的出处与运用作过精辟阐释："全面建成小康社会中的'小康'这个概念，就出自《礼记·礼运》，是中华民族自古以来追求的理想社会状态。使用'小康'这个概念来确立中国的发展目标，既符合中国发展实际，也容易得到最广大人民理解和支持。"以习近平同志为核心的党中央在致力于实现"全面小康"的同时，致力于实现中华民族伟大复兴的"中国梦"，致力于构建人类命运共同体，将古老的中华"大同梦"推向了崭新时代。为中国人民谋幸福，为中华民族谋复兴，为人类世界求大同，是习近平新时

---

①《毛泽东早期文稿》，湖南出版社1990年版，第87页。

②《毛泽东选集》（第四卷），人民出版社1991年版，第1469页。

代中国特色社会主义思想的核心价值追求。在党的十九大报告中，习近平总书记充满激情与自信地说道："大道之行，天下为公。站立在九百六十多万平方公里的广袤土地上，吸吮着五千多年中华民族漫长奋斗积累的文化养分，拥有十三亿多中国人民聚合的磅礴之力，我们走中国特色社会主义道路，具有无比广阔的时代舞台，具有无比深厚的历史底蕴，具有无比强大的前进定力。"引用《礼记·礼运》"大同"的表述，表明中国共产党人遵循中华传统之道，恪守天下为公的大同理想，由此彰显了习近平新时代中国特色社会主义思想的鲜明特征，也为中国及人类世界带来了强大的正能量。

习近平总书记所作的十九大报告在中华民族五千多年的历史长河中，定位"新时代共圆中国梦"的神圣使命，可谓"道洽大同"。公天下的第一要务是"选贤与能"，即所选干部必须德才兼备，公道正派，必须识才、爱才、用才、容才、聚才，"聚天下英才而用之"，确信"人人皆可成才"，务求"人人尽展其才"。此外，还须做到"无信不立，贵在修睦"。就"讲信"而言，要注重诚信建设，反对欺诈拐骗，提高政府公信力；就"修睦"而言，要树立"中华民族共同体意识"，海峡两岸乃至全球华人，共同弘扬中华文化，促进心灵契合，各民族要"像石榴籽一样紧紧抱在一起"，共同致力于中华民族伟大复兴。要讲仁爱，修己安人，既要"孝老爱亲"，又要"忠于祖国，忠于人民"；坚持"以人民为中心"，爱民、惠民、利民、富民、安民，一视同仁，平等对待。构建养老、孝老、敬老政策体系，"健全农村留守儿童和妇女、老年人关爱服务体系"，实施"健康中国"战略。如此仁爱之道，推而广之，则必"幼有所育，学有所教，劳有所得，病有所医，老有所养，住有所居，弱有所扶"；注重家庭伦理，坚持男女平等，各安其位，各尽所能，各得其所。就"货""力"而言，珍惜劳动成果，精准扶贫脱贫，将改革发展的成果更多更公平地惠及全体人民，逐步实现共同富裕；"尽力而为，量力而行"，"人人尽责，人人享有"，劳有所得，反对不劳而获。就社会秩序而言，则要加强和创新社会治理，形成良好的社会秩序，让人民有获得感、幸福感、安全感；修身为本，抓好领导干部关键少数，"打铁必须自身硬"，不谋私利，正风肃纪，知敬畏，存戒惧，守底线；建设平安中国，维护社会和谐稳定，确保国家长治久安，人民安居乐业，人类和平进步。

三、道洽大同：构建人类命运共同体

中国人民的梦想与世界各国人民的梦想相融相通，构建人类命运共同体是中国和世界各国共同发展的大势所趋。这恰恰契合于中华文明中的"大同"理念。2011年9月1日习近平总书记在中央党校秋季开学典礼上的讲话中强调："自古以来，中国先贤在对待民族、邦国的关系上，倡导以'协和万邦'即和平共处为邦交原则，以'天下大同'即共同社会理想为追求目标。"2014年3月27日习近平主席在联合国教科文组织总部的演讲中提出："中华民族的先人们早就向往人们的物质生活充实无忧、道德境界充分升华的大同世界。"2014年3月28日习近平主席在德国科尔伯基金会的演讲中指出中华民族是爱好和平的民族。一个民族最深沉的精神追求，一定要在其薪火相传的民族精神中来进行基因测序。有着五千多年历史的中华文明，始终崇尚和平，和平、和睦、和谐的追求深深植根于中华民族的精神世界之中，深深溶化在中国人民的血脉之中。中国自古就有"国虽大，好战必亡"的箴言。"以和为贵""和而不同""化干戈为玉帛""国泰民安""睦邻友邦""天下太平""天下大同"等理念世代相传。基于此，习近平主席2013年3月在莫斯科国际关系学院演讲中，深刻阐释世界大势——"各国相互联系、相互依存的程度空前加深，人类生活在同一个地球村里，生活在历史和现实交汇的同一个时空里，越来越成为你中有我、我中有你的命运共同体"。从此，"命运共同体"就成为回荡于世界的时代强音。

人类正面临百年未有之大变局。国际格局和全球治理体系发生着深刻变革，人类面临的挑战日益严峻，如何处理国与国之间、各种文明之间、人与自然之间的复杂关系，是决定人类前途命运的根本性难题。唯有凝聚共识的智慧理念，才有拨开乌云破雾前行的穿透之力；唯有明察秋毫的远见卓识，方有乘风破浪引领前行的感召之力。立于时代之潮头，继承和发扬中华传统

"大同"理想，构建人类命运共同体，为事关人类前途命运的重大问题提供中国智慧、中国方案，为人类和平发展进步指出新的思路，描绘出新的蓝图，成为中国引领时代潮流、助力人类文明进步的鲜明旗帜。从莫斯科到雅加达，从达沃斯到日内瓦，从雁栖湖边到西子湖畔，从博鳌到青岛海岸，从巴黎到比什凯克，习近平在国际国内许多重要场合数以百计次谈及"命运共同体"。党的十九大报告专论"坚持和平发展道路，推动构建人类命运共同体"，高举"和平、发展、合作、共赢"的旗帜，主张建设"相互尊重、公平正义、合作共赢"的新型国际关系；树立"亲诚惠容"理念，与邻为善，以邻为伴；以"为人类作出新的更大的贡献"为使命，互相尊重，合作共赢，做世界和平的建设者，全球发展的贡献者，国际秩序的维护者。由此彰显的"天下为公"的"大同"理念，充分体现了中国共产党人的天下胸怀和大国担当，为当代国际关系发展展现了新愿景，也为提升中国参与国际治理的能力、造福人类提供了新思路。抱有中华民族绵延数千年的天下太平、共享大同的理想，拥有千百年来中华民族恪守的"世界大同，天下一家"的理念，秉承"己所不欲，勿施于人""己欲立而立人，己欲达而达人"的忠恕之道，"和而不同""道并行而不相悖"的博大胸怀，继承"尚和合、求大同"的中华文化核心价值，打造人类命运共同体，已成为"行胜于言"的中国行动，成为"智周万物、道济天下""国治而后天下平""如欲平治天下，当今之世舍我其谁"的中国担当。近些年来，中国积极倡导实施"一带一路"国际合作，举办"一带一路"国际合作高峰论坛，发起创办亚洲基础设施投资银行，设立"丝路基金"等等，积极搭建共建共享的全球合作平台，为世界发展增添了新的动力；努力加大对发展中国家特别是最不发达国家援助的力度，促进缩小发展差距；举办"一带一路"国际合作高峰论坛和亚洲文明对话大会，以实际行动为构建人类命运共同体担当中国责任，贡献中国力量，同世界各国合作共赢，共同创造人类的美好未来；"一带一路"倡议及"人类命运共同体"思想正式写入联合国安理会涉阿决议，充分展示了和合共生、标本兼治的中国智慧，必将由此加速"中国梦"与"世界梦"相融相通的时代进程，开辟出一条合作共赢、共建

道洽大同篇

共享的文明发展新道路。

先儒"横渠四句",恰是对人类命运共同体理念的诠释。张载首言"为天地立心",此"天地之心"乃"民胞物与"之"仁"道,而今看来,就是确立人类命运与共的理念;再言"为生民立命",即令生民尽心知命,"修身以俟之",而今就是让天下百姓安身立命,为人类建设生生不息的精神家园;力倡"为往圣继绝学",就是继承儒家学统,明儒学义理,而今就是要实现中华文化返本开新,温故知新,在传承中发扬光大,并在与人类多元文明交汇中,实现美美与共;终将"为万世开太平",即谋国泰民安,"天下归仁",而今就是要确立"天下一家"的理念,实现人类永久和平安宁,谋求世界训致大同。构建"天下大同"的共同体,与马克思"人的本质是人的真正的共同体"的论断相契合,体现了"共同体"中芸芸众生的热切期盼,展现了马克思主义中国化的真理魅力和实践价值,在国际社会日益引起强烈的共鸣,正在全球范围内日益成为广泛共识,已为当今世界带来崭新气象,必为人类未来发展格局带来深刻影响。

儒学之于人类命运共同体及
新时代教育者的使命①

2019年11月16日上午，国家教育行政学院国学教育研究中心组织的百余位学者出席了由国际儒学联合会与联合国教科文组织、中国孔子基金会在北京人民大会堂共同举办的纪念孔子诞辰2570周年国际学术研讨会暨国际儒学联合会第六届会员大会开幕式，与会者聆听国家副主席王岐山代表习近平主席发表的重要讲话，听取日本前首相福田康夫、埃及前总理伊萨姆·沙拉夫发表的讲话和联合国前秘书长潘基文的视频讲话，以及国际儒学家们就"儒学与构建人类命运共同体"所作主旨演讲。开幕式后，大家回到学院参加由国学教育研究中心与国际儒学联合会宣传出版委员会主办的以"儒学之于人类命运共同体及新时代教育者的使命"为主题的专题座谈会。

---

① 本文系2016年11月16日主持召开的"儒学之于人类命运共同体及新时代教育者的使命"专题座谈学术综述。

一、以儒学为核心的中华文化是中华民族生生不息的源头活水，是构建人类命运共同体理念的文化渊源

全世界各国人民的命运历来休戚与共，然而，当今世界，人类面临的全球性挑战更加严峻，迫切需要世界各国齐心协力，共同应对。习近平主席基于以儒学为核心的中华传统文化自信，把握时代脉搏，洞悉世界大势，提出了构建人类命运共同体的理念并持续推进。与会者重温习近平主席五年前在纪念孔子诞辰 2565 年国际学术研讨会上的讲话精神，结合王岐山副主席刚刚发表的重要讲话，更加确信，以儒学为核心的中华传统文化，不仅始终是中华民族生生不息的源头活水，浸润和滋养着世世代代的华夏子孙，不仅与为之奋斗的中国特色社会主义事业息息相通，不仅与倡导的家国情怀、责任担当乃至社会主义核心价值观交相辉映，而且是推进构建人类命运共同体理念的文化渊源。儒家"民胞物与"的仁爱之道，"天下为公"的大同理念，"和而不同""协和万邦"的和合观，修齐治平、修己安人的教化之道，四海一家的天下观，仁、义、礼、智、信之五常道，无疑都是人类命运共同体理念的源头活水。

与会者深感，随着科技的发展，空间和时间的距离日益缩小而人心却日渐疏离，随着物质生活的日益进步而精神的价值却在退化，随着维持人的价值与尊严的倡导不断提出而人类却面临最大危机——把人物化、商品化。基于此，台湾师范大学朱荣智教授提到，孔子对人类最大的贡献就是提出仁爱思想，要求彼此之间互相关爱、包容、接纳、互信，从而建立人与人之间的和谐关系，进而建立人与自然的和谐关系，民胞物与、天人合一，这样的文化特质可以说是人类共同的理想追求。国家教育行政学院教科部主任丁月牙教授认为，中华民族与世界各个民族之间共同的、最本质的原点，存在于儒学在两千年之前就已经强调的、根植于我们每个人身上的那颗仁爱之心，它能够跨越民族的隔阂，文化的差异，让我们找到人之所以为人，社会之所以为社会的根本之所在。

大道之行，天下为公。人类同呼吸共命运，需要成为命运与共的整体。北京人文大学国学院院长蔡恒奇教授认为，人类命运共同体行的是"仁政"，推的是"王道"，合乎儒家圣贤之道，实际上就是"大同世界"的一种表述，它符合人性，符合人类最大公约数，符合世界各国人民的共同利益。在国家教育行政学院于建福教授看来，以孔子为代表的儒家勾勒出的"大同"理想社会，反映了民众对美好生活的向往，为古圣先贤所推崇，也为近现代志士仁人所崇尚，成为中华民族世代传承的中华"大同梦"。中华民族伟大复兴的"中国梦"与"大同梦"一脉相承，中华"大同梦"与世界梦相融相通，为人类社会提供了美好愿景，成为构建"人类命运共同体"的思想源泉。

二、以中华文化自信汲取儒学蕴含的人类命运共同体理念并转化为价值观教育

人类命运共同体理应具有共同的价值认同。以儒学为核心的中华优秀传统文化，是取之不尽用之不竭的源头活水，是化民成俗、人格养成的丰厚滋养。习近平总书记提出深入挖掘和阐发中华优秀传统文化中讲仁爱、重民本、守诚信、崇正义、尚和合、求大同的时代价值，转化为学生价值观教育的丰富营养。这就要求新时代教育者以高度的文化自信，深入挖掘、阐发并自觉传承儒学中蕴含的人类命运共同体理念，将其转化为价值观教育的丰厚资源，播撒仁爱与正义的种子，以海纳百川的包容心态，讲信修睦、亲仁善邻的和睦精神，以义为利的义利观，同舟共济、道济天下的胸怀，实现各美其美，美人之美，美美与共，为人类命运共同体凝心聚力。

激活传统经典，确立经典文化自信自觉，方能形成人类命运与共的持久力量。国家教育行政学院进修部主任从春侠教授强调，推动构建人类命运共同体要有文化自信，而文化自信的树立首要的是学习传统经典文化。面对传统文化的断层，我们不仅要翻开经典，翻开"四书"，尤其是翻开博大精深而且百读不厌的《论语》，更要让经典与自己的生命发生直接连接，加强自省自查，还要知己知彼，在中外文化的比较中，通过充分的沟通、交流与对话，确

立理性的文化自信，进而增强人类命运与共的意识。北京师范大学公民与道德教育研究中心主任檀传宝教授讲述了美国德育学家诺丁斯的关怀理论与孔子育人理念的相似之处——二者的核心都是"设身处地"，成人之美。孔子讲了仁爱的内容，也讲了仁爱的内在机制、实践逻辑与现实依据，很好地解释了教育者的必须具备的仁爱之心。今天的中国人乃至全人类，需要汲取儒学的仁爱智慧，并由此寻求教育的出发点和路径。朱荣智教授强调，化解人类困境需要把古人的智慧化成现代人的生命养料，尤其要注重学习汲取儒学的修齐治平之道，做到以身作则，以诚律己，以忠处事，以爱待物，以事应天，心中有爱有榜样。要以知识改善生活，以智慧安顿生命，以服务成就人生、贡献社会乃至人类，将自身的能量最大化。在丁月牙教授看来，新时代教育者的使命就是从儒学中找到自我和他人之间，我们与社会与世界之间的共通点。这样才能跨越地域的差异，跨越文化的差异，实现美美与共，和合共生。中国教育报刊社齐林泉博士确信，古代教育的最高境界是"修身，齐家，治国，平天下"，当代教育应把人类命运共同体意识深植其中，引导青少年修齐治平，心怀天下，关爱天下苍生，这是万世师表孔子给我们留下来的走向人类、走向未来的珍贵遗产。山东师范大学教授周卫勇认为，儒家文化具有很大的包容性，具有同化力，可通天下所有的文化，能通在做人的根本上，进而实现人心相通，命运休戚与共，教育者所应担当的使命就蕴含其中。

三、发挥高等院校文化传承的独特优势，在多元文明交流互鉴中服务于构建人类命运共同体

高等院校堪称人类智慧的花朵，拥有令大部分人神往的精神气质，具有人类文化传承发展、人类文明交流互鉴的独特优势，是人类命运共同体价值观建设的重要力量。王岐山副主席在讲话中强调："要深入挖掘、兼收并蓄，努力发掘中国和世界上不同时代、不同文化的思想精华，让中华文明更加发扬光大，让人类文明更加绚丽多彩。"高等院校理应充分发挥自身优势，在挖掘阐发、兼收并蓄、交流互鉴上下足功夫，切实服务于构建人类命运共同体。

淄博是"齐文化"发祥地，稷下学宫百家争鸣彪炳青史，留有"孔子闻韶处"等圣迹。山东理工大学就坐落于此。该校党委书记吕传毅介绍，该校整合了山东省的齐文化研究力量，协同国内外一些研究团队，开展了课题研究；2018年9月与希腊雅典大学在临淄区合作举办了稷下学宫与柏拉图学园——中、希古典文明高峰论坛，东西方两大文明进行了富有成效的历史性对话，2020年5月份将在希腊举办第二届中、希古典文明高峰论坛；学校创办已久的《管子学刊》成为海内外文化交流的重要平台；学校开设了齐鲁文化和儒学选修课，还在一带一路沿线国家大量招收留学生，在留学生中传播儒学思想和齐鲁文化。

泰山是齐鲁文化汇集之地，也是儒释道各家思想荟萃之处，留有孔子过泰山、孔子登临处等圣迹。泰山学院就坐落于此。泰山学院副院长、泰山研究院院长王雷亭长期以来以挖掘和传承泰山文化为职志，表示要像王岐山副主席讲话中所说的"追根溯源，探究本质"，要说清中华民族的本质，也要说清泰山的本质，其最大的愿望就是向世人讲好泰山故事。多年来，该院面向全体大学生开设"泰山文化概论"课程，挖掘孔子与泰山的故事，挖掘帝王封禅的故事，挖掘泰山挑夫的故事，让青年大学生将泰山文化代代相传，向海外内外游人传播出去。

襄阳是儒家文化杰出代表诸葛亮躬耕苦读十年、涵养"济世心"之宝地，留有三顾堂、隆中书院等遗迹。湖北文理学院即坐落于此。该校党委书记唐俊现场感受国家领导人畅谈儒学对世界对人类的重大意义，颇为震撼。曾有一位学生运用《论语》中的一句话打开了唐俊多年心结，这件事促使他坚持在人才培养上注重圣贤文化教育。学院开设传统文化选修课、必修课，要求全体师生必读《诫子书》，引导学生"澹泊明志，宁静致远"；为了提升教师的素养，学校加强教师和干部的传统文化培训，有些教师能巧妙地把"四书"里面的一些故事、把传统文化的因子放到课堂里，取得了不错的成效。

素有"同舟共济、自强不息"精神的同济大学，在20世纪90年代就倡导科技教育与人文教育协调发展的育人模式。该校数学科学学院党委书记孔德懿听会后深感责任重大。该校每年开设的中华优秀传统文化方面的必修课与选修课课程有60多门；学校在图书馆一层建设的文学堂，成为弘扬中华传统文化的重要平台；学校一百多个社团中多是弘扬中华优秀传统文化的社团，每年下半年学校举办的艺术节上，社团都会献上精彩演出；尤其是依托孔子学院、孔子课堂积极传播中华文化，先后在日本、德国、意大利举办传统文化系列活动，既对西方文化有"请进来"的吸纳包容，又有让中华优秀传统文化积极地"走出去"，传递中华文化正能量。

四、用中华优秀传统文化教育为新时代青少年培根铸魂，为人类命运共同体之构建奠定基石

人类命运共同体的构建，绝非一蹴而就之功、一朝一夕之事。按照习近平总书记在全国教育大会上的要求："把中华优秀传统文化教育作为培根铸魂的基础工程，贯穿人才培养全过程。"毫无疑问，新时代教育必须深深植根于中华优秀传统文化的沃土中，让青少年有根有魂、有天下胸怀和担当，进而为人类命运共同体的构建积蓄正能量。

山东省是齐鲁文化的发祥地，有着得天独厚的文化资源和区位优势。教育部《完善中华优秀传统文化指导纲要》颁布之后，山东省率先出台德育一体化方案，倡导经典教育一体化实施。山东省教育科学研究院副院长李文军认为，要把传统文化特别是经典文化变成教师的基本素养，通过学科渗透，把传统文化特长变成常态，把传统文化特色变成底色，增进青少年文化底蕴。济宁乃孔孟之乡，多年来利用独一无二的文化资源优势，大力推动经典文化教育。市教育局副局长刘嘉庚认为，要增强人类命运共同体意识，必须坚持不懈落实立德树人根本任务，弘扬以儒家文化为核心的中华优秀传统文化，培养具有国家意识、世界眼光的时代新人。为此，应继续实施健脑工程，增强文化认同；实施仰圣工程，崇尚古圣先贤；实施经典诵读工程，提升师生文化素养。

近几年来，国家教育行政学国学教育研究中心带领多地区积极探索，呈现出中华优秀传统文化教育区域一体化推进的态势，异彩纷呈。在陕西省汉

阴县教育局局长张小泉看来，培养有根基有灵魂的现代中国人，是我们基层教育工作者应尽的责任。教育者既要坐而论道，更要起而行之，经过三年多的努力，汉阴县根据学生的实际情况和学校的课时，从小学到高中，进行了国学经典教育的全部覆盖，师生面貌焕然一新。山西省太原市万柏林区教研员苏莉介绍，太原市万柏林区整体推进国学经典教育，作了区域一体化国学经典教育可行性规划，随之成立了万柏林区国学教育培训中心，以大规模师资培训破解国学经典教育难题，还强化国学教研指导，开设国学流动讲堂，进行国学名师和优秀教学法的示范，取得了显著成效。湖北省秭归县教育局局长韩永新将屈原故里传统文化教育的探索归纳为三方面：一是"课程引"，即引导屈原文化及中华文化课程在中小学的落实；二是"载体推"，通过各类活动的开展，促进学生对《论语》等经典文化的认同；三是"骨干带"，以训练有素的语文老师为骨干，带领文化传承。大连金普新区东部教育集团校长牛朝霞，基于"根"文化倡导的"宇商教育"，其核心是修齐治平、天人合一，注重从人和人之间、人和社会之间、人和大自然之间，多层面对学生进行教育。基于"宇商教育"举办的三次国际会议，为世界分享了中华民族的真善美和儒家文化的大同理念。

本次会议将新时代的教育者与儒学、人类命运共同体理念紧密相连，引发了教育工作者对未来传统文化教育发展方向的深入思考。主持会议的于建福教授和于述胜教授高度评价了大家的积极思考与不懈探索，愿与大家一道，继续深入学习和深刻领悟中华传统文化精髓，以"天下兴亡匹夫有责"的家国情怀，"平治天下舍我其谁"的天下关怀，对不同文明进行比较鉴别，汲取思想智慧，获得启示借鉴，寻找良策良方，探求价值引领，以服务社会，造福人类美好未来。

儒学之教化与海外儒学

——基于人类命运共同体理念的探讨①

构建"大同"社会，是儒学的核心价值追求。2019 年 11 月 16—19 日，纪念孔子诞辰 2570 周年国际学术研讨会暨国际儒学联合会第六届会员大会在北京举行。大会的主题是"儒学与构建人类命运共同体"。来自中国、韩国、日本、印度尼西亚、印度、埃及、加拿大等国家和我国台湾、香港地区的 50 位学者组成的第四小组，以"儒学与社会、国外儒学"为议题，探讨两大问题：其一是儒学的国内传承与教化之道，其二是儒学的国际传播及其影响。二者集中体现了中华教化之道，且为人类命运共同体提供了实现路径。

---

① 本文系以"儒学与构建人类命运共同体"为主题的纪念孔子诞辰 2570 周年国际学术研讨会分组研讨的学术综述，曾代表第四小组于 2016 年 11 月 18 日作大会交流。

一、人类命运共同体理念必基于人心相通，人性相容，弘扬人之善端，必致力于修身教化，文以化人

人类命运共同体理念基于对人性人心的把握。就"人性"而言："人之初，性本善"，人须修身养性，将"恻隐、羞恶、辞让、是非"之善端扩充为"仁义礼智"之善，让"仁义礼智根于心"，进而成就"修己以安人"的君子人格，或"修己以安百姓"的圣贤人格。按《大学》的路径，则是格物、致知、诚意、正心、修身、齐家、治国、平天下，且必以"修身"为本。按《中庸》的路径，必率性修道，致中和，天地安其位而万物得化育。就"人心"而言，即《尚书·大禹谟》所谓"人心惟危，道心惟微，惟精惟一，允执厥中。"人心之不偏不倚，须"道心"制约，须合于"常道"——仁、义、礼、智、信，进而达于中道，实现普遍和谐。台湾文化大学哲学系教授曾春海选取先秦儒家的《论语》《孟子》《荀子》《易经》，辅以朱熹、王阳明的心性之学，深入探讨"以人心相感和谐化世界"。他指出，"人心"出于利害的算计，与"人性"习以为常的自私和贪婪，不但易造成自我矛盾冲突，而且在人际关系中，也易造成以私害公，损人利己，甚至损人不利己的纷争。就家庭、社会、国家、国际而言，也有因个人与团体的、团体与团体间的偏执，而导致种种冲突。不同民族和不同国家间，在本民族意识及国家本位意识的偏执下，易形成国家间集体性的矛盾冲突，由此造成人类祸害不断。如何将人类世界的冲突转化成和谐共生、共存共荣，如何降低或消弭人类因各种冲突所造成的灾祸和不幸，是以"和为贵""天下为公""世界大同"为精神内核的儒家学者面临的责无旁贷的时代课题。他本着人文关怀的向往和谐之心，针对人的心性、社会正义、国际和平、人与自然关系四环节，来探索冲突之原因及化解冲突、构建和谐的可能途径。"和谐"是儒家精神的内核，贯穿在个人的自我和谐、人与社会的和谐、国际社会的和谐与和平以及人与大自然的和谐共存之中。儒家和谐的世界观，系奠基于一套机体宇宙观。"人心惟危，道心惟微"，尽管人心危殆而不安，道心微妙而难见，若人能下一番"惟精惟一，允执厥中"的内在修心养德之工夫，仍可臻于身心和谐感通的中和境界。万物惟有适性适所，自发性地显现生机，且在"致中和"的大前提下，相辅相成，并育而不相害，才能实现和谐有序、共存共荣的和谐化世界。

文以载道，文以化人，建国君民，教学为先，化民成俗，其必由学。中国古代设官学，建书院，立孔庙，注重经以载道，圣以化人，化民成俗，观乎人文以化成天下。儒家人文教育一方面强调通过教育启发个体的内在潜能和人文精神；另一方面试图通过教育来建立和谐美好的社会秩序，最终实现和谐家国与大同天下。中国古代书院是一种独具特色的文化教育机构，承载了悠久的中华文化传统，对中华文明的传承和发展做出了重要贡献。从世界文明的宏观视野去看，中国书院是世界教育体系中的一种类型，体现出中华文化的独特模式与人文价值。湖南大学岳麓书院国学院院长朱汉民以"文化复兴与书院中国"为题进行发言，通过对"儒学"的追溯，论述书院与中国儒学传统的关系，进而探讨在传统书院逐渐兴起的当代中国，如何恢复传统书院重要的文化教育功能。他详细考察了宋代书院的兴盛，认为宋代书院是一个以"书"为中心的高等教育机构，是一个继承了先秦私学、两汉精舍、魏晋玄学和隋唐禅修的新的教育机构，是一个代表儒家士大夫的文化理想和教育理想的学术研究基地，是中国重要学术思潮——宋学的大本营。宋代出现的文化复兴运动，以先秦孔孟之道为思想基础，吸收佛教道教的思想，重建了中华文化的思想传统，适应了中国文化发展的要求，奠定了此后八百多年中华文明体系的核心价值。在他看来，当代中国文明的复兴，应该是一种更加具有深远历史意义、全球普世意义的重大事情，因为中华文明在经历了一百多年的凤凰涅槃之后，不仅能够在今天和更远的未来活下来，而且活得很精彩。21世纪的中华文明复兴，不仅对中国更加重要，而且对探讨21世纪以后的人类生存同样有着特别重要的意义，因为它能够补充、完善以西方文化为主的现代化的不足，也能帮助未来人类开展多元化的生存方式。

二、中华一统，和而不同，礼乐教化，协和万邦——中华命运与共之壮族、蒙古族范例

周公制礼作乐，由孔子而昌明，形成礼乐教化传统，遍及中华，四海一家，万邦协和，和而不同。中华民族的"大一统"思想有着悠久的传统，在历史上产生了巨大的作用和影响，是维系中华民族团结统一的重要纽带。安徽大学哲学系解光宇教授以"'协和万邦'与中华民族的'大一统'思想"为题进行发言，指出《尚书》记载尧"协和万邦"；孔子撰《春秋》，书"王正月"，经《公羊传》发挥为"大一统"之说，认为要实现"一匡天下"，必须要"复礼"；孟子认为国家的统一是社会发展的趋势，整个社会最后会"定于一"；荀子继孟子之后在其"一天下"的基础之上，更进一步提出了"一制度"；至汉代董仲舒著《春秋繁露》，形成了完整的儒家"大一统"思想。强调"大一统"思想对后世产生了深远影响，对加强民族团结、实现社会统一，有着十分重要的意义。

三千年来，"大一统"思想浸润着中国人民的思想感情，形成了一种向心力和回归的力量。这种力量的源泉不是狭隘的民族观念，而是文化的力量，礼乐教化的作用。传统礼仪对于中华民族精神的塑造，对于中华民族心理素质的形成和发展，曾经发挥过重大作用，对于维护国家团结统一、社会和谐有序，以及约束个人行为方面，起了积极的作用。中国社会科学院哲学研究所何成轩教授以"儒家思想与壮族传统礼仪文化——以德保县为例"为题进行发言，强调从秦始皇统一岭南到三国鼎立，是儒学在壮族地区的初传时期，之后儒学逐渐在壮族社会中扎根并产生影响，壮族内部开始出现一些儒生文士；如果说隋代以前儒学的南传主要是通过私学即民间讲学途径的话，那么隋唐以后，除了私学以外，官学的创办也成为传播儒学的重要途径；至明清时期，儒学在壮族地区的传播更加广泛，影响更加深刻。在那里，孔子之道已为人们所共仰，师而事之，可以修政，可以立事，可以化民而成俗。可以说，儒学在壮族地区的社会意识中，占据了主导地位。随着儒学的传播，谦

虚、礼让、和谐、恭敬、互爱、互助等中华民族的传统美德，使壮族的精神面貌发生了明显变化，壮族的礼仪文化和中原地区基本上达到了同一个水准，可谓"衣冠礼度，并同中州"。壮族传统礼仪文化中的有用资源，可供今日借鉴。传承和弘扬壮族传统礼仪文化中的优良成分和积极因素，有益于建设社会主义精神文明与和谐社会，也有益于世界不同文明的交流互鉴及人类命运共同体的构建。

儒家注重孝道，中国古代最突出的伦理规范应推"孝"。《孝经》概括曰："夫孝，德之本也，教之所由生也。"内蒙古大学哲学学院郭晓丽教授以"儒家孝文化与蒙古族伦理政治"为题指出，蒙古族作为北方游牧民族，其道德体系同样重视伦理德性，特别是当蒙元时代游牧文化与中原农耕文化直接交汇碰撞之时，儒家"孝"的思想观念成为两种文化间形成认同的重要桥梁，也是深化两种文化共识的基础；突出表现在"孝"的思想及《孝经》受到蒙古族统治者高度重视，在蒙古族社会精英的德性培育和民间社会的伦理教化中起到了重要作用。"孝"作为重要桥梁，促进了蒙汉文化的汇通融合，也是促使两种文化由沟通到理解，最终形成共识的基础。从宗教伦理的视角看，儒家之"孝"与蒙古族伦理道德就其理论源头是非常相近的。而从文化人类学和政治道德意义上解读，蒙古族吸纳了儒家孝文化的先进性和政治道德价值，并将其融入蒙古族精英政治道德的培养和社会伦理教化之中，形成了蒙汉文化共识的基础性思想。

三、齐家之道与射文化：具有普世意义的儒学对东亚儒家文化圈的影响

儒学重家庭伦理，崇尚"齐家"之道，拥有家国天下的情怀。《大学》提出："身修而后家齐，家齐而后国治""君子不出家而成教于国"，"齐家"之道由此可见一斑。《中庸》所言："君子之道，造端乎夫妇；及其至也，察乎天地。"这意味着儒家君子之道不是从超越性的外部存在开始的，而是从日常的夫妻相处开始的。如果夫妻能够实现君子之道，其意义不限于其家庭，而

是会影响整个国家，甚至可以扩展到全世界。由此，夫妻相处之道显得尤其重要。夫妻之间应是一种和平相处、维护和扩展生命秩序的关系。韩国朝鲜大学哲学系教授李哲承以"现代社会的婚姻问题与儒家哲学的夫妻观——以韩国社会的夫妻问题为中心"为题进行发言，谈在价值多元环境下，如何用儒家哲学探寻夫妻矛盾的化解之道，通过把传统儒家哲学内在的夫妻观现实化，探索健康夫妻伦理成立的可能性。并试图通过儒家哲学的"夫妻造端"论和"夫妻有别"观，为当今韩国社会产生的夫妻问题提供思想线索。

孔子倡导"下学而上达"（《论语·宪问》），孔门还称"四海之内，皆兄弟也"（《论语·颜渊》）。孔子认为，人人都可以通过日常学习掌握所接触的平凡道理，领悟天理，进而实现互亲互爱，天下一家。由此可见，儒学注重基于自然情感的家庭伦理，"亲亲相隐"是其中的基本命题。在儒学中，凡是有志于圣学的君子都把"义"看作重中之重。《论语·子路》中，叶公列举的儿子告发偷羊的父亲的事例道破了正直的概念："叶公语孔子曰：'吾党有直躬者，其父攘羊，而子证之。'"叶公认为，因为亲情而为违法的父亲隐瞒是助长违法的行为。孔子的回答却与此不同："吾党之直者异于是。父为子隐，子为父隐，直在其中矣。"就此，韩国成均馆大学儒学院副教授高在锡以"探析《论语》'直躬'故事所体现的东亚正义观念"为题发言，他认为"直躬"的故事向我们展示了叶公和孔子观点的差异，很好地表现了儒学中所规定的正义的特征，二者是由于理解世界的方式不同而产生的论争。孔子眼中的正义是父母和子女之间自然表现出来的共感、关怀和"仁爱之心"。儒学中的"正义"重视符合实际情况的"时中"价值，并警告我们没有仁爱的冷漠正义是不充实的，只强调没有变化的普遍正义是十分危险的。"时中"价值基于爱人如己的仁爱之心，因此不会导致价值丧失的虚无主义。当达到圣人的境界时，我们的仁心不是固定不变的，而是自然就会根据每个瞬间的不同而采取不同行动。

西周时期的国学实施礼、乐、射、御、书、数相辅相成、互为一体的"六艺"教育，旨在培养智仁勇、真善美全面发展的健全人格。周代出现"射以观德",以"射"育人治国现象。"射"原为官学六艺文武教育之一,后来由私学教育普及到民间。"射义"的真谛是,如果按照礼仪规范正心正己,认真修炼"弓道",就能体得仁、义、礼、智、信等德行,射箭不中的,不能怨天尤人,而应反躬自省,这具有深远而普遍的教育意义。日本神户市外国语大学教授秦兆雄以"儒家'射'文武教育在日本的传承"为题发言指出,"射"文化所体现的文武教育,是中国与日本以及韩国历史上共同的文化遗产与价值资源之一,值得互相借鉴并发扬光大。中国与日本自旧石器时代就将弓箭作为狩猎与战争的武器以及祭祀、教育、竞技等工具广泛使用,并逐渐凝聚起相应的思想内涵。源自中国古代"六艺"之一的"射"文化在5世纪前后伴随着儒家以及佛教的经典传至日本,丰富了他们固有的武射认知,使他们逐渐形成了武文教育体系。日本明治时代将"弓术"改称为"弓道",与其他武道一样广泛普及;二战后将《礼记·射义》与《射法训》章句奉为"弓道"圭臬,以磨炼身心与追求真善美为宗旨,注重精神与礼节,既武又文。日本固有尚武精神与孔子文武之道的结合,及对周代传统六艺文武教育的传承创新,体现了儒家思想所具有的普遍价值。

四、东南亚华人的接力:儒学海外传播中的印尼"孔教"

中国儒学在印尼的传播由来已久。最初的儒学传统教育主要是通过华人的家庭教育及庙堂、宗祠的祭祀仪式和文化教育进行。早在17世纪,印尼出现的开展华文教育的私塾、义学、书院以及宗祠和一部分庙堂,都是传承儒学的机构。孔庙是中国古代为祭祀孔子和推广儒家教化而兴建的重要礼制性建筑,遍布全国各地,成为儒家文化的象征,在社会的政治、经济、文化生活中占有重要地位。随着儒学向海外的传播,随着华人源源不断地向海外迁移,海外不少地区也出现了孔庙。在海外华人人数最多的印度尼西亚,不仅矗立着一座巍峨壮观的孔庙——泗水文庙,而且还存在着一个以中国孔子学说为宗教信仰的印尼"孔教"。印尼"孔教"是源于中国儒学而在印尼发展起来的制度化宗教。

清光绪元年（1875 年），印尼华商创建文昌祠，1899 年改称文庙，泗水文庙"声教南暨"，成为当地华人纪念孔子之地。华侨大学华文学院教授王爱平、鲁锦寰以"传统儒学的现代转化：印尼泗水文庙与印尼孔教"为题，依据近些年田野调查所获得的各种资料，考察探讨印尼泗水文庙由传统的中国儒学机构到现代印尼孔教机构的演变、发展过程，探讨儒学及中华文化在海外传播、传承和现代化转换的有关问题，阐发了泗水文庙在印尼孔教形成与发展过程中的重要作用与影响。"尼山难谓宫墙远，泗水依然庙宇存"。泗水文庙的建立，是 19 世纪中晚期印尼华人民族意识的觉醒，是他们开始自觉维护文化传统的实际行动；泗水文庙经历了由传统的中国儒学机构到印尼孔教会的发展演变，至今依然发挥着社会教化的功能，在印尼孔教发展史上具有重要地位。

印度尼西亚华裔总会妇女会主席马咏南以"印尼孔教的复兴和担当及使命"为主题，追溯自 1900 年中华会馆成立以来在印尼的命运与复兴。中华会馆旨在宣扬孔教，以便土生华人识华语、知中学、读诗书、知孔孟，传承中华文化。孔教虽然是唯一用儒学"四书五经"作为教义的宗教，但是目前多数孔教徒还不谙中文，"四书五经"翻译成印尼文，在传教时难于正确表达儒学的内涵。印尼国民福利基金会正准备开办"努山大拉书院"，将培训教《弟子规》的师贤，开办《弟子规》《三字经》唱游班，以激发印尼华人子弟学习中文的兴趣。

五、中外学者尚和合：对儒学之于人类命运共同体的价值诉求

党的十八大以来，习近平在国内国际多个场合阐述人类命运共同体理念，逐步形成了丰富的思想内涵，获得了中外学者及国际社会的广泛认同和赞誉。

人类命运共同体的构建，意味着建立合理的国际新秩序；国际新秩序的建立，离不开文化磨合。加拿大《文化中国》执行主编张志业以"传统儒学与国际新秩序的文化磨合"为主题发言，认为传统儒学包括儒学经典作家所追求的不是一家一国的治理，而是从"天下观"出发对整个世界的秩序的观察

和调适；就当代尤其是全球化时代来说，儒学以自己的文化资源贡献国际新秩序的建立，需要排除所谓"文明冲突"论的误读或干扰，一方面更新自己，一方面理性主动地与其他文明或文化进行必要的"磨合"。他强调，目前所提儒学参与国际新秩序还主要是在理论和理想层面上，要达到真正地为国际新秩序做贡献，则需要整体的国家综合实力尤其是文化实力做后盾；儒学以及儒学当代实践首先需要积极参与提高中国整体的软实力、向外传播中国优秀传统文化。他认为，在"文化磨合"中，语境是解决问题的关键，儒学要以自己的思想和文化资源参与国际新秩序，需要注意的问题包括：语境不是简单的文字或语言表达方式，其本质上就是一种文化的表述和沟通，需要儒学的背景实体（如书院等）的恢复或重建；需要彼此了解和渗透的过程，目前中国在海外开设的孔子学院，仅以教授汉语为主，显然无法承担儒学与其他文明交流中的语境互动问题，这需要新的规划，要有一个以儒学为代表的民族文化更新的总体发展的资源调适；要注意儒学传播过程中语境更新和转换的必要，儒学的传播显然是笼统、含蓄、间接、喻示较多的，这是整个民族性格内敛和谨慎所形成的语境，在进入新世纪时，儒学的传播工作者已经将自身融入更开放和包容的环境中，从事儒学传播的学者在弘扬儒学的核心价值和基本学说时，在深入比较中西文化传统时，已经注入时代精神，包括语境的融合和互渗，开始出现了各种互动，这个需要进一步坚持下去，使语境的转换和更新有期可待；儒学在新世纪能够参与到国际新秩序的建设，有着时间上的机会，即新媒体时代为儒学传播提供了新的载体，但同时也使儒学面临新载体的挑战，因为西方主流文化在这方面起步早且资源丰沛，它们不但抢了起步点，而且已经占据了制高点。

埃及文明是人类文明的灿烂花朵。扎加齐克大学哲学系名誉教授萨维以"儒家道德伦理观及其在搭建当代人民之间沟通桥梁中的作用"为题展开讨论，首先列举当今社会中出现的一些伦理道德丧失现象，并分析其危害性，接着指出儒家伦理道德价值观在家庭、社会、对外开放中的作用，儒家哲学在将世界凝聚在一起、传播和平文化与维护全球安全方面的作用。

"和谐"是儒家精神的内核，贯穿在个人的自我和谐、人与社会的和谐、国际社会的和谐与和平，以及人与大自然的和谐共存之中。埃及开罗大学孔子学院院长李哈布阐述"儒家思想及其影响"，认为儒家思想对亚洲各国和世界某些地区的人们都具有广泛而持续的影响。在他看来，儒家思想是中国传统文化的核心组成部分，涵盖了价值观念、社会准则的方方面面，而其中最为关键和重要的思想是"和"，即"和谐"。它主张人类建立一个和谐的国际社会，所谓"和谐"，反映在个人、家庭以及整个社会的一切行为活动中，且这种和谐不是通过战争建立的，而是通过相互的理解实现的。今天，如果我们仔细观察周围的世界，就会发现这里充斥着许多冲突，这些冲突大部分是因为分歧、自私、占有欲等因素所导致的，这与儒家"仁"的思想主张、与我们所尊崇的彼此之"爱"相去甚远。他指出，中国主张构建的人类命运共同体，有利于促进和实现国际和平。

六、求大同——中韩"大同"之路与人类命运共同体的探究

人类社会需要共同理想。"大同"即是世世代代中国人梦寐以求的社会理想，也是构建人类命运共同体的基石。习近平主席所倡导的"讲仁爱、重民本、守诚信、崇正义、尚和合、求大同"与人类命运共同体理念高度契合。国家教育行政学院教授于建福论及"中华大同之路与人类命运共同体"时指出："大同"理想社会在中国既有行迹可寻的实践范例，又有古老而史料可查的思想渊源，中华早期典籍呈现的三皇五帝尧舜禹的事迹，为"大同"理想社会的整体预设提供了实践范例；孔子祖述尧舜，宪章文武，重诗书礼乐之教，孜孜以求于大同之世，其自身仕鲁倡导并践行了"大同"社会理念，《礼记·礼运》中孔子就中华"大同"理想及其实现路径作了完整表述。他强调，孔子为代表的儒家勾勒出的"大同"理想社会，反映了民众对美好生活的向往，为古圣先贤所推崇，也为近现代志士仁人所崇尚，成为中华民族世代传承的中华"大同"梦，为中国古代和近代社会发展注入了不竭动力；"大同"社会为共产党人信仰共产主义理想提供了文化基因，中国马克思主义者吸收

了"大同"和"小康"概念，并赋予其新的内涵；进入新时代，古老的中华"大同梦"再度被唤起，中华民族伟大复兴的中国梦与"大同"梦一脉相承；中华"大同"梦与中国梦及世界梦相融相通，为人类社会提供了美好愿景，成为构建人类命运共同体取之不尽的思想源泉，激励着中华民族为打造人类命运共同体而不懈努力。

随着儒学的国际传播，"大同"理念早已深刻影响了东亚相关国家。韩国亦如此。韩国安养大学教授孙兴彻所论"大同思想与共同体领导力"，将大同社会的理想概括为"天下为公"，将统治权力视为"公"权力。据他介绍，在韩国历史上，"大同"被视为政治理念，高丽时代就有"大同江"，"大同江"畔的平壤城门被称为"大同门"，开城地区还有接待"士"的风俗，被称为"大同接"。朝鲜将性理学视为建国理念，朝鲜王朝前期政治家、思想家、朱子学派代表赵光祖将实现道学政治作为"大同"社会的必经之路；精通经史和诸子之书的郑汝立组织"大同契"，追求"大同"社会；儒学大师李珥在《圣学辑要》中以"大同"社会理想为中心，倡导改革，其弟子金长生强调实施"大同法"。以中华天人合一思想为特质的天道教，其第三代教主孙秉熙曾于1904年谋划成立"大同会"，以拯救社会危机。孙兴彻认为，实现"大同"社会，需要全社会成员的努力。21世纪为了克服所面临的全球性生态危机，人类应该摆脱主客体的二分法思维，发扬真正的"天下为公"精神。

七、教育贡献于中华文化复兴及人类命运共同体的多维省思

儒家历来注重教化，传统书院讲儒经，传圣道，承担了传承中华文脉的使命，推进中华文化复兴，需要重视、发挥书院的功能。当代书院兴起，必须要承担起中华文化复兴的使命，每一所书院要承担的文化功能，应该和整个中华文化复兴的需求联系在一起。我们今天在思考和呼唤中华文化的传承和复兴的时候，应该思考如何在中华文化复兴的大背景下做好书院复兴。岳麓书院国学院院长朱汉民教授认为，首先是老书院的复兴。全国各地正在修复、重建一些老书院，但是老书院不应该仅仅是被保护的对象，更重要的应

该是尽快恢复其文化教育功能，打造人们共同的精神家园，成为地方文化的中心；其次是新书院的建设。新书院有两种，一种是在民间发挥文化教育功能的书院，另一种是在现代大学的体制内从事人格教育即博雅教育的书院。在当代中国文化复兴的背景下，这两种书院可以在我们的教育体制的内、外分别发挥作用。我们呼吁，现代大学恢复中国传统书院，把国学、经学、儒学作为独立学科，纳入书院的教学内容和学术体系。现代大学可以通过设置书院、国学院传承中国传统学术。

儒学的国际传播与影响由来已久，不仅影响了东亚儒家文化圈和欧洲近代文明，而且其思想价值早已融入1948年《世界人权宣言》。大连观川书院院长宫旭博士以"儒学的传承与传播——从张彭春对《世界人权宣言》的贡献说起"为题，结合张彭春的求学生涯，探究其儒学素养的积淀，进而分析张彭春恪守和推介儒家伦理思想，及将"仁爱""和为贵""和而不同""教化""天下为公""大同世界"等普遍价值贡献于《世界人权宣言》，并使之随着《世界人权宣言》的国际传播而影响人类正义的过程。该研究表明，张彭春成长过程中的儒学滋养使其挚爱中国传统文化，儒家精髓已根植于他的内心，影响了他看待问题处理问题的方式，其实践活动浸润着儒学思想价值理念。他以对儒学思想价值理念的熟练把握，通过起草《世界人权宣言》而传承和传播儒学价值，给在国民教育中固本铸魂、作育人才的我们以宝贵的启示，也更加让我们坚信，以儒家思想为代表的中华优秀传统文化，必当贡献于人类命运共同体的构建与世界和平发展。结合创办英语培训学校和观川书院的经历，她期待通过培养中西兼通人才，实现儒学价值的传承和传播，为构建人类命运共同体而做出贡献。

孔子删述六经，垂宪万世。经典文化复兴必与国人生命成长息息相关，方显其意义。霍韬晦先生指出"国学是立国之学、立人之学与立本之学"，其中，"立国为先，立人为要，立本为根"。因此，要汲取传统文化的资源，经典固然要精读，但更须掌握其精神，落实于教化，才能焕发其生命力，与时俱进。香港法住文化书院研究所主任、新加坡南洋孔教会文化学术出版主任

道洽大同篇

张静博士，曾跟随霍韬晦教授从事性情教育的研究及实践工作，在"孔子六艺的现代转化——霍韬晦性情教育之探索与实践"发言中介绍，霍韬晦数十年来致力于"性情教育"的探索与实践，设立学院、学校，主张"文化回归生命，读书长养性情"，以重开教化之门，提出与西方教育不同的国学之路，使教育回归正位，成绩斐然；继承孔子"六艺"（新"六艺"即《诗》《书》《礼》《乐》《易》《春秋》）之教的精神，注重开发人的美善性情，为生命成长提供源泉。霍韬晦对传统文化资源的提炼、总结及实践，对今日重建国学教育大有借鉴之益。霍师韬晦认为，孔子重修"六艺"，首以《诗》《书》，次以《礼》《乐》，最后是《易》与《春秋》，如此排列，自有其深意。这里体现的是教学层次上的先后，而非时间上的先后，其核心是围绕性情的开发，进而树立人的价值主体。在这一过程中，人的综合能力得到培养和提升。

构建人类命运共同体是针对当前的国际关系、全球治理、世界发展而提出的基本方案，但这一充满中国智慧的思想理念和实践方略，不仅仅能够解决当下的人类发展和全球问题，而且体现着对人类文明形态、人类共生关系、人类相处之道的深刻思索，饱含着丰富的道德意蕴与文化精神，为学校德育拓宽了视野、赋予了新内容。浙江师范大学教授蔡志良在"人类命运共同体思想：新时代中小学德育内容的拓展"发言中谈到，构建人类命运共同体是充满中国智慧的思想理念和实践方略，饱含着丰富的中国道德意蕴与文化精神，这一思想为学校德育赋予了新的内容。从德育的角度看，人类命运共同体思想具有目标的超越性、内容的综合性、过程的多端性、渠道的多样性、效果的间接性等特点。根据全球化对人类命运共同体意识的呼唤、时代发展对德育内容体系拓展的要求、文明交融对弘扬中华优秀传统文化的需要和未来社会对青少年思想道德素养的要求，将人类命运共同体思想引入中小学德育教育是当今时代发展的必然要求。从当前学校德育的状况看，已经具备将人类命运共同体思想引入中小学德育教育体系的条件，具有多种可供选择的路径，主要有在日常德育教育中融入人类命运共同体思想、在德育课程教学中引入人类命运共同体思想、在德育课程教学中引入人类命运共同体思想、在其他课程教学中渗透人类命运共同体思想、在主题实践活动中嵌入人类命运共同体思想。

任何一个人都应该选择正确的方向，汇集力量做更有益的事情。而方向和力量则来源于正确的信仰和价值观，来源于它所植根的文化土壤。企业是社会的重要组成部分，由来自不同社会背景、不同世界观乃至不同宗教信仰的人组成，个人、企业与社会之间的关系需要形成一种平衡，以达到和谐统一，我们把这称之为个人、企业与社会的互惠共赢之道。国际儒学联合会副会长赵毅武谈到个人、企业与社会的互惠共赢之道时强调：要形成互惠共赢之道，文化发挥着重要作用，而其中最主要的是人与人之间的伦理关系，因为它是构筑社会文化的基石。他强调，人是一种社会性动物，任何人都不可能脱离社会独立生存，人和人之间、人和集体之间、人和社会之间、集体和社会之间等等，都存在着极其密切的关系。在博大精深的中华优秀传统文化中，对个人与他人，个人与社会乃至与宇宙万物的关系，数千年前的先哲们就建立了天人相与、万物同源的思想，构建了家国天下的整体观，形成了"天人合一""民胞物与"的思想。传统社会重视责任伦理，古代对家庭所要求的一些伦理原则，经过转化也可以应用于现代企业，一个人不仅仅属于和依赖于他的家庭，也属于和依赖于社会、国家乃至世界，维护社会、国家乃至全人类、全世界的良好秩序，也是每个人的神圣使命。那么，如何才能维护社会、国家乃至全人类、全世界的良好秩序和福祉呢？这要求每个人的所作所为必须符合社会的共同价值，我们应该充分发掘优秀传统文化中的伦理道德优势，为企业治理提供更长久和更有影响力的文化基础，不止于利用西方的"术"来提升自己，更要发扬我们"道"的优良传统，为企业发展和竞争提供取之不竭的动力。因此，用中华优秀传统文化涵养身心、教化员工是建设中国式优秀企业的必由之路。

传统"中和"教育理念与 21 世纪人类和谐 ①

　　"尚中贵和"是中华文化教育的古老精神。传统"中和"教育理念的实质，在于教人认同并理性地追求个体身心、人与人、人与自然的普遍和谐。千百年来，和谐一直成为中国人生活的目标和价值追求，并在东西方得到了很高的价值认同。人类社会的发展已越来越证明儒家和谐理念的价值。21 世纪人类面临着严峻的挑战和冲突，人类渴望并呼唤和谐，人类需要致力于和谐，人类必将日趋和谐。

一、传统"中和"教育理念的基本内涵

　　华夏先民早已探知人的思想情感和行为的准确性的存在，并以"中"为准则。"允执其中"曾是尧、舜、禹执政心法。"执中"原则还成为夏商周三代王道精神的体现。儒家视"中庸"为"至德"，并将其发展为认识和对待世界，

---

① 本文收入《儒学和人类可持续发展》（英文版），中译出版社 2019 年 4 月出版。曾发表于《国家教育行政学院学报》2004 年第 4 期。略有改动。

探究和处理思想情感、行为及各种事物的合乎实际或一定标准的原则和方法的哲学范畴。"贵和"的朴素观念早在远古农耕文化的视野中滋生。华夏先民祈求天地之气有序而不失和，力求顺物之性，以获得自然的恩泽，并成就事功。基于此，华夏先民聚族而居，和睦相处，中华民族繁衍生息，生生不息。

"尚中"与"贵和"在传统文化教育中历来是密不可分的。"中庸之中，实兼中和之义。"（朱熹《四书集注》）事物要达到和谐，其构成因素必须保持某种确定的关系，这种关系就规定了各不同因素所应具有的"度"，即"中"的标准。事物的各要素只有适度协调，处于适中状态，事物总体上才能平衡与和谐。"中"的标准，也只有在各种因素的相互关系中，从整体和谐的要求出发，才能作出适度的把握。基于此，古人常将"中"与"和"联系在一起。《周易》集中反映了周人尚中贵和的精神。尚中贵和尤为春秋先哲所乐道。孔子所倡导的中庸哲学本身，就是对和谐的理性追求。儒家还提出了"致中和"的命题，从天人、主客、物我多重意义上建构中和学说。所谓"中和"，简言之，即是将不同因素或对立的两端适当配合，使事物合乎法度、准则，进而处于最佳状态，达到和谐境界。

从教育本体论上，古人视中和为一切新生事物生成与发展的基本条件，也是宇宙人生的最高准则。《礼记·乐记》提出"和故百物不失""和故百物皆化"之说。《荀子·天论》也有"万物得和以生"之言。颇具代表性的是《国语·郑语》所谓"和实生物，同则不继，以他平他谓之和，故能丰长而物归之，如以同裨同，尽乃弃矣"。认为不同事物的和合才能导致新事物的产生。和的根本功能是"生物"，即化解矛盾，协调关系，促进事物的成长发展。"和"是动态的充满生命力的"生生不息"的运动形式，能孕育新的事物和新的思想；"同"则是静态的绝对的同一，否认事物与事物之间以及事物本身的各种差异和矛盾，或"以同裨同"，将相同的东西简单地加到一起，则难以产生新的事物，甚至会使事物无继而弃。《中庸》指出："中也者，天下之大本也；和也者，天下之达道也。致中和，天地位焉，万物育焉。"即是说，"中"是天地万物之根本，"和"为天地万物所共同遵守之道；若能推及中和于天下，则天地万物各正其位，一切生灵因此而孕育繁衍，各得其所。这就将中和上升到本体论的高度，视中和为宇宙人生的最高准则。

在教育方法论上，"中和"即"执两用中"，教人各去其偏，济其不足而泄其过，使言行乃至事物各端相济相成。史伯所谓"以他平他谓之和"，晏婴认为"和"犹如"齐之以味，济其不及，以泄其过"，都使中和具有方法论意义。孔子中和教育的基本方法则是"执两用中"。传统中和教育方法所倡导的是：避免相互对立与各自极化，促使相异或对立事物互补互助，相互渗透与吸收，进而达到各自丰富与完善。

在伦理道德教育上，传统中和教育观强调"人和"的重要性，视"中""和"为人的重要德性，教人中正而无所偏倚与乖戾。儒家主张"和为贵"，注重群体的和谐与凝聚力。儒家认为，个人总是生活在群体之中，是家庭、国家乃至天下的一员；若群体利益受到损坏，个人的利益也就难以维系。《尚书》即有"作稽中德"之说。孔子倡导"中庸至德"，并视"和而不同"为君子的德性。孟子主张"人和"胜于"地利"和"天时"。董仲舒认为"德莫大于和，而道莫正于中"（《春秋繁露·循天行道》）。朱熹在《四书集注》中称："无所偏倚，故谓之中"，"无所乖戾，故谓之和"。

在教育认识论上，中和反映了人类的理性精神，教人权变而时中，"和而不流"。中和有着明确的是非标准与原则。孔子教人"依于仁"而求中，"以礼"而制中，"行义"以达中道，运用智慧而使思想言行时中合度，尤其要求能审时度势，善加权变。孔子绝不无原则地追求和，其视"乡愿"为"德之贼"，是"小人"之所为，要求刚强的君子应"和而不流……中立而不倚"（《礼记·中庸》），既能容纳万物，自容于世，又能在与万物相处时不至于随俗同流，既不固守原则而不善应变，又不丧失原则而过于灵活。

中和理念无论是其本体论、方法论，还是伦理观、认识论，都贯穿于中国传统教育哲学思想之中。传统中和教育理念主张以天下为公、选贤与能、讲信修睦、礼刑并用、宽猛相济等中道精神，谋求社会的稳定和谐，以实现"大同"的社会政治教育理想；通过修身、育智、审美，追求"天人合一""从心所欲不逾矩"的人生境界，成就真善美集于一身、修己以安人、内圣而外王的理想人格。修养中庸之德的伦理道德教育思想，理智时中的智育思想，"中和"的美育观，构成传统理想人格教育的基本精神，同时成为追求人生境界、实现稳定和谐的社会政治理想的基础和条件。

传统中和教育理念的实质是教人确认并理性地追求普遍和谐，包括自然的和谐、人与自然的和谐、人的自我身心内外的和谐、人与人及群体社会的和谐。中和理念长期渗透于文化教育，对民族融合、社会稳定、国民性格的形成以及民族文化整体中辩证思维的生长，都起到了重要作用。受其影响，"和谐"一直成为中国人生活目标的价值追求。"尚中贵和"的传统使中国文化对于天人关系、人我关系、自我身心关系的阐释颇具特色，富有价值，经过合理地继承与转换，仍可丰富并加深当今文化教育理念，促进人类和谐发展。

二、国外对儒家中和教育理念的价值认同与实际运用

儒家倡导中和学说并注重普遍和谐理念的教化，这与西方文化偏重"个人本位"及"科技至上"的观念形成了鲜明的对比。基于此，中国儒家的中和教育理念，颇为东西方学者所乐道和褒扬。

英美学者对儒家和谐理念均有着很高的价值认同。英国学者汤恩比认为，"和谐"是中国文明的精髓，它有助于人类在高度的技术文明与极端对立的政治营垒所形成的危机中，免于自我毁灭。[1]美国学者狄百瑞认为，儒家的"和谐"精神具有广泛的价值。他指出"儒家的长处即是关注人与人之间的关系"，重视各方面"相协调的价值准则"，它可以"维持一个有序的环境，足以稳定和安全来使事业兴旺"，"这些准则贯穿于不同阶段，不止在一个经济层面上发挥效用，而且适用于不同的政治和社会制度"。[2]

作为"儒家文化圈"的国家，深感儒家和谐理念的价值。日本学者沟口

---

① 汤恩比、池田大作著，荀春生等译：《展望二十一世纪》，国际文化出版公司1985年版，第50—59页。

② 中国孔子基金会编：《儒学与廿一世纪》，华夏出版社1996年版，第18—19页。

雄三主张，应"将中国思想中作为深厚的传统而积蓄下来的仁爱、调和、大同等道德原理作为人类的文化遗产向全世界展示出来"。① 越南学者阮才书强调，儒家追求"社会'和'的局面"，对现代人来说不是过时的，而是还有意义的。②

海外华裔学者对儒家的和谐理念亦是推崇备至。美籍华裔学者成中英明确提出，中国哲学的终极目的是人类的和谐，个人的、社会的、世界的和谐，"儒家之成就，乃在于其'和谐的辩证法'之开展"。他还就"和谐辩证法"与其他类型的辩证法做了比较，指出以人类的需要、人类的理性而言，儒、道"和谐化辩证法"与其他类型的辩证法相比较，实具有更大的相关性与更广的包容性。因此，在与历史上其他辩证法的未来竞争方面……"和谐化辩证法"还是一个非常有力的体系。③ 在《文化、伦理与管理——中国现代化的哲学省思》一书中，成中英对儒家和谐思想的现代价值与未来价值给予高度评价：它"是医疗现代社会弊病的良药"，"它能为探索后现代化人类服务，尽管它面临着现代化的挑战，儒家学说仍然提供了永恒的价值观。"另一位美籍华裔学者杜维明指出：孟子关于和谐共处的"价值取向正是要为个人与个人、家庭与家庭、社会与社会和国家与国家之间谋求一条共生之道"，这一价值取向"正是创建和平共存的生命形态所不可或缺的中心价值"。④

国外学者对儒家中和理念的高度认同，有其实际依据和例证。众所周知，日本在接受中国文化影响的过程中，积极吸收了中国儒家"和"的思想。圣德太子颁布的《十七条宪法》第一条就规定"以和为贵，无忤为宗"，强调日本社会朝野上下一切交往的首要原则是"和"，要求通过社会教化，让社会成员之间讲究协调，谋求和谐。

新加坡重视儒家伦理教育，和谐理念对新加坡"奇迹般兴盛"产生了不

---

① 中国孔子基金会编：《儒学与廿一世纪》，华夏出版社 1995 年版，第 29 页。
② 中国孔子基金会编：《儒学与廿一世纪》，华夏出版社 1995 年版，第 537 页。
③ 成中英著，李志林编：《论中西哲学精神》，东方出版中心 1996 年版，第 200—201 页。
④ 中国孔子基金会编：《儒学与廿一世纪》，华夏出版社 1995 年版，第 725—726 页。

可估量的作用。新加坡学者曾撰文指出，"儒家的重要思想之一，也是新加坡非有不可的思想，就是'和'"，"和"具有普遍意义和价值，"实乃人类的心灵所普遍拥有的，它确是放之四海而皆准的人类共同真理"。新加坡作为多元种族社会，在错综复杂的国际关系中保持自身，就"是无时无刻不在实践着既能保有个己性格，又能相成相济、共存共荣的和而不同之和的。它努力实践这样的和，终于获致了种族相处的融洽和谐，团结凝聚，劳资合作的精诚愉快，合理分享成果，外交关系的友善不树敌。从而为社会的安定，为招徕国内外资金人力的放心投资，以致有各种企业不断壮大兴盛地发展，产生了巨大无比的作用"。[①]

群体和谐意识与民族凝聚力，是构成韩国综合国力的重要因素。基于儒学的群体和谐理念，韩国曾明确指出：唯有国家的强盛，才有自我的发展，享受自由与权力，尽责任与义务，并积极参与国家的自力建设，发挥国民的奉献精神。韩国的"新乡村运动"正是基于儒学的群体和谐理念而进行的。

包括中国在内的"儒家文化圈"国家能取得举世瞩目的成就，其原因是多方面的，崇尚"中和理念"是其中重要原因。这种理念通过文化教育，不仅体现在国家政治统一上，而且体现在政府与人民关系的和谐以及群体之间、人际之间"合群""协同"上；由于他们既自强不息，追求卓越，又重人本，重人和，从而产生"整体大于部分之和"的效能。我们深信，发扬光大中和教育理念，不仅有益于"儒家文化圈"国家，而且必将有益于 21 世纪人类世界。

三、21 世纪人类社会需要确立富于时代精神的中和教育理念

有学者曾指出"如果人类要在 21 世纪生存下去，必须回首 2500 年，去吸取孔子的智慧"。

传统中和教育理念之所以受到世人的青睐与表彰，从而实现其超越时空、超越国度的历史价值，起到促进人类社会进步的积极作用，得益于人们对和谐教育理念的价值认同，取决于时代和社会对和谐理念的客观需求与合理运

---

① 中国孔子基金会编：《儒学与廿一世纪》，华夏出版社 1995 年版，第 1448—1449 页。

道洽大同篇

用。传统中和教育理念的理论价值和世界意义，只有从21世纪人类社会发展的宏大背景和宽阔视野中，才能认识得更加清晰而深刻；只有积极吸收和合理运用，才能充分彰显其应有的现实价值。

首先，新世纪政治经济文化及思维方式多元化的世界呼唤儒家的和谐理念。不难看到，21世纪伊始，无论是政治、经济和文化，还是思维方式或生活方式，均呈现多元化趋势。随着世界政治多极化趋势，意识形态的分歧将不再是不同社会制度国家之间的根本障碍，国际社会甚至在国家内部，不同政治力量与不同政治主张并存都将被视为正常，善于宽容和协调，越来越成为政治家的品质；随着世界经济多元化，单一所有制国家以及与此相适应的单一分配制度和分配方式已属罕见，不同国家以自身发展特色与优势融入多元经济体系之中；随着世界文化多元化趋势，西方思想文化中心或主流地位日益受到挑战，任何一种文化都将难以唯我独尊，取而代之的必将是不同文化的共生共存；随着思维和生活方式多元化趋势，人民将加强相互了解与沟通，越来越善于正视思维方式的差异性，不同的价值观念和行为方式会更加受到理解和尊重。世界本质上就是有多元性的统一，"思以其道易天下"的一元主义是不合常理的。若政治高度"一统"，必然造成强权、特权和专制；若科学文化定于"一尊"，学术必定窒息，科学、文化、教育必将受到束缚；若舆论强求"一律"，必定万马齐喑，失去言论自主，也不会使民众心情舒畅；若经济"一色"，必将缺乏竞争与活力，百姓势必难以维系生计。唯有多元共存共荣，才能造就五彩缤纷的和谐世界。俄国学者波若罗莫夫指出："'和'的原则代表了多元论思想，它是具有丰富潜能的中国文化中的有价值的遗产。"[1] 世界的多元化趋势，必然要求人们以儒家所倡导的普遍和谐的精神，以宏大的气魄和宽广的胸怀，与各种各样的事物，求同存异，共生共荣。

其次，处于多种关系失调状态下的人们祈求普遍和谐。尽管科学技术和现代化大生产给人类带来了日益丰饶的物质财富和优裕的生活条件，但由于

① 中国孔子基金会编：《儒学与廿一世纪》，华夏出版社1995年版，第1445页。

人们未能全面把握物质文明与精神文明、征服自然与保护自然的关系，造成了人与自然、人与人、人与社会、个体身心诸多不和谐现象。就人类和自然的关系而言，由于人类向自然无限度地索取，使得自然灾害频发；就人与人之间的关系而言，由于过于强调市场化等因素的影响，人际利害冲突有所凸显，由此而产生了许多令人痛心疾首的社会问题；就个人与社会的关系而言，有些人利己主义膨胀，不履行应尽的职责与义务，单向索取有余，甘愿奉献不足，甚至为一己之利，不思道义，不择手段，不惜危害大众利益；就民族国家之间关系而言，部分国家由于经济利益，或种族仇视，或基于宗教的偏执，或因为文化上的偏见，导致不同地域、不同语言肤色、不同宗教信仰、不同社会制度的国家、民族之间，相互怨恨歧视，战乱迭起；就个人身心而言，激烈竞争的社会环境，易导致个体的焦虑、孤独与烦闷，引起身心失调，情感扭曲，精神空虚，从而影响社会安宁。中国文化传统中的"中和"价值观，有助于解决人与自然的矛盾，协调人与人、人与社会、个体身心之间的关系，化解民族之间、国家之间的利害冲突，促进个体身心和谐发展。

第三，国际交流与融合的趋势有益于逐步增进和谐。科学技术特别是信息技术的发展，促使人类各个领域活动的整体相关性大为增强，地球越来越变成一个相互依存的"地球村"，呈现出交流与融合的趋势。毫无疑问，这一趋势必将有益于逐步增进和谐。随着信息技术的飞速发展及国际互联网的出现，世界任何国家和地区的任何信息，都可以在瞬间传遍世界，实现共享，使千里之外变成零距离。整个科学在不断向纵深发展的同时，也呈现出整体化趋势，社会科学与自然科学日趋结合，基础科学与应用科学日益渗透，科学与技术将更加协同发展，科学与经济的关系会更密切，科学研究将更多地向全球规模拓展，解决人类共同面临的全球性问题。科学将有力地促进人类推动普遍和谐。全球化趋势在文化教育上表现为相互吸收与融会。经济全球化和信息网络化，促进了文化教育的全球性发展，加深了不同文化教育的交流与合作。新世纪文化教育将更加超越政治、经济乃至民族、地缘、国家的界限，促进人类的相互沟通和了解，相互学习和理解。各国家、民族、地区的人们将更加善于发扬自己的文化教育优势，积极将自身文化教育不断融入世界文化教育体系之中，实现各种文化教育的相互影响与融会。当然，各种文化教育仍然会保持本区域优势、本民族特色，但都难免与异质文化教育相互观摩、相互鉴赏，基于本土文化教育而有所取舍，甚至会出现由于相互交流、取长补短的趋同现象。世界文化教育将体现出以多样性统一为特征的普遍和谐原则，既富多元性又具趋同性，既独特又有共识，既有冲突对立又需要共存和睦。

第四，人类社会全面协调可持续发展促使人们谋求永久和谐。人类社会的可持续发展已得到人类的广泛认同，这是人类认识史、文明史上的一次历史性跨越。将可持续发展从理论变成现实，关键在于正确处理人类与自然、个人与社会、今世与后代、物质文明与政治文明和精神文明及生态文明的诸多关系，并使之有序而协调。"和谐"无疑是可持续发展的核心价值追求。可持续发展所包含的持续性发展、平等性发展、整体性发展与协调性发展，都致力于对和谐的追求。"持续性发展"要求当代发展应着眼于未来，确保人类社会自身具有永久不断发展的能力，既要功在当代，满足当代人生存发展之需，又要泽及千秋万代，不损害子孙后代需要的发展；"平等性发展"要求除了当代与后代的代际平等外，发达国家与发展中国家、发达地区与落后地区、本民族与他民族、农村与城市、公有制与非公有制、脑力劳动者与体力劳动者之间，都应有生存发展的权利和平等发展的机会；"整体性发展"要求人们将地球作为宇宙的一部分，理性地把握蕴含其中、环绕其周围的人口、资源、生态及环境的相互依存性，将人类社会视为一个整体，理性地把握政治、经济、科技、文化、教育等各种因素的相互联系；"协调性发展"要求无论是人类与自然之间、物质与精神之间、科学与人文之间，还是生产力与生产关系之间、经济基础与上层建筑之间，都是相互依存、联系、作用与制约的，只有各种因素协调发展，才会带来可持续发展的人类社会。总之，可持续发展必然要求持续性发展、平等性发展、整体性发展与协调性发展，需要各种因素"各当其可"，最大可能地实现和谐发展，力图以适度的原则、"时中"的精神，消除人与自然的对峙，化解人与人、群体与群体以及不同文明之间的冲突，协调近期利益与长远利益、物质文明与政治文明和精神文明及生态文明的关系，走出一条人与自然、人与社会、现代人与未来人永久和谐之路。

第五，人类的理性化必将使世界走向普遍和谐。人是理性存在物，最为天下贵。荀子认为："人有气有生有知，亦且有义，故最为天下贵也。"（《荀子·王制》）邵雍认为："唯人兼乎万物而为万物之灵。"（《皇极经世书·观物外篇》）朱熹也说"人是天地中最灵之物"（《朱子语类》）。随着人们受教育水平的不断提升，随着社会实践活动的不断深入开展，人类的智慧也不断增长，人类会更加富有理性，人类文明程度会不断得到提高。新世纪的人类会更加理智，更加通情达理，人与人、个体与群体、群体与群体、人与自然之间处理问题的方式将发生积极变化，各种关系因而会更趋和谐。仅就国际关系而言，当今世界，尽管冷战思维依然存在，霸权主义和强权政治仍然是威胁世界和平与稳定的主要根源，尽管在许多国家和地区接连发生着暴力冲突和局部战争，但国际形势总体上继续趋向缓和，尤其是多极化趋势的发展，将有益于世界的和平、稳定和繁荣。各国人民要求平等相待、友好相处、合作共荣的呼声日益高涨，要和平、求合作、促发展已经成为新时代的主流，维护世界和平与发展的因素在不断增长。"仇"则两相害，"和"则交相利。相互敌视、仇恨，给人类造成的深重灾难不堪回首；和睦相处与平等发展给人们带来的实惠或共赢，是显而易见的。中国先哲主张"协和万邦"（《尚书·尧典》），倡导"仇必和而解"（张载：《正蒙·太和篇》）。以和平协商与对话手段解决国际国内争端已成为绝大多数国家和人民的首要选择。世界走向高度文明与和谐，乃人心所愿，大势所趋，更是人类理性之所能。

总而言之，中国儒家中和教育理念经过合理继承和科学转换，可以跨越时空，让传统农业文明这一成果，助力现代工业文明和后工业文明；既可促进中华民族的发展进步，也可跨越国度和民族的界限，促进其他国家、其他民族的发展，益于各国各民族美美与共，有利于引领人类训致"大同"。

参考文献

阮元校刻:《十三经注疏》,中华书局 1980 年版

《二十二子》(缩印浙江书局会刻本),上海古籍出版社 1986 年版

曹宗宪主编:《二十五史》,中国文史出版社 2006 年版

曹胜高、安娜译注:《六韬》,中华书局 2016 年版

左丘明撰:《国语》,上海古籍出版社 1998 年版

刘向编,蒋筱波编译:《战国策》,三秦出版社 2008 年版

司马迁:《史记》,岳麓书社 1988 年版

王通撰:《中说》,中国文史出版社 2012 年版

韩愈撰:《昌黎先生集》,国家图书馆出版社 2019 年版

邵雍:《皇极经世书》,上海古籍出版社 2016 年版

周敦颐撰,徐洪兴导读:《周子通书》,上海古籍出版社 2000 年版

程颐、程颢撰:《二程文集》,商务印书馆 1937 年版

张载撰,王夫子注,汤勤福导读:《张子正蒙》,上海古籍出版社 2020 年版

朱熹撰:《四书章句集注》,中华书局 2012 年版

蔡沈:《书经集传》,上海古籍出版社 1987 年版

黎靖德编,王星贤点校:《朱子语类》,中华书局 1986 年版

许谦撰:《读四书丛说》,商务印书馆 2013 年版

王夫之：《张子正蒙注》，中华书局1975年版

颜元：《颜元集》，中华书局1987年版

惠栋撰，郑万耕校注：《周易述》，中华书局2007年版

刘宝楠：《论语正义》，河北人民出版社1988年版

张之洞：《劝学篇》，吉林出版集团2011年版

孙应祥：《严复年谱》，福建人民出版社2014年版

康有为著，姜义华、张荣华编校：《大同书》，中国人民大学出版社2010年版

黄济：《雪泥鸿爪》，北京师范大学出版社2001年版

黄济撰述，樊秀丽整编：《黄济口述史》，北京师范大学出版社2010年版

黄济：《黄济讲国学》，济南出版社2021年版

钱逊编：《中华传统文化经典教师读本》，济南出版社2016年版

成中英著，李志林编：《论中西哲学精神》，东方出版中心1991年版

段德智译，林同奇校：《〈中庸〉洞见》），人民出版社2008年版

龚鹏程主编：《读经有什么用：现代七十二位名家论学生读经之是与非》，上海人民出版社2008年版

杨朝明主编：《中华传统文化经典教师读本·孔子家语》，济南出版社2019年版

中国孔子基金会编：《儒学与廿一世纪》，华夏出版社1995年版

于建福、于述胜主编：《国际儒学研究》第23辑，华文出版社2016年版

参考文献